Les femmes en l’An Mille

DU MÊME AUTEUR

La Chronique de Saint-Maixent, 751-1140, édition et traduction, Les Belles Lettres, 1979 (Les Classiques de l'Histoire de France au Moyen Age, 33).

Les Loisirs au Moyen Age, Tallandier, 1980. Seconde édition, 1996.

Isabeau de Bavière, Tallandier, 1981. Réédition, Le Grand Livre du Mois, 1995.

Grégoire de Tours, « le père de l'histoire de France », Horvath, 1988.

Les Françaises pendant la guerre de Cent Ans, Perrin, 1991 (ouvrage couronné par l'Académie française).

La Nuit au Moyen Age, Perrin, 1994. Réédition, Hachette-Pluriel, 1995. Traduction japonaise, Hara Shobo, 1995.

Le Plaisir au Moyen Age, Paris, Perrin, 1996. Réédition, Hachette-Pluriel, 1997. Traduction japonaise, Hara Shobo, 1997.

Voyager au Moyen Age, Perrin, 1998. Réédition, Le Grand Livre du Mois, 1998.

En préparation

Rire au Moyen Age, Perrin.

Jean Verdon

Les Femmes en l'An Mille

PERRIN

ISBN : 2.262.01230.X

À ma femme,
À mes fils.

INTRODUCTION

« Femme » et « An Mille », voici deux éléments à forte connotation d'émotion, voire d'effroi : la femme qu'une représentation sexuelle — masculine — panique, accrue d'une tradition antique, puis judéo-chrétienne, présente tout à la fois séductrice et redoutable, en tout cas mystérieuse, trop forte peut-être, que l'on évoque les héroïnes antiques Médée, Pénélope, Antigone, ou bibliques, Eve, Dalila, Judith ; le nombre mille, numéral symbolique dans le langage quotidien, d'une globalité innombrable éventuellement douloureuse — souffrir mille morts —, d'une impossibilité — le donner en mille —, nombre évoquant, d'un autre point de vue, le millénarisme que l'on peut appeler de ses vœux autant que redouter, nombre enfin dont la complétude, dans le décompte du temps, peut être perçue comme ouverture ou clôture, avènement ou apocalypse.

Ainsi, en cette veille de l'an 2000 où l'un des ébranlements, des enjeux majeurs semble être — différemment dans les diverses parties du monde — l'évolution des rapports entre les hommes et les femmes, revisiter cette conjonction du premier millénaire, qui est aussi le mitan du long Moyen Age, devient tentant. S'est-il agi d'un moment essentiel de cette période, voire de notre ère ? Car les faits, les modes de vie, les interrogations d'alors permettraient-ils d'éclairer notre présent et notre avenir en les rassérénant ?

Depuis plusieurs décennies les historiens ont montré que les hommes de l'An Mille ne craignaient pas la fin du monde, contrairement à l'opinion propagée par l'histoire romantique et notamment par Michelet. D'ailleurs, la millième année de l'incarnation du Christ — selon des calculs inexacts de Denys le Petit, moine scythe mort vers 540 — ne donne nullement lieu à des remarques sur l'imminence de l'apocalypse. Certes les chroniqueurs mentionnent des prodiges à cette époque, mais sans faire référence précisément à cette date. Troubles cosmiques. « La même année, la millième après la Passion du Seigneur... se produisit une éclipse ou obscurcissement du soleil, qui dura depuis la sixième heure de ce jour jusqu'à la huitième et fut vraiment terrible. Le soleil prit la couleur du saphir, et il portait à sa partie supérieure l'image de la lune à son premier quartier. Les hommes, en se regardant entre eux, se voyaient pâles comme des morts. Les choses semblaient toutes baigner dans une vapeur couleur de safran. Alors une stupeur et une épouvante immenses s'emparèrent du cœur des hommes. Ce spectacle, ils le comprenaient bien, présageait que quelque lamentable désastre allait s'abattre sur le genre humain », écrit le moine bourguignon Raoul Glaber dans ses *Histoires* qui relatent des événements survenus de 900 à 1044 [1]. Dérèglement spirituel. « A la lumière des enseignements de la parole sacrée, on voit clairement que dans les jours nouveaux qui arrivent, le refroidissement de la charité au cœur des hommes et le foisonnement de l'iniquité vont rendre imminents des temps périlleux pour les âmes. De nombreux passages des Pères anciens nous montrent comment, à la faveur d'une cupi-

1. Toutes les citations de Raoul Glaber sont données d'après la traduction d'Edmond Pognon.

dité grandissante, les pouvoirs et les ordres sacrés des religions passées ont trouvé dans cela même qui aurait dû les aider à s'élever vers une dignité supérieure les causes de leur chute dans la corruption. »

Mais il n'est point question de fin du monde. A la même époque, d'ailleurs, les assemblées de paix, les pèlerinages font reculer Satan, apaisent la colère de Dieu. Raoul Glaber, après avoir décrit une terrible famine, mentionne la naissance d'un nouveau printemps. « En l'an mille de la Passion du Seigneur, qui vint après cette désastreuse disette, les nuées cessèrent de déverser les pluies ; obéissant à la bonté et à la miséricorde divines, le ciel riant commença à s'éclaircir, à souffler des vents favorables et à proclamer par sa paisible sérénité la magnanimité du Créateur ; toute la terre se couvrit d'une verdeur amène et se mit à produire des fruits abondants qui chassèrent complètement la disette. » Georges Duby, s'interrogeant sur ce que signifie l'An Mille de l'Incarnation et de la Rédemption, peut affirmer qu'il s'agit de « l'amorce d'un tournant majeur ». Apparaît « au sein des terreurs et des fantasmes, une toute première perception de ce qu'est la dignité de l'homme ».

Mais dans cet univers mental ou physique, comment situer la femme ? Il faut, pour ce faire, établir d'abord le cadre chronologique.

En Occident, l'empire de Charlemagne donne naissance, lors du traité de Verdun en 843, à trois parties. Un siècle plus tard émergent deux royaumes qu'il est commode d'appeler France et Allemagne. En 962, Otton Ier institue le Saint Empire romain germanique. Son petit-fils Otton III décède en 1002.

En France, au Xe siècle, s'opposent Carolingiens et Robertiens. En 987, l'avènement d'Hugues Capet marque le début d'une nouvelle dynastie.

L'Italie, morcelée, voit s'installer en 998, sur le trône

pontifical, Gerbert d'Aurillac qui prend le nom de Sylvestre II et meurt quelques années plus tard, en 1003.

Le califat de Cordoue occupe la plus grande partie de la péninsule Ibérique, reléguant les chrétiens dans les régions septentrionales. Sa chute, en 1031, entraîne l'apparition de petits royaumes, les Taifas, cependant que les chrétiens entreprennent la reconquête.

Dans les îles Britanniques, Edgar (959-975) soumet toute l'Angleterre. Puis les attaques danoises reprennent, et Svend, puis Knut s'emparent du pays qui sombre ensuite dans le chaos. Après Edouard le Confesseur décédé sans enfant, Guillaume, duc de Normandie, s'empare de l'Angleterre en 1066.

A la fin du xe siècle, la grande période d'émigration des Scandinaves est terminée. Leur histoire est alors dominée par les figures d'Olaf Tryggvason qui revendique le royaume de Norvège et trouve la mort sur le champ de bataille en 1000 et d'Olaf le Saint qui, après lui avoir succédé, est chassé, en 1028, par Knut.

A la tête de la Rous', les rois président aux destinées d'un immense empire qui, de Kiev à Novgorod, recouvre la majeure partie de la Russie d'Europe, mais n'est à vrai dire jamais absolument unifié. Cette Russie ne peut échapper à l'influence de Byzance à l'époque de l'empereur Basile II, contemporain de Vladimir Ier de Kiev (980-1015) que la princesse byzantine Anne épouse en 988 — Vladimir, pour des raisons tant politiques que spirituelles, s'étant converti au christianisme ainsi que ses sujets.

Entre la Russie et l'Allemagne, la christianisation progresse rapidement.

L'Empire byzantin connaît sa plus grande extension sous Basile II qui règne de 976 à 1025.

Le monde musulman entr'aperçu avec le califat de Cordoue comprend également le califat abbasside dont le chef perd son pouvoir temporel dès 945 au profit de

Premiers ministres iraniens. Les révoltes se succèdent, et finalement les Turcs seldjoukides s'emparent de Bagdad en 1055. Cependant, en 910, les Fatimides fondent un empire en Afrique du Nord puis, en 969, conquièrent l'Egypte qui devient le centre d'un nouveau califat.

Bien au-delà en Chine règne la dynastie des Song (960-1279), au Japon celle des Heian (794-1185/1192).

C'est avant tout dans le cadre de la Chrétienté occidentale — dont la civilisation est certes moins brillante que celles de Cordoue, Bagdad ou Byzance — que sera étudiée la condition des femmes. Mais les auteurs médiévaux qui sont essentiellement des clercs — tout au moins jusqu'au XIe siècle — s'intéressent à celles qui se consacrent à Dieu — les moniales, et notamment les saintes — ou manifestent des qualités viriles — les grandes dames. ***Quelle est la place exacte des femmes dans une société vue par des hommes, alors que les activités fondamentales les concernant sont occultées ?*** Certes, au détour des chroniques, des récits de miracles, il est possible de glaner quelques renseignements épars. Les sources normatives telles que les canons des conciles, les règles monastiques, les capitulaires traitent des femmes, mais pour indiquer ce qu'il convient de faire, non ce qui est. Heureusement l'archéologie médiévale qui a fait d'immenses progrès depuis quelques décennies permet de connaître quelque peu le cadre de vie des humbles paysannes. Mais l'historien reste sur sa faim, tant le champ de son ignorance est vaste. Il n'empêche ! A la veille du troisième millénaire, nous ne sommes pas complètement démunis pour connaître la situation des filles d'Eve il y a dix siècles. Placées sous la domination de Dieu et des hommes — mais leur habileté leur permet sans doute de retourner parfois la situation à leur profit —, elles ont pour but de procréer, de mettre au monde de nouvelles créatures destinées à rendre grâces à Dieu, à moins qu'elles n'aient décidé de lui consacrer leur vie. Et pourtant, elles manifestent une activité non négligeable dans tous les domaines relevant tant de la vie privée que de la vie publique.

PREMIÈRE PARTIE : SUBORDONNÉES ?

Au cours du « mâle Moyen Age », la femme apparemment ne doit occuper qu'une situation inférieure. Inférieure, car sur le plan spirituel elle ne peut prétendre accéder à la prêtrise, inférieure car il lui faut subir tout au long de son existence la domination de l'homme, son père d'abord, son époux ensuite. Et pourtant...

1

DANS L'ÉGLISE

Les écrits scripturaires ont été élaborés dans un milieu où la femme est exclue des fonctions sacerdotales et de ce fait reléguée dans une condition subordonnée. Comme elle possède une âme immortelle qui donne toute sa valeur à la personne, que le Christ a racheté toutes les créatures humaines sans distinction de sexe, que la sainteté n'est pas réservée à une quelconque catégorie, il s'ensuit, ainsi que le montre René Metz, une contradiction qui n'a pas échappé aux responsables de l'Eglise. Saint Paul affirme le principe de l'égalité de toutes les personnes devant Dieu — « Il n'y a ni homme, ni femme ; car tous vous ne faites qu'un dans le Christ Jésus » (Galates, III, 28) —, mais il considère que l'homme est de fait supérieur à la femme : « Le chef de la femme, c'est l'homme » ; « Quant à la femme, elle est le reflet de l'homme » (I Corinthiens, XI, 3, 7). D'ailleurs elle n'a pas été créée la première ; en outre elle est la cause du péché originel.

Ce double courant se retrouve chez la plupart des auteurs ecclésiastiques médiévaux : saint Augustin, pour qui dans l'ordre de la grâce la femme est créée à l'image de Dieu, à l'exemple de l'homme, écrit que, dans l'ordre de la nature, elle est au service de l'homme. Or les compilateurs des collections canoniques ont largement puisé dans l'œuvre de saint Augustin.

De sorte que vers l'An Mille, à en juger par les écrits des clercs — mais il n'existe guère de lettrés en dehors d'eux —, la femme paraît avant tout inspirer un certain mépris en raison de sa faiblesse et une grande méfiance due au rôle joué par Eve.

DÉFIANCE

Incapacités

La vie de Thierry († 1086), abbé réformateur de Saint-Hubert, en Ardenne — rédigée par un moine à la fin du XIe siècle —, rapporte un rêve de sa mère alors qu'elle est grosse de lui. « Un jour, alors qu'elle s'était abandonnée au sommeil, celle-ci se vit en songe dans une église revêtue d'habits sacerdotaux, entourée d'hommes lui concédant avec obligeance une fonction d'officiante ; alors qu'elle ignorait complètement les lettres, elle se vit chanter la messe d'un bout à l'autre, scrupuleusement, et célébrer ce mystère sans hésitation, comme si elle avait depuis toujours rempli cette tâche. Après avoir accompli, à ce qu'il lui semblait, l'office solennel de la messe, elle se vit bénir le peuple comme un prêtre. Ensuite, ayant ôté et déposé les vêtements sacrés dans la sacristie, elle partit et, alors que tous la saluaient, rentra chez elle. Après ce doux songe, elle s'éveilla doucement. Alors, terrifiée, elle commença à s'inquiéter et à se tourmenter en elle-même à cause de la vision. Se souvenant de son sexe et de sa condition, elle craignit que ce qu'elle avait vu n'annonçât un grand malheur pour elle ou pour sa maison : elle savait, en effet, que le mystère [de la messe] n'avait jamais été accompli par aucune femme » (texte cité par Michel Lauwers). Elle est rassurée par une vieille femme, laquelle lui annonce que le fils qu'elle porte dans son ventre est destiné au ministère sacerdotal.

La position de l'Eglise excluant la femme du sacerdoce est, en effet, restée immuable. Atton, évêque de Verceil de 924 à 960 environ, s'interroge dans une lettre sur la signification des termes prêtresse et diaconesse. Il s'agit des épouses des prêtres et des diacres qui pratiquent la continence. Et Atton ne partage pas l'opinion de ceux qui voient en l'abbesse un ministre de l'Eglise.

Les incapacités féminines ne s'arrêtent toutefois pas là. La femme ne peut pratiquement pas prendre part au culte public. Atton inclut dans un recueil de prescriptions liturgiques une règle tirée d'un ouvrage de Théodulfe d'Orléans (750/760-821) selon lequel les femmes doivent rester éloignées de l'autel, un article du quatrième concile de Carthage leur interdisant d'enseigner aux hommes en public, même si elles en ont les capacités, ainsi que la défense formulée par divers synodes et conciles de toucher les vases sacrés et les vêtements liturgiques et d'encenser l'autel. A Byzance les collections canoniques réitèrent les mesures prises par les conciles du IVe siècle défendant aux femmes de pénétrer dans le « sanctuaire » ainsi que le canon du concile *In Trullo* — tenu à Constantinople en 691-692 — leur interdisant de prendre la parole à l'église.

Les religieuses elles-mêmes subissent ces discriminations. Et pourtant le droit canonique établit une hiérarchie, mettant au sommet la vierge consacrée à Dieu, reléguant au dernier rang la femme mariée, alors que la veuve vivant dans la continence occupe une place intermédiaire.

Cette situation subordonnée de la femme à l'église est apparemment mise en évidence par l'obligation qui lui est faite de s'y présenter la tête voilée. Saint Paul ne dit-il pas : « Est-il décent que la femme prie Dieu la tête découverte ? » (I Corinthiens, 11, 13). Les hommes de l'An Mille font d'ailleurs dériver le terme *mulier* (femme) de *mollitia* (faiblesse). Rathier de Vérone, né en 887 environ, mort à Namur en 974, conseille aux femmes de placer cette faiblesse dans la dépendance de la vertu et non dans celle du vice.

Misogynie

L'attitude du clerc à l'égard de la femme est faite de méfiance, de peur, fondées certes sur des données historiques, mais aussi sur la physiologie d'un sexe qu'il connaît mal et doit éviter. La virginité est exaltée, la sexualité tout au plus tolérée dans le cadre matrimonial. Atton de Verceil met en garde les prêtres de son diocèse contre les femmes qui les séduisent « avec leurs coiffures ornées, leurs visages charmants, leurs battements de paupières, leurs yeux fascinants, leurs paroles amicales, leurs gentils bavardages, leurs œillades, leurs conseils flatteurs, leurs beaux colliers, leurs robes à la mode, leurs pommades parfumées, leur démarche suave, et le luxe de leur corps entier » (trad. S. F. Wemple).

Le pénitentiel de Burchard de Worms met en évidence la manière dont les clercs considèrent la femme. Les pénitentiels sont des catalogues de péchés auxquels a été adjointe pour chacun une taxe pénitentielle. Burchard, évêque de Worms, rédige vers 1008-1012 un *Décret* dont le livre XIX appelé « Guérisseur ou Médecin » constitue un pénitentiel.

Pour les clercs, bien des maux proviennent de la femme qui incarne le plaisir sexuel abhorré. Toutefois les exigences de l'Eglise en matière de sexualité s'appliquent de la même manière aux hommes et aux femmes — ce qui n'est pas le cas pour la morale laïque plus laxiste vis-à-vis des errements masculins. Ainsi, traitant de l'inceste, Burchard s'adresse aux hommes : « As-tu forniqué avec une femme que ton frère a prise ensuite pour épouse, toi étant au courant [1] ? » « As-tu forniqué avec ta belle-fille ? » « As-tu forniqué avec ta belle-mère ? » Le rôle actif paraît toutefois attribué au sexe faible dans un cas au moins : « Si en l'absence de ton épouse, à ton insu et au sien, la sœur de ta femme est entrée dans ton lit et que tu as cru que c'était ta propre femme et que tu as eu des relations intimes avec elle, tu pourras, après la pénitence, continuer à vivre avec ta femme. Mais la sœur de ta femme sera punie et ne pourra jamais se marier. »

Les femmes, à s'en tenir au pénitentiel de Burchard, apparaissent impies et luxurieuses.

Celles qui redoutent d'être abandonnées par leur mari recourent parfois à des philtres et à des sortilèges d'amour. Prenant un poisson vivant, elles l'introduisent dans leur sexe, l'y maintiennent jusqu'à ce qu'il soit étouffé, le font bouillir ou griller, puis le donnent à manger à leur conjoint pour qu'il s'enflamme davantage. Ou bien elles font préparer du pain sur leur dos nu, après s'être agenouillées face contre terre et avoir dénudé leurs flancs. Elles mélangent le sang de leurs règles à de la nourriture ou à de la boisson. Afin de guérir leurs maris, elles ont coutume de prendre les glandes génitales des hommes, de les brûler et de leur faire absorber les cendres. Parfois, au contraire, il s'agit de rendre l'époux malade et impuissant. Pour ce faire, elles lui donnent un pain fait d'une farine ainsi obtenue : elles se déshabillent, enduisent leur corps nu de miel et se roulent sur du blé répandu sur un linge ; elles ramassent ensuite les grains restés collés à leur corps, les mettent dans un moulin et font tourner la meule contre le soleil.

Certaines épouses, devenues adultères, emploient des procédés diaboliques contre leurs amants infidèles. « As-tu fait comme les femmes adultères : dès qu'elles sentent

1. Toutes les citations de Burchard de Worms sont tirées de la traduction de Cyrille Vogel.

que leurs amants ont l'intention de les quitter pour prendre femme légitime, elles éteignent par des maléfices la passion amoureuse de ces hommes pour qu'ils restent impuissants avec leurs femmes et ne servent à rien. » Elles n'hésitent pas à vendre leur corps, voire celui des autres. « As-tu fait l'entremetteuse pour toi ou pour les autres ? Je veux dire : as-tu abandonné, à la manière des prostituées, ton corps aux caresses de tes amants pour de l'argent ? Ou bien, ce qui est pire et plus infâme encore, as-tu vendu à ces amants le corps de ta fille, de ta nièce ou de toute autre chrétienne ? T'es-tu faite la conseillère ou l'intermédiaire pour que des relations galantes puissent s'établir ? » On peut se demander d'ailleurs, au détour d'une phrase, si les filles mènent alors une vie toujours chaste. Lorsque la pluie fait défaut, les femmes organisent une sorte de procession composée de plusieurs jeunes filles auxquelles elles donnent comme guide « une fillette encore vierge ». Le terme « encore » peut donner matière à réflexion.

Certaines femmes s'adonnent à des pratiques contre nature, utilisant des objets afin de se conduire avec d'autres à la manière d'un homme, procédant solitairement de la même façon, pratiquant des contacts intimes avec des personnes du même sexe, mais sans user d'artifice, recherchant leur plaisir avec leur enfant, voire avec un animal.

Contraception et avortement sont attribués aux femmes, le partenaire mâle ne semblant guère intervenir en ces matières. « As-tu fait comme beaucoup de femmes : elles forniquent et, pour tuer leur enfant, elles se font avorter avec des maléfices et des herbes, ou bien elles prennent leurs précautions pour ne pas concevoir ? »

La naissance donne lieu à d'autres superstitions. Des femmes « remplies d'audace diabolique », quand une parturiente meurt en couches, transpercent la mère et l'enfant avec un pal et les clouent en terre dans la même tombe.

Ou bien, quand un enfant meurt sans baptême, elles cachent en un endroit secret le petit cadavre et le transpercent d'un pal ; elles affirment que si elles n'agissaient pas ainsi l'enfant reviendrait et pourrait nuire gravement à autrui. Egalement, si un nouveau-né meurt aussitôt après avoir été baptisé, lors de l'enterrement, elles placent dans sa main droite une patène de cire avec une hostie et dans sa main gauche un calice de cire avec du vin.

De la luxure nous sommes passés aux pratiques superstitieuses. La sorcellerie semble une activité avant tout féminine. Aux deux premiers siècles de notre ère, les écrits des Romains mentionnent fréquemment une créature qui vole la nuit, pousse des hurlements et se révèle friande de la chair et du sang des malheureux humains. Burchard demande : « As-tu partagé la croyance de nombreuses femmes, de la suite de Satan ? Que pendant le silence de la nuit, après t'être étendue dans ton lit et pendant que ton mari repose sur ton sein, tu as le pouvoir, toute corporelle que tu es, de sortir par la porte fermée, de parcourir l'espace avec d'autres femmes qui te ressemblent ? Que tu as le pouvoir de tuer, avec des armes invisibles, des chrétiens baptisés et rachetés par le sang du Christ, de manger leur chair après l'avoir fait cuire, et de mettre à la place de leur cœur de la paille ou tout autre objet ? Que tu as le pouvoir, après les avoir mangés, de les ressusciter et de leur accorder un délai pour vivre ? »

Le vol nocturne apparaît dans une autre croyance populaire. Au début du Xe siècle, Reginon, ancien abbé de Prüm, rédige un guide de discipline ecclésiastique où il fournit le texte d'un canon que l'on retrouve chez Burchard : « As-tu cru ou as-tu participé à une superstition à laquelle des femmes scélérates, suppôts de Satan et trompées par des fantasmes diaboliques prétendent se livrer ? La nuit, avec Diane la déesse païenne, en compagnie d'une foule d'autres femmes, elles chevauchent sur des animaux, parcourent de grandes distances pendant le silence de la nuit profonde, obéissent aux ordres de Diane comme à leur maîtresse et se mettent à son service lors de nuits bien déterminées. Si seulement ces sorcières pouvaient périr dans leur impiété sans entraîner dans leur perte beaucoup d'autres ! En effet, de nombreuses personnes induites en erreur croient que ces chevauchées de Diane existent vraiment et se séparent de la vraie foi, tombent dans l'erreur des païens en croyant qu'il puisse exister une divinité ou une déesse en dehors du seul Dieu. » Certes Burchard ajoute : « Qui jamais — si ce n'est en rêve et dans les cauchemars de la nuit — est conduit hors de soi et voit pendant son sommeil ce que jamais il n'avait vu éveillé ? Qui peut être si sot et si stupide pour imaginer que ces fantasmes, fruits de l'imagination, se produisent corporellement ? » L'élite lettrée nie alors l'existence de voyageuses nocturnes. Mais elle atteste qu'une telle croyance est largement répandue.

Et les femmes se rendent coupables de bien d'autres pratiques superstitieuses afférentes aux domaines les plus divers, manifestant ainsi leur stupidité : « As-tu pris part à ces niaiseries auxquelles se livrent de sottes femmes : pendant que le défunt se trouve encore à la maison, elles courent vers la fontaine, apportent en silence un récipient d'eau et, au moment où l'on soulève le cadavre, elles répandent l'eau sous le brancard. Elles veillent aussi, au moment où l'on porte le mort hors de chez lui, à ce qu'il ne soit pas soulevé plus haut que leurs genoux, tout ceci pour obtenir une guérison. » Les femmes qui donnent la vie tiennent un rôle particulier lors de la mort. Ne sont-ce pas elles qui veillent le corps du défunt ? Aussi n'est-il pas étonnant de leur voir attribuer des superstitions funéraires.

Plus grave. Elles peuvent utiliser des sortilèges non seulement pour que leurs troupeaux et leurs ruches deviennent aussi prospères que ceux de leurs voisines, mais aussi pour nuire à leur prochain. « As-tu fait comme les femmes instruites dans les sciences diaboliques : elles épient les pas et les traces laissés par les chrétiens, recueillent de la terre sur laquelle ils ont marché, l'examinent, et espèrent enlever la vie et la santé aux passants ? » Certaines même « dénient la puissance à la bonté divine et l'attribuent au diable » ! C'est ainsi que, à certains moments de l'année, lorsqu'elles préparent la table, elles placent trois couteaux pour que les Parques puissent se restaurer. D'ailleurs les femmes — et non pas certaines ! — se tiennent mal à l'église. « As-tu fait comme font les femmes : en se rendant à l'église, elles bavardent, tiennent des propos oiseux, sans penser à rien de sérieux pour leur âme. Quand elles franchissent l'atrium où sont inhumés les corps des fidèles, elles marchent sur leurs sépultures, sans songer à l'au-delà et sans faire de prière pour le repos de leur âme. »

Le texte de Burchard constitue un catalogue de péchés et par conséquent ne peut offrir qu'une vision négative. Il est évident que chaque époque présente des faiblesses. Il ne s'ensuit pas forcément que tout est noir. Néanmoins, à en juger par les chroniqueurs, les mœurs paraissent alors rudes en ce siècle de l'An Mille. Raoul Glaber — mais il s'agit d'un moine enclin à considérer les ombres plus que les lumières — rapporte que la période d'abondance qui suit le millénaire de la Passion, donc 1033, voit la réapparition des vices. « Les grands de la noblesse et du clergé, retournant à leur cupidité, se mirent, autant ou même plus que par le passé, à satisfaire par maints pillages leurs instincts rapaces. Puis les moyens et les petits, à l'exemple des grands, sombrèrent dans des vices infâmes. Car qui jusqu'alors avait jamais entendu parler de tant d'incestes, de tant d'adultères, de tant d'unions illicites entre consanguins, de tant de honteux concubinages, de tant d'émulation dans le mal ? »

Pourtant l'Eglise, par une apparente contradiction, tente de protéger la femme, en particulier dans le cadre de la vie conjugale.

PROTECTION

Le droit canonique essaie de faire en sorte que le consentement de la jeune fille, lors de son entrée en religion ou de son mariage, soit libre. Trop longtemps de jeunes enfants ont été consacrés à la vie religieuse par leurs parents, le consentement paternel valant profession de l'intéressé. Bien entendu, il s'agit d'une lente évolution dont le terme se situe bien au-delà de l'An Mille, et la pratique ne correspond pas toujours — loin s'en faut — aux principes.

Ceux qui voudraient détourner de leur état vierges et veuves consacrées à Dieu ou qui leur feraient violence s'exposent à de sévères châtiments. L'évêque, après avoir consacré les vierges, prononce d'ailleurs une formule d'anathème, rappelant le style de l'Ancien Testament. Ainsi dans le Pontifical dit romano-germanique (milieu du Xe siècle). A Byzance, des mesures spéciales s'appliquent au rapt des religieuses. En particulier on tend à le considérer comme une séduction et à châtier aussi la femme. Un canon de la fin du Xe siècle ou de la première moitié du XIe opère une distinction entre celles qui ont mené antérieurement une existence irréprochable et les autres.

La plupart des femmes contractent mariage. Certes il vaut mieux rester célibataire, déclare saint Paul. Et Atton de Verceil, dans son commentaire sur la 1re lettre aux Corinthiens, écrit : « Il est bien d'être sans femme… non seulement parce que les récompenses au paradis seront plus grandes, mais aussi… cela est bien pour les besoins immédiats… Il y a la douleur du ventre, le travail de l'accouchement, la nourriture, les vêtements, les souffrances quand les enfants meurent, la construction des maisons pour elles, la préparation des cadeaux de mariage, et caetera » (texte cité par S. F. Wemple). Mais saint Paul ajoute dans ladite épître : « S'ils [les célibataires et les veuves] ne peuvent se contenir, qu'ils se marient ; mieux vaut se marier que de brûler. »

Le mariage ne concerne pas seulement la femme, mais c'est elle qui souffre le plus du climat de violence de l'époque. Et le fait que l'Eglise joue un rôle de plus en plus important dans la jurisprudence matrimoniale s'avère bénéfique pour le sexe faible. Certains historiens ont prétendu que la transformation des mœurs est à l'origine de cette évolution de l'Eglise et non l'inverse. Il n'empêche ! D'ailleurs, protéger les pauvres, les faibles, s'avère dans la droite ligne de l'enseignement du Christ.

Tout d'abord le droit canonique comporte de nombreuses dispositions visant à assurer la liberté du consentement, sous peine de nullité — liberté des deux époux, bien sûr. Mais la violence est admise assez facilement quand il s'agit de la femme. Les pénitentiels indiquent qu'une fille à partir de quinze, seize ou dix-sept ans ne peut être promise contre son gré. Même si ses parents l'ont fiancée valablement, sans lui demander son consentement, elle a le droit de ne pas exécuter cette promesse. Mais le mariage est d'abord, tout au moins pour les catégories sociales élevées, une alliance entre deux familles, et le consentement des parents est nécessaire.

A la crainte révérencielle — la jeune fille n'osant s'opposer à la volonté paternelle — s'ajoute fréquemment la violence. Certes, il existe des rapts exécutés avec le consentement de la victime, mais le ravisseur n'est pas pour autant absous dans la mesure où il a bafoué le droit exercé par le père sur sa fille. A la fin du IXe siècle, l'archevêque de Reims Hincmar écrit un traité « Sur la répression du rapt des veuves, des vierges et des moniales ». Traité adressé à Louis III mort accidentellement en 882 en poursuivant une jeune fille qui tente de lui échapper ! Le livre IX du *Décret* de Burchard de Worms traite « des vierges et des veuves, de leurs ravisseurs et des peines qu'il faut leur infliger, du mariage, du concubinage ». A Byzance, le rapt est sévèrement condamné aussi bien par le droit civil que par le droit canonique. Non seulement l'excommunication est prononcée, mais les mesures prises par Justinien sont reprises dans le *Nomocanon en quatorze titres* — œuvre canonique du VIIe siècle regroupant les sujets par thèmes, complétée ultérieurement. Il est permis de tuer le ravisseur pris en flagrant délit. La femme enlevée ne peut pas l'épouser. Toutefois une tendance se dessine, plus fortement dans le droit canonique que dans le droit civil, qui consiste à faire réparer par un mariage les dommages causés à une femme. Les canons permettent au ravisseur, après qu'il a subi les peines indiquées, d'épouser une jeune fille non fiancée à un tiers ; une décision patriarcale le rappelle encore en 1081. Le droit civil, par contre, interdit toujours une telle union.

Afin que la procédure matrimoniale soit respectée, l'Eglise s'efforce d'assurer la publicité des mariages et de lutter contre les unions clandestines. Les capitulaires ordonnent aux futurs époux de se rendre devant un prêtre qui fera une enquête pour savoir s'il existe un empêchement ; ensuite ils se marieront publiquement avec la bénédiction de l'Eglise. Il est trop facile à l'homme, en cas de mariage clandestin, de prétendre que celui-ci n'a jamais eu lieu. Si une telle union reste valide, Burchard de Worms, le premier, lui associe une pénitence.

Une fois contracté, le mariage est indissoluble. Mais une telle conception ne s'impose qu'après une lente évolution. Dès les premiers siècles, l'Eglise semble avoir affirmé l'indissolubilité absolue du mariage. Si le divorce, en cas d'adultère de la femme, a parfois été admis, à partir de la fin du VIIIe siècle la tendance à la sévérité est nette. Le concile de Paris de 829 interdit à tout homme d'épouser une autre femme, même si celle qu'il laisse a commis un adultère. Les capitulaires des rois francs admettent bien certains cas de divorce et essaient de concilier la législation civile et la discipline ecclésiastique. Burchard de Worms emprunte à Reginon de Prüm des textes d'inspiration diverse, les uns insistant sur la stabilité du lien conjugal, d'autres au contraire manifestant plus de relâchement — peut-être en raison de la situation des régions rhénanes. Le canoniste n'a pas les mêmes préoccupations que l'évêque chargé d'un ministère pastoral. En tout cas, au Xe siècle, Rathier de Vérone insiste sur l'aspect sacramentel du mariage qui établit l'indissolubilité, rappelant que les époux, selon l'Ecriture, « sont deux en une seule chair ». D'une façon générale, sur le plan des principes, l'indissolubilité absolue du mariage l'emporte.

Sur le plan des principes. Car s'établit un véritable rapport de forces. En effet, les aristocrates qui se marient pour des raisons politiques, économiques — en tout cas nullement par amour —, souhaitent pouvoir répudier leur femme lorsqu'elle ne leur convient plus ou qu'ils trouvent un meilleur parti. L'Eglise ne peut toujours s'y opposer. Elle n'intervient guère à la fin du Xe siècle quand les grands mettent fin aux unions qu'ils ont contractées. Ainsi lors du divorce de Louis V et du remariage de la reine avec Guillaume d'Arles. « Comme lui [Louis V] était encore un adolescent et elle [Adélaïde, veuve d'Etienne, comte de Gévaudan] déjà une vieille femme, l'opposition de leurs habitudes provoqua entre eux des dissentiments. Ils refusaient de faire lit commun et, pour se reposer, ne couchaient même pas sous le même toit. Lorsqu'ils avaient à s'entretenir, ils choisissaient un endroit en plein air. Leur conversation se bornait à quelques paroles très brèves. Cela dura entre eux près de deux ans, puis leur désaccord devint tel qu'un divorce ne tarda pas à s'ensuivre [1]. » Louis, trop jeune, ne parvient pas à gouverner. Son père se rend alors à Brioude et le

1. Les citations de Richer sont faites d'après la traduction de Robert Latouche.

ramène. « La reine, désolée de n'avoir plus de mari et redoutant de plus grands ennuis, se rendit auprès de Guillaume d'Arles et l'épousa. Son divorce devint ainsi un adultère public. » La règle de l'indissolubilité se trouve donc bafouée.

Robert le Pieux, fils d'Hugues Capet, pour se remarier, répudie vers 991-992 sa première femme Suzanne. Celle-ci, fille du roi d'Italie Bérenger II et veuve du comte de Flandre Arnoul II, avait épousé Robert en 988. Seule la politique explique l'union d'un jeune homme de dix-huit ans avec une femme beaucoup plus âgée. Et Richer d'ajouter : « Le scandale de cette répudiation fut alors vivement critiqué par quelques personnes de sentiments particulièrement délicats, mais on le fit en cachette et sans en rien manifester. » Robert se remarie avec Berthe, veuve d'un de ses vassaux Eudes de Chartres, alors qu'il est par ailleurs son parent à un degré prohibé et le parrain d'un de ses enfants. L'archevêque de Tours Archambaud accepte pourtant de bénir l'union (début 997), tandis que l'archevêque de Reims Gerbert — le futur pape Sylvestre II — manifeste sa désapprobation, ainsi que le Saint-Siège. Selon Richer, Robert prétendait « pour se justifier qu'il vaut mieux faire un petit mal si l'on doit en éviter un plus grand ».

Robert est alors convoqué par le pape au synode de Pavie (milieu 997) pour se justifier. Au concile général de Rome (milieu 998), il lui est enjoint de se séparer de Berthe ; sur son refus, il est frappé de l'anathème, ainsi que son épouse et l'archevêque de Tours. Il résiste encore plusieurs années, mais finit par répudier Berthe — peut-être d'ailleurs parce qu'elle ne lui a pas donné d'enfants.

On note, au début du XIe siècle, une reprise de l'activité de la juridiction ecclésiastique. La réponse de l'évêque Fulbert de Chartres concernant le comte de Meulan et sa femme Aude s'explique moins par la méconnaissance du droit que par la difficulté de le faire appliquer. Les conciles de Bourges et de Limoges en 1031 manifestent la volonté des évêques de réformer les mœurs des clercs et des laïcs. Ainsi, s'appuyant sur un texte liminaire qui stigmatise les fauteurs de troubles, les pères du concile de Limoges excommunient le comte d'Auvergne Pons qui, remarié alors que sa première femme vit encore, s'est rendu à Rome pour obtenir directement le pardon du pape.

Au milieu du XIe siècle, l'Eglise affirme le principe de sa compétence exclusive en matière de « divorce ». Au concile de Reims, en 1049, Hugues de Braine, qui a renvoyé sa femme et s'est remarié, est excommunié ; le comte Thibaud, qui s'est séparé de son épouse, est appelé à comparaître. Et le concile de Tours, en 1060, condamne ceux qui répudient leur femme pour en épouser une autre.

Si le divorce — au sens moderne du terme, c'est-à-dire permettant un remariage — n'existe pas, et l'Eglise encore de nos jours ne l'admet pas en raison du caractère indissoluble du mariage, celui-ci peut être annulé, c'est-à-dire considéré comme n'ayant jamais été contracté. Il faut pour ce faire constater l'existence d'un grave empêchement lors de l'union. Les deux époux sont certes traités en principe par le droit canonique sur un pied d'égalité, mais les deux sexes présentent des caractères spécifiques qui autorisent des façons d'agir différentes. Reprenons le pénitentiel de Burchard de Worms. Si, après un an ou six mois de mariage, la femme s'adresse à l'évêque ou à son délégué pour signaler qu'aucune union charnelle n'a eu lieu entre les conjoints et que l'époux affirme le contraire, ce dernier est cru, car « pourquoi s'est-elle tue si longtemps ? Très vite, une femme se rend compte si un homme peut avoir des rapports intimes avec elle ». « Si, au contraire, elle s'adresse immédiatement [après le mariage] à l'évêque ou à son délégué, après un mois ou après deux mois au maximum et dise : " Je veux être mère, je veux procréer et c'est pourquoi j'ai pris un mari ; mais mon époux est impuissant et ne peut s'acquitter de ses devoirs. " Si elle peut le prouver juridiquement, vous serez séparés et ton épouse prendra un autre mari, si elle veut. » Si l'homme se marie, tout en sachant qu'il existe un grave empêchement, son épouse ne doit pas être pénalisée. « As-tu accepté d'être parrain de ton fils, de ta fille, de ton beau-fils ou de ta belle-fille, soit au baptême, soit à la confirmation, dans le but de créer un cas de divorce entre toi et ton épouse [en raison de la parenté spirituelle] ? Si l'évêque ne veut pas statuer autrement, tu seras séparé de ta femme... et tu vivras sans femme. Ton épouse, si elle ne peut pas vivre dans la continence, pourra épouser un autre homme. » Il est interdit à l'homme qui a forniqué avec sa belle-fille d'avoir ultérieurement des relations intimes avec la mère ou avec la fille. Les deux coupables sont condamnés au célibat. Mais « ton épouse, si elle n'a plus eu avec toi des rapports conjugaux à partir du moment où elle a appris ce que tu as fait, est autorisée à se marier avec un autre homme, si elle le désire ».

La législation canonique permet donc l'annulation du mariage pour des raisons qui tiennent plus proprement à la nature féminine — ainsi en est-il de l'impuissance masculine. Par contre, malgré elle, en raison de sa rigueur sur le plan des interdits de parenté, elle permet à certains grands d'arguer après coup, c'est-à-dire après l'union, d'une parenté à un degré prohibé pour obtenir l'annulation du mariage. L'enquête préliminaire doit toutefois en principe pallier cet inconvénient.

En ce qui concerne la juridiction sur les empêchements de parenté et d'affinité, la réalité découle là encore du rapport entre les forces en présence. Et l'Eglise se montre longtemps fort timide. Un canon du concile d'Ingelheim (948) interdit les mariages consanguins ; mais bien que des évêques français aient assisté à ce concile, aucun exemple précis n'indique que l'Eglise de France dissout alors les unions incestueuses qui se poursuivent, telle celle de Geoffroy Martel, comte d'Anjou, et d'Agnès de Bourgogne. Les canons 17 et 18 du concile tenu à Bourges en 1031 condamnent les unions aux sixième et septième degrés de parenté ou d'affinité, mais n'indiquent aucune sanction. Cependant, à partir du concile de Reims de 1049 s'établit véritablement la compétence exclusive de l'Eglise en matière de consanguinité.

Ainsi, au milieu du XIe siècle — remarquons que le pape Léon IX participe au concile de Reims, car il souhaite que la France lui serve de point d'appui pour la réforme religieuse —, la mainmise de l'Eglise sur le mariage n'est certes pas complète, mais elle tend à le devenir. Après la tenue d'un concile à Rome en 1059, une encyclique notifiant aux chrétiens les décisions prises indique que ceux qui auront épousé ou épouseront une parente en deçà du septième degré seront forcés par leur évêque de la renvoyer sous peine d'excommunication. Alexandre II, en 1063, dans une lettre adressée à Guillaume de Montreuil, lui interdit d'éloigner son épouse sous prétexte de parenté, avant qu'une assemblée ecclésiastique ait pris une décision.

Le respect des règles ne peut qu'être bénéfique à la femme en ces temps où la force prime trop souvent le droit, où le faible n'a guère les moyens de se faire entendre.

LES CLERCS ET LA FEMME IDÉALE

La Vierge Marie offre évidemment le modèle de toutes les vertus, elle qui, donnant au monde le Sauveur, répara le mal engendré par la première représentante de son sexe. *Ave, Eva,* deux noms dont les lettres sont interchangeables. La dévotion mariale ne date pas du Xe siècle, mais cette époque, tout en conservant les apports antérieurs, les développe [1]. Les moines, les fidèles, manifestent à l'égard de Marie une attitude de plus en plus filiale ainsi que l'atteste un chant de procession destiné à la fête nocturne de l'Assomption et composé à Rome entre 996 et 1002.

Vierge Marie, porte tes regards cléments sur tes fils,
Exauce tes serviteurs, Vierge Marie.

Dans la vie de saint Romain dédiée en 950-951 à l'archevêque de Rouen Hugues, Gérard, doyen de Saint-Médard de Soissons, invoque Marie, lui demandant de protéger les hommes, de leur épargner la damnation. Un autre Gérard, prêtre d'Augsbourg, dans la vie de son évêque, saint Ulrich, mort en 973, rapporte que celui-ci récite quotidiennement une prière en l'honneur de Marie et qu'au moment de l'invasion hongroise il invite de pieuses femmes à solliciter la clémence de la Vierge. Les églises consacrées à Notre-Dame occupent toujours une place importante. Purchart, moine de Reichenau, dans un poème composé entre 994 et 996 et consacré à son abbé, écrit que ce dernier, après avoir restauré son monastère, inaugure avec faste l'église consacrée à la Vierge dont l'autel a été soigneusement orné.

La dévotion mariale est très développée à Cluny. L'abbé Odon († 942) a l'habitude de nommer Marie « mère de miséricorde ». Cette appellation qui exprime bien la pitié ressentie par celle-ci devant les misères humaines connaît un grand succès et apparaît chez de

1. Sur le culte marial, on se reportera notamment à l'ouvrage de H. Barré, *Prières anciennes de l'Occident à la Mère du Sauveur*. Quant au culte magdalénien, il a fait l'objet d'un savant livre de V. Saxer, *Le Culte de sainte Marie-Madeleine au Moyen Age*.

nombreux auteurs tels Fulbert de Chartres ou Mayeul de Cluny. Celui-ci († 994) porte sur lui, selon son biographe, le traité du Pseudo-Jérôme sur l'Assomption lorsqu'il est capturé par les Sarrasins au cours d'un voyage ; il demande à Marie de le libérer assez vite afin de pouvoir célébrer à Cluny la fête de l'Assomption. Quant à saint Odilon († 1049), successeur de Mayeul, il est consacré à la mère du Sauveur. Et Jotsald, son biographe, déplorant sa mort, signale combien toute sa vie il lui reste fidèle. Les sermons d'Odilon font une place essentielle à Marie, terme qui signifie Dame ou Etoile de la mer : Dame, elle a engendré Jésus ; Etoile, elle vient en aide à ceux qui se trouvent en péril. Ces deux fonctions sont liées car tous les privilèges de Marie proviennent de sa maternité divine. Elle a été élue pour donner un corps périssable au Fils de Dieu. Mais sa maternité n'a pas détruit sa virginité. Par ses vertus elle est un exemple pour tous.

Le culte marial, qui ne connaît pas de régression en cette fin du Xe siècle, s'épanouit ainsi à l'époque suivante. Fulbert, évêque de Chartres de 1006 à 1028, joue un rôle important dans ce développement. Son épitaphe le recommande à la Vierge, et l'on rapporte que celle-ci lui rend visite lors de sa maladie. Quatre de ses *Sermons au peuple* concernent les fêtes mariales. Il y développe l'idée que Marie, pleine de miséricorde, a pitié des malheureux pécheurs que sont les hommes. Dans une oraison, il fournit plusieurs exemples de sa compassion. Qu'elle lui permette d'obtenir la rémission de ses péchés, l'acquisition des vertus, la santé corporelle, l'aide divine pour bien remplir les fonctions épiscopales, avant qu'il ne connaisse le bonheur éternel ! En 1051, le pape Léon IX écrit à l'évêque du Puy pour lui demander de favoriser la dévotion mariale.

Il existe toutefois une grande différence entre les possibilités de culture spirituelle d'un clerc et celles d'un laïc ne connaissant pas le latin. En effet, alors que les prières à la Vierge sont fort nombreuses au XIe siècle, les fidèles ordinaires ne disposent pas encore de l'*Ave* en français. Néanmoins le culte marial fait prendre conscience des sommets dans la vertu que peut atteindre une femme. Une femme, mais non les femmes, car Marie put associer virginité et maternité, ce qui n'est pas humainement possible. Une autre possibilité s'offre toutefois, car le Seigneur infiniment bon pardonne aux pécheurs.

C'est au Xe siècle que le culte de sainte Marie-Madeleine semble perdre son caractère légendaire et paraît attesté par des documents authentiques. Les témoignages valables comprennent les mentions de fêtes ou les prières liturgiques contenues dans les martyrologes, les sacramentaires et les missels. Il faut d'ailleurs noter le développement interne de cette liturgie, une fête avec des oraisons succédant à la simple mention martyrologique, les prières de la messe devenant de plus en plus complexes. Les textes qui signalent des reliques ou des sanctuaires de Marie-Madeleine proviennent au Xe siècle d'Angleterre et de Germanie. Hildevard, évêque de Halberstadt, si l'on en croit sa vie écrite au XIIIe siècle, aurait en 974, dans la crypte d'un monastère de sa ville épiscopale, consacré un autel à des saints dont Marie-Madeleine. C'est dans la première moitié du XIe siècle seulement que sont indiqués les plus anciens sanctuaires français en l'honneur de la sainte : en 1027 un bourgeois de Bayeux sur le point de partir en pèlerinage en Terre sainte aurait été miraculeusement guéri devant l'église de la Madeleine ; à Reims, entre 1034 et 1043, un sanctuaire est bâti et dédié à sainte Marie-Madeleine et à saint Remi. Mais c'est à partir du milieu du XIe siècle que la naissance et le développement du pèlerinage de Vézelay étendent puissamment le culte de la sainte en Europe occidentale. L'abbaye de Vézelay avait été placée lors de sa fondation vers 859 sous le vocable de Notre Dame. La première mention historique connue du patronage de

Marie-Madeleine date de l'année 1050 et se trouve dans l'adresse d'une bulle du pape Léon IX. Vézelay devient un lieu de pèlerinage. Déjà, quelques années auparavant, Audouin II, captal de Barbezieux, et sa femme Giberge s'y étaient rendus ; après la mort du captal à Cluny au cours du même voyage, sa veuve ramène en Saintonge le culte magdalénien.

Revenons sur terre ! Qu'en est-il pour celle qui supporte la vie conjugale, met au monde des enfants dans la douleur, bien éloignée de la vierge consacrée à Dieu, modèle conseillé par les clercs aux femmes, mais que peu d'entre elles adoptent ?

La plupart, en effet, se marient. « La jeune fille [Mathilde, fille de Théodoric, comte le plus puissant de Saxe, et de son épouse Reinilde, élevée près de sa grand-mère, abbesse du couvent de Herford] faisait dans tous les domaines d'étonnants progrès. D'âge tendre mais mûre par ses vertus, elle montrait de bonnes dispositions dans l'étude des lettres et dans toutes sortes de travaux. Le bruit, qui se répandait partout, de qualités si éminentes parvint jusqu'au duc Otton qui envoya sans tarder son cousin Thietmar s'en assurer [1]. » Le rapport de Thietmar se révélant favorable, le lendemain, le duc Otton ordonne à son fils de partir examiner si la beauté et les vertus de la jeune fille lui conviennent. En l'apercevant, « Henri s'enflamme d'amour pour elle ». Il demande à la rencontrer : « Sur sa personne se lisaient la virginité et une vraie pureté. Son visage serein, si agréable à regarder, était par sa blancheur semblable au lys, tandis que par de vives couleurs il évoquait les pétales de roses. Quand il la vit si belle, il ne put cacher plus longtemps l'amour qui était dans son cœur et demanda avec insistance qu'elle lui soit

1. Les citations de la *Vie de Mathilde* sont tirées de l'ouvrage de Patrick Corbet, *Les Saints ottoniens*, auquel ces pages doivent beaucoup.

promise. » L'abbesse est embarrassée. Elle répond qu'il ne lui appartient pas de la donner en mariage sans le consentement de ses parents. Ceux-ci, par ailleurs, l'ont peut-être destinée à un autre homme. Pourtant, étant donné le prestige de la famille de Henri, elle ne retardera pas les noces. Dès le lendemain, Henri amène Mathilde en Saxe où il l'épouse.

Sainte Mathilde, épouse de Henri, duc de Saxe en 912, puis roi de Germanie en 919, nous est connue par deux vies, l'une dite « ancienne », l'autre « postérieure ». La première, une commande de l'empereur Otton II, a été écrite au commencement de son règne, vraisemblablement en 974 ; elle comporte de nombreux emprunts à des œuvres de l'Antiquité et du haut Moyen Age. La seconde, d'une tout autre ampleur, dédiée à l'empereur Henri II, a été rédigée probablement en 1002, année de l'avènement du roi. Les remplois sont moins nombreux que dans la première vie et mieux intégrés.

Grâce à ce dernier texte, il est possible de tracer le portrait de l'épouse idéale vers l'An Mille selon les clercs de la cour ottonienne. Femme aimante et chaste, veuve préoccupée de l'âme de son défunt mari, mère affectueuse d'une abondante progéniture.

L'amour de Mathilde pour son époux subsiste tout au long de son existence. Il est particulièrement mis en valeur lors du décès de Henri : « Quand fut finie la messe des âmes, la reine entra en pleurs dans la chambre où gisait la dépouille mortelle ; elle y trouva les fils royaux qui pleuraient abondamment et avec eux tous les princes. A cette vue, la reine, son beau visage baigné de larmes, se jeta aux pieds du corps sans vie et sanglota de chagrin, comme l'avait mérité le roi par sa conduite envers elle. » Henri, sur son lit de mort, a reconnu peu auparavant l'affection de son épouse. « O toi qui fus toujours pour nous la plus fidèle et à juste titre la plus aimée, nous rendons grâces à Dieu qu'Il te laisse nous suivre. Nul ne s'est uni à une femme plus ferme dans la foi et plus digne d'éloges dans l'exercice du bien. Sois remerciée d'avoir patiemment apaisé nos colères, en toutes choses donné un conseil utile, très souvent rappelé de l'iniquité à la justice et sans cesse exhorté à faire miséricorde à celui qui souffrait violence. » Cet amour conjugal ne peut être dissocié de l'amour divin, les deux étant parfaitement compatibles. En effet, la nuit, Mathilde quitte discrètement le lit du roi pour aller prier. « Il [le roi] s'en apercevait, mais faisait mine de l'ignorer, sachant que toutes ses œuvres étaient bonnes et utiles à tous les deux. Il donnait donc facilement son approbation à tout ce qu'elle désirait, car sa volonté commençait en Dieu et c'est en Lui qu'elle finissait. »

« Dans leur mariage régnaient la chasteté et une continence digne d'éloges. » L'amour conjugal, en effet, est chaste. Il ne s'agit pas de s'abstenir de tout rapport charnel, mais de pratiquer une sexualité pleine de tempérance, de réserve. La *Chronique* de Thietmar de Mersebourg laisse supposer l'observation des temps interdits par l'Eglise. Cette chasteté des époux constitue leur vertu d'état. « O bienheureux, qui furent non seulement unis dans la chair, mais aussi, d'un seul cœur et d'un seul esprit, prompts aux bonnes œuvres. Il y avait en eux un seul amour du Christ, une même union dans le bien, une volonté agréable à Dieu, une capacité d'accomplir ce qui est droit, un semblable amour pour leurs prochains, une égale compassion pour leurs sujets. » Ainsi se manifeste l'égalité des époux face à leurs devoirs de chrétien qu'ils remplissent en commun.

L'épouse enfin se doit de conseiller, voire d'instruire son conjoint. Déjà saint Paul dans la première épître aux Corinthiens met l'accent sur ce point : « Le mari non croyant se trouve sanctifié par sa femme, et la femme non croyante se trouve sanctifiée par le mari croyant. » Dans ce texte, selon l'apôtre, les deux époux ont l'obligation de se faire mutuellement du bien. Plus généralement, l'Eglise insiste sur le rôle de la femme. Ainsi saint Jean Chrysostome, au IVe siècle, déclare qu'il incombe à l'épouse « d'apaiser son mari quand il revient troublé, d'éloigner de son esprit les pensées accablantes et importunes, de telle façon qu'il s'en retournera débarrassé des inquiétudes qu'il avait emportées de l'agora et occupé de bonnes pensées qu'il a puisées dans sa maison. Rien de plus capable qu'une femme pieuse et sensée pour façonner un mari et donner à son âme la forme qu'elle voudra » (trad. Dom J. Leclercq). Mêmes recommandations chez Thomas de Chobham, au tournant des XIIe et XIIIe siècles, qui, dans sa *Somme des confesseurs*, écrit qu'il faut toujours imposer comme pénitence aux femmes d'être les prédicatrices de leurs maris, car nul prêtre ne peut attendrir le cœur d'un homme comme son épouse. Et Thomas de conseiller à cette dernière d'agir « dans le lit, au milieu des embrassements ».

Mathilde remplit à la perfection cette tâche dévolue aux épouses. « Si elle s'apercevait qu'un homme, mis en prison pour un crime ou envoyé à la mort par une décision du peuple, souffrait violence, elle ne connaissait plus de joie avant d'avoir apaisé la colère du roi. Si d'aventure elle devait se retirer sans avoir été écoutée, à cause d'une condamnation prise par le peuple, le roi déplorait en silence de l'avoir bouleversée en n'exauçant pas son vœu. Alors, souvent, il sortait du tribunal comme pour l'apaiser, laissant aux juges le cas à punir selon la loi. Il entrait dans l'église ou s'occupait à quelques bonnes œuvres, en accomplissant dans l'inquiétude ce mot de l'Evangile que la servante du Christ lui répétait de tout son cœur : " Ne jugez pas pour ne pas être jugés. Car on vous jugera du jugement dont vous jugez et l'on vous mesurera avec la mesure dont vous mesurez. " »

Ainsi Mathilde ne se borne pas à prêcher le bien, la justice ; elle se préoccupe du salut éternel de son royal époux. Ce souci se retrouve particulièrement au cours de son veuvage.

Le décès de Mathilde survint trente-deux ans après celui de Henri. Le temps du veuvage joue donc un rôle essentiel dans la vie de la sainte et implique un comportement spécifique. « Inébranlable dans sa foi, humble dans la crainte de Dieu, elle n'oublia pas son enseignement et garda vertu et piété. Courageuse dans l'adversité, indulgente à l'injure, prompte au pardon, elle se montrait attachée à une concorde fraternelle. Une gravité, une dignité admirables apparaissaient dans tous ses gestes et toutes ses paroles. Si pudique était son maintien que beaucoup, dans l'ignorance de sa nombreuse et éminente descendance, croyaient qu'elle était une vierge. Et quel respect, quelle crainte de Dieu ! En permanence, elle s'appliquait à la prière. »

Le veuvage se caractérise par une vie religieuse plus intense, par une dignité, une gravité, une tenue vestimentaire qui le différencient de l'état conjugal. Mathilde continue à se préoccuper de l'âme de son défunt mari, et ceci dès son décès. « Les gémissements du peuple firent comprendre à la sainte de Dieu que son époux avait quitté les choses humaines : elle tomba en prières et recommanda son âme dans la foi du Christ. Se relevant, elle demanda si quelqu'un était encore à jeun, qui puisse célébrer la messe pour l'âme de son seigneur. » Des commémorations régulières ont lieu tout au long de l'existence de la sainte reine, comportant à la fois liturgie et aumônes. Patrick Corbet a montré que les suffrages des veuves, que l'on mentionne dans nombre de régions, tiennent une place particulièrement importante en Saxe au début du XIe siècle. Selon Thietmar de Mersebourg, les œuvres en faveur des défunts comportent une valeur spirituelle telle que leur auteur est à coup sûr récompensé, alors même que le destinataire est damné. Ce chroniqueur décrit éloquemment la conduite digne de louanges de

Mathilde. « Je veux maintenant décrire brièvement pour tous les fidèles en tant qu'exemple salutaire les faits pleins de renommée que la vénérable reine Mathilde réalisa après la mort de son seigneur. L'Ecriture enseigne que c'est une pensée sainte et salutaire de prier pour les défunts et de demander pour eux l'absolution par des aumônes... Mathilde suivit cet exemple [celui d'une pieuse femme] après que son mari fut tombé dans les liens de la mort temporaire, en donnant à manger non seulement aux pauvres mais aussi aux oiseaux. Le trentième jour [après la fin de Henri Ier], elle fonda un monastère de religieuses dans la ville de Quedlinburg, lui concéda sur ses biens propres, avec l'accord de ses fils, tout ce qui était nécessaire à leur entretien et leur vêtement et le leur fit confirmer par écrit. » Ni l'auteur de la *Vie de Mathilde* ni Thietmar de Mersebourg n'assignent un tel rôle au veuf. Par ailleurs Liutprand, évêque de Crémone, par l'étonnement qu'il manifeste devant les suffrages de Mathilde, atteste peut-être que ceux-ci sont plus courants en Saxe qu'en Italie.

Comme le but premier du mariage réside dans la procréation, sa réussite implique une nombreuse progéniture. Mathilde eut cinq enfants. Remarquable est l'accent mis sur les sentiments. La reine montre une préférence pour son fils puîné Henri le Jeune. Evoquant la fondation de Nordhausen, l'hagiographe lui fait dire : « Fils très cher [Otton], gravez soigneusement dans votre mémoire tout ce que nous avons ici recommandé à votre loyauté... Dans cette cité est né votre frère Henri, que nous avons beaucoup aimé car il portait le nom de son père ». Mais cet amour s'étend à tous les enfants. La dernière entrevue d'Otton Ier et de sa mère donne lieu à une scène émouvante. « Ils sortirent de l'église, et devant la porte, ils s'étreignirent. Sur leur visage, leurs larmes se mêlèrent et, tandis qu'ils échangeaient leurs baisers, ceux qui assistaient à la scène fondirent en pleurs. La reine s'arrêta devant la porte et, les yeux brillants, accompagna du regard son fils qui se dirigeait vers son cheval. Elle revint ensuite dans l'église et gagna vivement la place où se tenait l'empereur pendant la messe... Là, elle tomba à genoux et embrassa en pleurant les pas de son fils. » Prévenu, Otton « retourna en gémissant dans l'église. Il la trouva au même endroit, priant et pleurant, se prosterna sur le sol et lui dit : “ O madame, quel service pourra racheter ces larmes ? ” A nouveau, ils s'approchèrent l'un de l'autre et prononcèrent quelques paroles d'une voix pleine de larmes. “ A quoi nous servirait-il de rester plus longtemps ici ? dit-elle enfin. Contre notre gré, il faut nous séparer ; à nous regarder, nous ne diminuerons pas, bien au contraire, notre douleur. Allez maintenant dans la paix du Christ. Vous ne verrez plus à l'avenir notre visage sous cette forme mortelle ” ».

Mathilde apparaît aussi comme une aïeule honorée. Lors de la réunion dynastique de Cologne en 965, « la reine fut accueillie avec déférence par l'empereur, par son fils l'archevêque Brunon et par bien d'autres réunis en ce lieu. Elle se réjouissait d'avoir vu ses fils et ses petits-enfants et rendait grâces et louanges au Christ pour le salut de chacun. Après les salutations réciproques, ils entrèrent dans une pièce pour tenir entre eux une conversation plus intime. L'évêque Baldéric, qui avait été précepteur de l'archevêque Brunon au temps de Henri Ier, entra et, s'inclinant devant tous, bénit le groupe royal. Puis, s'adressant spécialement à Mathilde, cette sainte femme, il dit : “ Réjouis-toi, reine vénérable, honorée par Dieu d'une si grande récompense : tu vois maintenant tes fils et les fils de ceux-ci. En toi s'est accompli le vers du psalmiste : *Tu verras les fils de tes fils* ” ».

La *Vie de Mathilde* apparaît quelque peu exceptionnelle dans la mesure où elle fait du comportement conjugal de la reine un élément fondamental de sa sainteté.

L'influence de Cluny, la réforme grégorienne mettent l'accent sur la virginité, lui attribuant bientôt une supériorité sans partage.

2

EN FAMILLE

De la naissance à la mort, la femme doit obéir à un homme, à son père, tout d'abord, à son époux ensuite. Toutefois, la fille, au cours de ses premières années, a beaucoup plus affaire à sa mère qu'à son père. Une fois mariée, elle dispose parfois au sein du ménage d'une autorité que les textes ne laissent pas toujours entrevoir.

DU PÈRE…

L'existence antérieure au mariage comporte plusieurs phases. L'enfance s'étend de la naissance à la septième année. La deuxième étape s'achève à la puberté, quatorze ans pour les garçons, douze pour les filles. Les auteurs subdivisent cette période en deux, selon que l'âge du mineur se situe près de l'enfance ou de la puberté. La distinction a son importance dans la mesure où elle influe sur la capacité ou l'incapacité juridique.

Alors qu'à Rome le père possède un pouvoir absolu sur ses enfants, il n'en va plus de même vers l'An Mille, encore que son autorité demeure importante. Le jeune enfant dans une société maintenant christianisée — à s'en tenir à l'Occident et bien que des traces de paganisme subsistent — est en général rapidement baptisé. Mais le pédobaptisme, c'est-à-dire le fait de baptiser les petits enfants — qui ne se généralise pas avant les XIIe-XIIIe siècles —, entraîne des changements. Le rôle du parrainage se développe et la parenté spirituelle prend de l'importance face à la parenté biologique.

Au cours du haut Moyen Age, les individus ne portent qu'un nom. Pour le Xe siècle, le cartulaire d'Uzerche en Limousin fournit quinze noms correspondant à dix-neuf femmes ; 93,5% sont d'origine germanique, 6,5% d'origine latine profane. Mais le baptême christianisant l'être tout entier, il n'y a rien d'étonnant à ce que les noms d'origine chrétienne soient rares. Bernadette Barrière montre qu'aux IXe-Xe siècles le répertoire chrétien en Limousin comporte seulement quatre Elisabeth — nom emprunté au Nouveau Testament —, trois Benedicta, trois Cristina, Cristiana, une Dina, une Dominica, une Ozanna — noms théophores et symboliques —, trois Stephana — nom de martyre.

C'est au XIe siècle, plus exactement à l'extrême fin du Xe siècle — la première mention date de 993 —, et en cela le Limousin ne manifeste aucune originalité, que l'on assiste au passage du nom unique à la double dénomination. Le premier nom est alors complété par un second élément se référant à la filiation, à un lieu ou formant sobriquet. Les exemples trop peu nombreux concernent avant tout l'aristocratie et la gent masculine. Il semble que, à l'instar de la période précédente, le stock des prénoms féminins soit beaucoup plus ouvert que le stock masculin. Aux XIe-XIIe siècles, cent femmes disposent de soixante et onze prénoms, alors que cent hommes ne disposent que de vingt-deux prénoms. Petronilla se révèle le prénom féminin de loin le plus répandu.

Par le baptême, le péché originel est effacé. Mais s'il décède sans avoir été baptisé, l'enfant est damné « par la faute du péché héréditaire commis par la volonté du père », écrit Loup de Ferrières vers 850. On comprend l'angoisse des parents lorsque meurt brusquement un bébé non baptisé. Ce n'est qu'à partir de la fin du XIIe siècle que sera imaginé le limbe où l'absence de vision béatifique se substitue aux châtiments infernaux.

La survie de l'enfant dépend maintenant des soins maternels et de la tendresse des femmes qui s'occupent de lui. Une forte mortalité infantile sévit, due à une hygiène insuffisante et à la malnutrition. Raoul Glaber dresse un tableau effrayant de la famine qui ravage la Bourgogne en 1033. Les enfants meurent non seulement de faim, mais encore deviennent la proie des adultes affamés. « Beaucoup, en montrant un fruit ou un œuf à des enfants, les attiraient dans des lieux écartés, les massacraient et les dévoraient. » Les famines ne constituent pas toutefois le lot quotidien, même si la nourriture s'avère souvent insuffisante.

Michel Psellos a laissé un éloge funèbre en l'honneur de sa mère. Cet ouvrage qui, selon la loi du genre, confine bien sûr parfois au panégyrique permet d'avoir quelque idée de l'existence d'une jeune fille appartenant à la bourgeoisie moyenne de Byzance au cours de la première moitié du XIe siècle. La mère de Michel, nommée Théodote, naît à Constantinople à la fin du Xe siècle au sein d'une famille modeste et vertueuse. Elle est l'aînée de plusieurs enfants et se révèle tout à la fois charmante et pleine de bon sens. Son éducation se déroule essentiellement dans la maison paternelle et consiste en peu de chose. Elle est initiée aux travaux domestiques, apprend à filer, à broder, à tisser. Elle reçoit des rudiments de lettres qu'elle tente de compléter par elle-même, car elle déplore de ne pouvoir aller aux écoles. Elle se rend volontiers dans les églises et manifeste une grande dévotion.

La petite fille est devenue une adolescente. Après les jeux, ou tout au moins concomitamment, l'éducation.

Formation morale et spirituelle. Les parents jouent en ce domaine un rôle important. Par leur exemple, par l'enseignement que prodigue notamment la mère à sa fille — dans la mesure où elle en est capable. Les capitulaires des souverains carolingiens, les canons des conciles, les directives des évêques prescrivent aux fidèles de connaître le *Pater* et le *Credo*. Hatton, évêque de Bâle, écrit entre 806 et 822 : « En second lieu que l'oraison dominicale, qui contient tout ce qui est nécessaire à la vie des hommes, et le symbole des apôtres, qui renferme la somme de la foi catholique, soient connus de tous, aussi bien en latin qu'en langue barbare, et ainsi ce qui est prononcé de la bouche sera cru de cœur et compris » (trad. J. Avril).

Formation intellectuelle. Elle ne concerne bien évidemment que les filles appartenant aux catégories sociales les plus élevées, laïques et moniales, qui doivent, comme les jeunes gens, pouvoir accéder à la Bible. Les aristocrates destinées au mariage reçoivent en outre une culture sur le plan littéraire, non dans le cadre familial, mais dans un couvent.

Quant à la formation pratique, nécessaire à la tenue d'une maison après le mariage, elle est évidemment donnée chez elles pour les filles du peuple, au palais ou au monastère pour les autres.

Les filles de l'aristocratie se marient précocement. La princesse byzantine Théophano n'a que onze ans lorsqu'elle épouse, en 972, l'empereur Otton II. La mère de Guibert de Nogent est « encore à peine nubile » lorsqu'elle est accordée par son père à un garçon aussi jeune qu'elle. A Byzance, des petites filles âgées de cinq à dix ans et fiancées appartiennent aussi bien à l'aristocratie de Constantinople qu'à des milieux provinciaux plus humbles — la fille adoptive de Michel Psellos est fiancée à sept ans. Les sources montrent que les parents souhaitent marier leurs filles très tôt. Eusthate Rhomaios explique ce phénomène par le fait que les pères décédant souvent avant le mariage de leurs enfants sont enclins à le préparer de leur vivant. Mais si des accords sont conclus précocement, les unions ne paraissent pas en général être célébrées avant la puberté. L'âge du premier mariage pour les femmes se situe entre douze et quinze ans.

Dans l'aristocratie, le mariage correspond bien plus à l'accord de deux parentés qu'à l'union volontaire de deux personnes. Thietmar de Mersebourg décrit les événements qui aboutissent au mariage de Liutgarde († 1012), fille d'Ekkehard de Meissen, avec Werner de Walbeck : « Quand le comte Liuthar eut remarqué la beauté et la sagesse de la jeune fille, il réfléchit sans cesse dans le secret de son esprit à la manière de l'associer à son fils. Enfin, n'y tenant plus, il s'ouvrit par l'intermédiaire de fidèles au margrave Ekkehard de son désir longtemps demeuré caché. Il obtint satisfaction sans délai. Au cours d'une rencontre des deux familles, Ekkehard promit en toute légitimité à Liuthar qu'il donnerait sa fille pour épouse au fils de celui-ci, et il le confirma devant tous les grands présents selon la loi et la coutume » (trad. P. Corbet).

Un chef de maison prend donc contact avec un autre aristocrate grâce à des intermédiaires. L'acceptation du père de la jeune fille permet la *desponsatio* : lors d'une rencontre des deux familles, le père promet solennellement de donner sa fille en mariage.

L'auteur ne fait absolument pas allusion au consentement des deux jeunes gens qui de même n'interviennent point lorsque Ekkehard, ayant acquis auprès de l'empereur Otton III une estime supérieure à celle accordée aux autres grands, veut rompre l'accord pourtant établi fermement. Liuthar réfléchit à la manière de l'en empêcher. Comme Liutgarde se trouve au monastère de Quedlinburg pour compléter son éducation, Werner, « non pas poussé par son père mais plutôt à mon sens par l'amour de la jeune fille et dans la crainte d'un déshonneur manifeste … par la force enleva sa promise malgré les plaintes et les résistances de celle-ci ». A la suite de ce rapt qui se déroule en 998, une troupe se lance à la poursuite de Werner, mais celui-ci refuse de rendre Liutgarde. Alors le père du ravisseur ainsi qu'un chevalier du comte Ekkehard partent s'enquérir du désir de la promise. Celle-ci leur précise qu'elle préfère demeurer là plutôt que repartir. Ils font part de sa réponse à l'abbesse — Mathilde, tante d'Otton III — et à ceux qui l'entourent. Mathilde demande l'opinion des grands qui conseillent de réunir une assemblée à Magdebourg. L'époux doit s'y rendre avec sa femme, et tous ceux qui l'ont aidé sont tenus d'être présents et de se reconnaître coupables, ou de s'exiler. Il en est ainsi fait. Le mariage de Werner et de Liutgarde n'a lieu que trois ans plus tard, en raison probablement de la mort de Mathilde survenue peu après et de l'opposition d'Ekkehard assassiné en 1002. Le choix de la jeune fille de rester avec son ravisseur a dû peser lourd dans la décision des grands, alors qu'elle n'est pas intervenue dans l'accord initial. Selon le même Thietmar, l'évêque à plusieurs reprises mentionne l'acceptation de la femme.

Si le consentement féminin est requis, il n'en reste pas moins que bien des jeunes filles nobles sont mariées contre leur volonté, tout au moins s'unissent à un homme qu'elles n'ont pas choisi et qu'il leur est difficile de refuser. Le fait persistera tout au long du Moyen Age, voire ultérieurement.

A Byzance également, ce sont les parents qui décident des unions. En droit, le consentement des futurs époux est indispensable, en fait il s'agit généralement d'une formalité. Par contre, le consentement des parents est nécessaire tant en droit que dans la pratique. Comme en Occident, le mariage dépend avant tout des intérêts des deux familles, ce qui entraîne des conflits avec les pouvoirs normatifs, Eglise ou Etat.

Le comportement de l'Etat peut toutefois conforter l'attitude de l'aristocratie, dans la mesure où tous deux ont intérêt à maintenir la stabilité de la société quelle que soit la volonté de la future épouse. Des actes de la pratique fournis par la *Peira* [1] le manifestent clairement. Une dame de l'aristocratie a fiancé son fils qui a neuf ans à une fille de sept ans. Trois ans plus tard, comme la famille de la jeune fille est tombée dans la pauvreté, elle souhaite rompre les fiançailles. Mais, en principe, pour ce faire, elle doit payer une amende à titre de compensation. Eustathe Rhomaios l'en exempt, car la pauvreté a mis fin selon lui aux fiançailles. En effet, « il n'est pas juste qu'une jeune fille qui n'a pas la possibilité d'offrir une dot demande le mariage et, quand elle n'atteint pas son but, exige une amende. S'il en était ainsi, tout le monde serait prêt à faire de grandes promesses et à enrichir ses enfants, tout en causant grand mal aux autres » (texte cité par A. E. Laiou). Le jugement est confirmé par l'empereur.

Même lorsqu'il s'agit de catégories assez humbles, la volonté du père joue un rôle bien plus grand que les désirs de la fille. La mère de Michel Psellos, dont la beauté, les qualités attirent nombre de prétendants, ne souhaite guère se marier, et pourtant ses parents l'y incitent. En fin de compte, son père qui n'a pu la convaincre menace, si elle ne prend pas époux, de la maudire. Elle obéit donc, contrainte et forcée, et parmi les prétendants accorde sa main au futur père de Psellos.

Au XIe siècle d'ailleurs, l'initiative de la femme semble se réduire encore, qu'il s'agisse de celle soumise à la puissance paternelle ou de l'orpheline. A la fin du IXe siècle, le code intitulé *Procheiron* affirme qu'une fille peut être déshéritée si elle refuse d'épouser le garçon que

1. La *Peira* est un recueil de jugements émanant surtout d'Eustathe Rhomaios et datant de 1040/1050.

lui destinent ses parents et mène une vie honteuse, alors qu'une novelle de Justinien ne la condamne pas à l'exhérédation. De même, tandis que le droit ancien permet à une fille de plus de vingt-cinq ans de s'unir à qui elle veut sans pouvoir être déshéritée, une autre mesure du même code indique qu'elle ne peut agir ainsi quand bien même son père aurait retardé le mariage, mais qu'elle doit demander au questeur, à l'éparque ou en province au gouverneur d'obliger ses parents à la marier et à la doter. Ainsi le consentement paternel obtenu par voie judiciaire est-il nécessaire pour que le mariage soit valide. Par ailleurs, la *Peira* manifeste la décroissance du rôle de l'orpheline mineure, jeune fille ou veuve. En effet, elle signale que l'accord des proches et l'entremise du gouverneur sont indispensables à la validité du mariage ; sinon il s'agit d'une relation sexuelle illégitime. Or les *Basiliques* — important recueil législatif publié sous Léon VI (886-912) — ne font pas du consentement des proches un élément fondamental du mariage.

PAR LE MARIAGE

Stratégies matrimoniales

Le mariage est avant tout une affaire. Conclu avec une riche héritière, il permet au chevalier d'arrondir ses domaines. Bien sûr, lorsque la femme apporte une petite dot, il peut être gênant pour l'héritage car elle risque de donner à son mari de nombreux enfants. C'est pourquoi dans les familles riches on se marie peu. Dans la région mâconnaise par exemple, ainsi que le montre Georges Duby, un certain nombre de personnes entrant en religion restent célibataires ; de nombreuses filles demeurent au foyer paternel, de même des vieux garçons, qu'il s'agisse de familles nobles ou paysannes. La situation est semblable en Catalogne. Dans la famille Vivas, à chaque génération un seul fils se marie : Vivas à la première, Père à la seconde. Les autres fils restent célibataires ou entrent dans les ordres. Cette restriction au veuvage entraîne indirectement la prolifération des bâtards, car la chasteté n'est pas toujours observée.

Dans le cadre du mariage légitime arrangé avec l'assentiment des deux familles, les fiançailles ou *desponsatio* constituent un engagement solennel.

La jeune épouse apporte une dot qui provient de ses parents. Cette dot que l'on décèle avec quelque difficulté car elle figure généralement dans des textes qui ne la concernent pas clairement — le terme *dos* désigne la donation du mari à sa future épouse —, se présente sous des formes diverses et revêt une importance fort variable selon la catégorie sociale de la femme. Dans une charte de Cluny (1000 environ), Adeline déclare qu'elle a reçu de sa mère deux manses à titre de dot. Le père de Constance d'Arles lui donne, lors de son mariage avec le roi de France Robert le Pieux, une somme d'argent qu'elle consacre à l'achat d'un domaine à Verbérie ; de ce domaine dépendent deux églises, quatre moulins, cinquante-trois hôtes, quarante-quatre arpents de vigne, quarante arpents et demi de pré et un cens de deux livres huit sous.

Deux exemples, concernant l'un une région de droit coutumier, l'Anjou, l'autre des provinces méridionales influencées par le droit romain.

En pays de Loire, un certain nombre d'actes mentionnent, à côté du douaire, le *maritagium*, en indiquant que l'épouse du donateur ou du vendeur accepte d'aliéner le bien. L'étude de ces mentions tend à prouver que le « don de mariage » est aussi fréquent que le douaire. Contrairement à la dot romaine, ce don de mariage est fait au mari non point par la femme, mais par un homme appartenant à sa parenté. Les textes dont nous disposons sont rarement antérieurs à 1050, mais dès cette époque il s'agit d'une coutume bien enracinée. Peut-être même, selon Dominique Barthélemy, est-ce ce don du matin qui, pour les contemporains, plutôt que le douaire, fait le mariage.

Transportons-nous, avec Martin Aurell, en Catalogne. Nous constatons l'existence à la même époque de ce don des parents en scrutant les donations ou les testaments. L'argent paraît constituer la forme habituelle de la dotation. Vers 960, le monastère d'Ovarra remet au comte Raimond III de Ribagorça des objets précieux dont il fait don à sa fille Ava lors de son mariage avec Garci Fernandez de Castille : il s'agit d'épées, de hauberts, de mors, pour la plupart en or ou en argent. Ces meubles sont parfois remplacés par des biens fonciers : en 989, Gauzfred Ier, comte d'Ampurias et de Roussillon, lègue plusieurs alleux à ses quatre filles, certainement pour qu'elles se marient. Les comtesses toulousaines ont fréquemment des dots constituées de biens fonciers.

Dans quelle mesure les filles mariées, donc pourvues d'une dot, peuvent-elles recevoir des legs testamentaires ? L'exclusion des filles dotées n'apparaît pas encore au Xe siècle chez les familles princières catalanes. Mais au siècle suivant, la dot est considérée comme un héritage anticipé. En compensation, elle s'institutionnalise. Même évolution dans le comté de Toulouse. Emma de Provence, au début du XIe siècle, donne au prieuré de Courrenz des terres qu'elle a reçues en héritage. Après cette date (1015), aucun document ne cite de biens paraphernaux, propriétés d'une comtesse.

Le fiancé, de son côté, donne à sa future épouse un douaire qui contrebalance la dot paternelle. L'institution de ce douaire entraîne la rédaction d'un acte écrit dont les formulaires des VIIIe et IXe siècles fournissent des exemples. Son acceptation implique pour la fiancée l'engagement de se marier. « La loi et la coutume veulent que les fiancés confirment solennellement par écrit ce qu'ils ont décidé de faire et de donner lors de leur mariage, en accord avec leurs parents ou ceux dont ils dépendent. C'est pourquoi, moi, au nom de Dieu un tel. Comme il est connu de nombreuses personnes que je me suis fiancé à toi, une telle, avec l'accord de mes parents et de nos amis et ton plein consentement, il m'a semblé que je devais te garantir par ce titre de dot une partie de mes biens ; ce que j'ai fait » (texte cité par R. Le Jan). Cette donation maritale manifeste la dignité du mariage légitime. Richer rapporte qu'Adélaïde, avant son union avec Louis, fils du roi de France Lothaire, reçoit une dot conformément au droit.

A titre d'exemple, examinons [1] les douaires des duchesses normandes qui sont bien connus, celles-ci désirant peut-être des garanties explicites sous forme d'actes écrits. Guillaume Longue-Epée qui épouse vers 935 Ledgarde fille d'Herbert II de Vermandois, ce qui l'apparente à la famille carolingienne, lui constitue un douaire dans une *villa* appelée Longueville. Il semble que ce douaire comporte, outre Longueville, un deuxième domaine formé de Coudres, de ses dépendances et d'Illiers. Longueville, Illiers et Coudres ont une grande importance stratégique : le premier domaine est situé sur la Seine, les deux autres sur la voie d'Evreux à Dreux ; ils forment tous trois les clefs de la frontière méridionale de la Normandie. Ce douaire pourrait montrer que Guillaume désire se rallier franchement à la société chrétienne.

Richard Ier, s'unissant à Gonnor, d'abord à la manière des Danois, puis selon le rite chrétien, lui donne des domaines ruraux beaucoup moins importants que Coudres et Longueville, et dispersés dans l'ouest du duché, par conséquent sans grande valeur stratégique. L'analyse de chartes ultérieures permet d'y ajouter un certain nombre

1. D'après les travaux de Lucien Musset.

de biens dont Bretteville-sur-Odon et Domjean situés à plus de cinquante kilomètres l'un de l'autre.

Le douaire de Judith de Bretagne, que Richard II épouse vers 1000, est formé de trois noyaux très importants comprenant vingt-sept, trente et un et quarante-trois domaines ruraux situés à l'intérieur des terres, le premier autour de Bernay, le deuxième dans le Cinglais, le troisième en Cotentin.

En 1027, quand le duc Richard III prend pour femme Adèle, fille de Robert le Pieux, il lui constitue un douaire bien moins important que celui de Judith, très dispersé et formé d'éléments variés : droits sur le commerce, revenus administratifs, châteaux, églises, etc. La composition de ces deux derniers douaires montre que le domaine ducal presque épuisé en Normandie orientale reste plus important en Normandie occidentale. D'autre part, les biens ruraux cèdent la première place aux droits concernant le commerce et les villes.

En Catalogne, le douaire, *decimum*, qui la plupart du temps n'entraîne pas la rédaction d'un contrat et souvent n'est même pas défini avec précision, attribue à l'épouse un dixième de tous les biens du mari, ce qui lui permet d'avoir un droit de regard sur toutes les transactions effectuées par ce dernier. Le document attestant la remise du dixième de son patrimoine par le mari à sa femme est parfois accompagné d'un autre texte qui lui attribue d'autres biens. Le comte de Barcelone accorde à son épouse une donation supérieure au tiers de son patrimoine. Vers l'An Mille, il possède trois comtés-évêchés : Barcelone, Gérone et Vic avec Manresa. Lors du mariage, les comtesses reçoivent en douaire l'un des trois territoires. Vers 993, le comté de Vic et Manresa est donné par Raimond Borrell à Ermessende de Carcassonne. Vers 1028, Guisla de Lluçà, seconde femme de Béranger Raimond Ier, reçoit le comté de Vic. Quant à Raimond Béranger Ier, c'est le comté et l'évêché de Barcelone qu'il attribue à Elisabeth en 1039. Les autres aristocrates catalans cèdent aussi des domaines considérables. Dans la première moitié du XIe siècle, le comté de Vallespir est réservé aux femmes qui entrent dans la maison de Besalù.

Vers la fin du IXe siècle, l'usage se répand que le douaire représente le tiers des biens du mari au moment du mariage et le tiers des biens dont il deviendra possesseur durant la vie conjugale. Dans un certain nombre de chartes de Cluny, en 974, en 1005 par exemple, le mari déclare attribuer à sa femme à titre de douaire le tiers de tous les biens qu'il possède et de tous ceux qu'il pourra acquérir par la suite. Au Xe siècle d'ailleurs, la règle du tiers n'est plus obligatoire. En 947, un homme donne à sa fiancée la moitié de ses biens et de ses acquêts futurs. Parfois les acquêts cédés à la femme ne constituent pas une fraction déterminée, mais il s'agit de biens situés dans des lieux précis. Il arrive que les douaires soient établis un certain temps après le mariage, car on relève des allusions à la vie commune.

A titre d'exemple, voici la donation de Foulques, l'un des deux vicomtes de Marseille, lorsqu'il épouse, le 25 avril 1005, Odile, sœur de Lambert de Vence. « … Ce que voulant faire [copuler], non pour le plaisir mais bien plutôt pour l'amour des enfants, moi Foulques, épouse selon ma loi romaine Odile, lui donnant, pour le premier baiser par la présente épousaille : au comté de Toulon, au domaine de Solliès [lacune] ; semblablement au comté de Marseille, au domaine de Leyreste je te donne [lacune] ; semblablement au domaine de Cuges, je te donne tout ce que j'ai ; au val de Trets, au domaine d'Ollières, tout ce que j'ai. Et de plus je te donne les serfs dont voici les noms : Dominic, ses fils et sa fille. D'où il résulte que tant que tu vivras, elle ait le droit de tenir et de posséder sans aucune opposition, et de léguer aux héritiers qui seront en elle par moi procréés. Si dans les temps futurs quelqu'un veut s'opposer à ce douaire, qu'il soit débouté et qu'il paye une amende à la partie actionnée de cinquante livres d'or, et qu'ensuite [cet écrit] garde [force] inaltérable.

« Fait publiquement…

« Moi Foulques, je donne à ma susdite épouse Odile par l'acte de cette dot, comme l'ordonne la loi romaine, la plus ferme maîtrise de tout ce que je lui concède par épousaille ou douaire, et en plus, la moitié de tout ce que je pourrai avoir ou acquérir avec l'aide de Dieu, savoir en esclaves, en or et argent, en bétail et chevaux et en toute chose qu'on peut dire meuble, lui attribuant sur tout le droit d'avoir et posséder, et de léguer aux héritiers qui seront en elle par moi procréés. Si dans les temps futurs quelqu'un veut s'opposer à cette dot, qu'il soit débouté et qu'il paye à la partie actionnée une amende de cinquante sous, et qu'ensuite cet écrit garde force inaltérable.

« Fait publiquement… » (texte cité dans *Les Sociétés méridionales autour de l'an Mil*, p. 382).

Au total, si la femme reçoit de son époux des biens qui constituent une assurance, elle est recherchée pour ceux qu'elle apporte et qui proviennent de ses parents. Une dot consistante attire les prétendants. En outre l'hérédité des fonctions s'établissant, comme les filles peuvent hériter en l'absence de fils, la chasse aux héritières s'instaure. Lorsqu'en 956 meurt Gilbert de Bourgogne, il ne laisse que deux filles. L'aînée, Ledgarde, épouse d'Otton, second fils d'Hugues le Grand, possède déjà des biens en Bourgogne. Otton hérite du duché de Bourgogne. Odoran, dans sa *Chronique*, en donne les raisons : « Il avait, en effet, épousé la fille de ce Gilbert. » Comme la seconde, Adélaïde, est la femme de Robert, fils d'Herbert II de Vermandois, Robert hérite du comté de Troyes que Gilbert tenait jusqu'alors. Les droits des héritières se reportant sur leur mari, il devient intéressant de les rechercher. Il arrive toutefois que des difficultés surgissent. En 1005, par son mariage avec Mathilde, sœur du duc de Normandie Richard II, Eudes de Champagne ajoute à ses domaines la moitié du château de Dreux. Mais à la mort de son épouse, comme nul enfant n'est issu de cette union, Richard II hérite de sa sœur. Eudes ne voulant pas rendre les biens, une guerre s'ensuit.

L'économie peut ainsi avoir partie liée avec la politique. Et de fait un accroissement de fortune entraîne une augmentation de puissance. Pourquoi Louis, petit-fils de Gerberge, se marie-t-il ? Selon Richer, « de rusés personnages... allèrent trouver la reine Emma et lui dirent qu'ils avaient à l'entretenir d'une affaire très importante. La reine les ayant reçus, ils lui disent qu'il serait d'une excellente politique de faire épouser au roi Louis Adélaïde, veuve de Raimond, duc de Gothie [en réalité, veuve d'Etienne, comte de Gévaudan], mort récemment. Ce mariage n'aurait pas seulement pour résultat d'accroître la puissance de son royaume, elle lui procurerait d'autres avantages : le roi Louis pourrait facilement soumettre toute l'Aquitaine et la Gothie quand il en aurait, du chef de sa femme, acquis les places les plus fortes ; de plus — autre conséquence importante et avantageuse du projet —, le père et le fils, installés l'un en deçà et l'autre au-delà, pourraient sans relâche menacer le duc et le reste de leurs ennemis encerclés au milieu de leurs Etats ».

La stratégie matrimoniale, fréquemment déterminée par le père, concerne, ainsi que le montre Régine Le Jan, tous les germains, frères et sœurs. Il s'agit d'une stratégie globale tendant à promouvoir les intérêts de la famille. Ainsi pour les mariages robertiens. L'aîné, Hugues Capet, épouse sur le tard la fille du puissant comte de Poitou, duc d'Aquitaine, Guillaume Tête d'Etoupe, sœur du comte Fier-à-Bras, ce qui lui apporte à la fois gloire et sécurité. Le second fils — Otton — se marie avec l'héritière de la Bourgogne franque et, lorsqu'il décède, le troisième fils — Eudes —, renonçant à la carrière ecclésiastique, s'unit à Gerberge, veuve du roi d'Italie.

Les changements de la société, avec l'installation de lignages dont le patrimoine se transmet du père au fils aîné, amènent les aristocrates à pratiquer l'homogamie, c'est-à-dire à épouser des filles aussi nobles qu'eux. Ainsi les rois se marient avec des filles de roi, tels Louis IV avec Gerberge, fille du roi de Germanie Henri Ier, ou Lothaire avec Emma, fille du roi Lothaire d'Italie. Il en va de même pour la haute aristocratie. Le duc Frédéric de Lotharingie épouse Béatrice, fille d'Hugues le Grand. Bien plus, lorsque la chose est possible, les grands tentent de réaliser des mariages hypergamiques, c'est-à-dire avec des femmes de condition supérieure, tel Hugues le Grand qui épouse d'abord Eadhilde, fille du roi Edouard de Wessex, puis Hadwige, fille de Henri Ier.

A un niveau plus humble, on constate que dans la région mâconnaise les chevaliers épousent toujours des femmes de condition égale à la leur et, la plupart du temps, habitant dans le voisinage. En Anjou, les châtelains ont également tendance à contracter des alliances seulement entre eux.

Les règles imposées aux fils sont moins contraignantes pour les filles. Le célibat auquel sont contraints les cadets entraîne un déséquilibre entre l'offre et la demande des filles à marier, ce qui peut expliquer certains mariages hypogamiques pour celles-ci. Selon Hariulf, Gisla, fille de Hugues Capet, aurait épousé un nommé Hugues, simple avoué de l'abbaye de Saint-Riquier, donc d'une condition bien inférieure à la sienne.

De tels mariages permettent de resserrer des liens aussi bien sur le plan horizontal que vertical, mais aussi de remettre de l'ordre dans une société en pleine mutation.

La stratégie matrimoniale ne tient pas seulement compte de la condition sociale de l'épouse, mais aussi des liens familiaux. Nous avons vu qu'une catégorie d'empêchements de mariage est fondée sur les relations entre les conjoints avant leur union. La parenté peut être purement naturelle et résulter des liens du sang ; elle peut être légale et créée par l'adoption ; elle peut venir de la participation de deux personnes à certains sacrements. L'alliance, c'est-à-dire la parenté existant entre l'un des conjoints et les parents de l'autre, constitue également un empêchement. Dans un mariage consommé, les deux époux sont devenus une seule chair : la parenté de l'un se communique donc à l'autre et produit l'affinité. Résultat de l'union charnelle, celle-ci doit entraîner les mêmes effets dans le mariage et hors mariage. Or les interdictions fondées sur la parenté et sur l'alliance sont extrêmement sévères en droit canonique. Au IXe siècle, la coutume s'établit que le mariage est prohibé jusqu'au septième degré de parenté.

La stratégie matrimoniale se trouvant perturbée, aux IXe et Xe siècles les interdits sont appliqués dans la mesure où ils ne la contrarient pas. Godefroid le Barbu et Mathilde de Toscane, bien que cousins au quatrième degré, peuvent se marier. Il en va de même pour le roi de France Henri Ier et Mathilde, cousins aux quatrième et cinquième degrés, puisque descendant tous deux de Henri Ier, roi de Germanie. Lorsqu'une union à un degré prohibé apparaît nécessaire, les grands obtiennent sans doute assez facilement des dispenses. Au début du XIe siècle, comme le comte de Hainaut Régnier V envisage d'épouser la fille du comte Hermann, sa cousine au cinquième degré, l'évêque de Cambrai Gérard tente de s'y opposer. Mais les autres évêques se référant à une lettre du pape Grégoire à Augustin qui permet les unions au quatrième ou au cinquième degré, parviennent à l'en dissuader.

Toutefois, comme l'exogamie, mieux que l'endogamie, permet d'assurer le patrimoine et de nouer des alliances, la politique du lignage fondée sur la recherche d'épouses sans liens proches connus va dans le sens du respect des interdits de l'Eglise. Mais il devient plus difficile pour les aristocrates de trouver une épouse de leur rang, alors que les filles peuvent contracter plus aisément une union hypogamique.

En ce début du XIe siècle, la femme, même au prix d'une union incestueuse, reste un élément fondamental de la politique. L'exemple catalan le prouve. Sanche le Grand, roi de Pampelune, désire marier sa sœur Urraca à Alphonse V de Léon, son parent. Un tel mariage, selon lui, doit assurer la paix, permettre d'anéantir les musulmans et de restaurer le christianisme. Surtout, elle réconcilie le Léon et la Navarre, ce qui constitue un grand bien pour la Chrétienté. L'évêque abbé Oliba de Vic perçoit la situation de manière toute différente et, le 11 mai 1023, écrit à Sanche pour qu'il renonce à cette union incestueuse. Il s'appuie sur des textes scripturaires, des décisions conciliaires et, conformément à la tradition du haut Moyen Age, déclare interdits les mariages non seulement entre les personnes descendant d'un même ancêtre jusqu'à la septième génération, mais aussi entre nombre de parents par alliance. Le roi ne tient pas compte de la missive.

En ce qui concerne la maison de Toulouse, toutes les comtesses de Berteiz (fin du IXe siècle) à Almodis (milieu du XIe siècle) proviennent de la France méridionale. Guillaume III Taillefer, devenu veuf, se remarie avant 992 avec Emma, fille du comte de Provence Roubaud et d'Ermengarde. Majore, première femme de Pons, comte de Toulouse de 1037 à 1040 et fils d'Emma, semble être originaire de Foix. Quant à Almodis de la Marche épousée par le même Pons entre 1040 et 1045, elle est la fille de Bernard, comte de la Marche, et d'Amélie. Mais pourquoi avoir choisi ces femmes ?

Emma est cohéritière du comté de Provence avec son frère Guillaume et deux cousins. A la suite du décès de Guillaume qui n'a pas d'enfant, elle est investie de ses droits et détient la moitié du comté. Les liens sont consolidés avec la maison de Provence grâce à Emma, avec celle de Foix par l'intermédiaire de Majore. Quant au choix d'Almodis, il reflète la politique toulousaine en Aquitaine. Les comtes de la Marche accordent leur appui à cette époque à de petits nobles limousins hostiles au comte de Poitou, ennemi héréditaire du comte de Toulouse.

La femme apparemment ne joue aucun rôle dans la conclusion de ces unions. Peut-être Almodis constitue-t-elle une exception. Une chronique arabe rapporte comment notre comtesse de Toulouse devient comtesse de Barcelone. Depuis 1040 environ, elle est mariée à Pons, comte de Toulouse — il s'agit d'ailleurs de son second époux, car elle a été répudiée par le premier, Guy de Lusignan, pour des raisons de parenté. Alors qu'elle a donné à Pons quatre enfants, elle rencontre un jour le jeune Raimond Béranger Ier, comte de Barcelone, en route vers la Terre sainte. Ils se prennent d'amour immédiatement l'un pour l'autre. A son retour, Raimond Béranger retrouve Almodis présentée comme l'épouse du notable narbonnais chez qui il loge. A Barcelone, il affrète des galères à des Juifs pour qu'ils enlèvent la jeune femme, mais l'entreprise échoue. Grâce à l'aide de sa famille, Almodis peut cependant s'échapper, se rendre en Catalogne où Raimond, après avoir répudié son épouse légitime, la prend pour femme.

Cette chronique arabe laisse place à bien des doutes. Le nom de la femme n'est jamais mentionné, elle nous est présentée comme l'épouse de l'hôte narbonnais du comte de Barcelone : s'agit-il du comte de Toulouse ? Mais les dates concordent et l'on sait que Raimond Béranger répudia sa seconde femme Blanca pour épouser Almodis. L'amour conjugal vers l'An Mille constitue une notion qui suscite des réserves. Le rapt toutefois ne constitue pas forcément une violence à l'égard de la femme mais peut manifester, quand celle-ci est consentante, un choix personnel face à un lignage hostile.

En Catalogne, sur trente et une filles nées dans les familles comtales entre 930 et 1080, a calculé Martin Aurell, dix-sept au moins, soit plus de la moitié, prennent époux, quatre entrent très jeunes au monastère ; quant aux dix autres, mentionnées uniquement dans le testament paternel, on ignore leur destinée. D'autre part, les comtes catalans contractent des unions avec des femmes originaires de régions lointaines. Entre 930 et 1080, sur trente comtesses identifiées, huit seulement sont catalanes. Par contre, sur vingt et une filles mises au monde, dix se marient en Catalogne et onze dans d'autres régions. La politique des comtes de Barcelone diffère selon le sexe. Les mariages des mâles sont contractés avant tout avec des héritières originaires du midi de la France dont la Catalogne dépend encore — tout au moins en théorie. Ledgarde et Aimerud, filles de Raimond Pons d'Auvergne, épousent, l'une après l'autre, Borrell II de Barcelone-Urgel (947-992) ; Raimond Borrell de Barcelone (992-1017) prend pour femme, vers 993, Ermessende de Carcassonne ; Raimond Béranger Ier (1035-1076) et Artal Ier de Pallars (1049-1081) se marient avec Almodis et Lucie de la Marche.

Alors que se battent chrétiens et musulmans, Estefania, orpheline de Raimond Borrell de Barcelone, convole en justes noces vers 1020 avec Roger de Tosny, membre d'une famille normande. Selon Adémar de Chabannes, la comtesse Ermessende de Carcassonne, tutrice de son fils Béranger Raimond, ayant demandé de l'aide contre les musulmans à Roger, un aventurier qui se trouve en Méditerranée, lui accorde la main de sa fille. Selon Clarius de Sens, Roger s'empare des places de Tarragone et de Gérone, et se remarie avec Estefania, qui épouse ultérieurement en 1038 le roi de Pampelune. Ainsi, Ermessende, aux prises avec de nombreuses difficultés, utilise pour obtenir l'aide de Roger de Tosny sa fille Estefania qui sert également la politique matrimoniale de la maison de Barcelone par sa seconde union.

L'Islam à la fin du XIe siècle est devenu l'ennemi contre lequel il faut mener croisade et qu'il convient d'anéantir. Au début du siècle, les princes chrétiens et les émirs de Taifas s'entendent au contraire fréquemment entre eux pour régler leurs problèmes internes et font passer leurs intérêts avant ceux de la Chrétienté. C'est ainsi que face au roi de Pampelune Sanche le Grand (1004-1035) qui mène une politique expansionniste dont s'inquiètent les comtes de Catalogne et de Castille, l'émir de Saragosse Mundhir, chargé par le calife de défendre des terres également menacées, prépare le mariage entre Béranger Raimond, fils du comte de Barcelone Raimond Borrell, et Sancha, fille de Sanche Garcia de Castille. Ce sont les jeunes gens qui scellent ici l'alliance entre les deux maisons.

Dans certains cas, des seigneurs chrétiens n'hésitent pas à donner leurs filles en mariage aux princes musulmans pour obtenir la paix. Afin de préserver sa ville de Pampelune, le roi Sancho Garcés II accorde en 980 la main d'une de ses filles au chambellan du calife Hicham II, Al Mansour. Celui-ci la place dans son harem où la rejoignent deux autres chrétiennes : en 993, Teresa, fille de Vermudo II de Léon, puis la sœur de Sancho Garcia de Castille, envoyées dans le but d'apaiser le terrible Al Mansour.

Alors que précédemment les comtes de Barcelone mariaient leurs filles pour resserrer les liens avec des familles proches, ils essaient maintenant de s'attirer les bonnes grâces de seigneurs plus lointains et de contracter des alliances qui les fortifieront face à un roi de France sans grand pouvoir. C'est pourquoi l'exogamie devient de règle. Les contacts avec les seigneurs méridionaux entraînent des alliances matrimoniales. Le comte de

Barcelone Borrell II se rend en 967 au monastère de Saint-Géraud d'Aurillac. Durant ce voyage, il rencontre Ledgarde, fille du comte d'Auvergne Raimond Pons, et l'épouse. Mais l'exogamie peut provenir d'unions conclues avec des femmes, non pas d'une région lointaine mais d'un milieu social différent. En Catalogne, comme ailleurs, la moitié des filles épousent des guerriers catalans de rang inférieur au leur. Adélaïde, sœur du comte Bernard Taillefer, prend pour mari l'un de ses feudataires Jean d'Oriol. De telles unions engendrent un lien privilégié entre l'oncle maternel et son neveu, à la fois vassal et parent. A maintes reprises, des comtesses de Barcelone épousent des vicomtes de la ville. Comme la résistance du vicomte de Barcelone Udalard Ier face à Al Mansour a permis, en 985, au comte Borrell de fuir, celui-ci le récompense en lui accordant la main de sa fille Riquilda. Le vicomte Géribert, frère d'Udalard, épouse de son côté Ermengarde, autre fille de Borrell II. A un niveau inférieur, le même système se renouvelle, puisque les vicomtes de Barcelone accordent leurs filles à des viguiers chargés de la défense de leurs châteaux. Quelques décennies plus tard, la veuve du comte Béranger Raimond Ier, Guisla de Lluçà, se marie avec Udalard II, petit-fils d'Udalard Ier et de Riquilda. Ces unions ont pour but normalement de conforter la fidélité des vicomtes vis-à-vis des comtes. Mais il en va tout autrement puisque l'un des enfants issus du mariage entre Géribert et Ermengarde se trouve à l'origine de la révolte des seigneurs contre le comte — qui d'ailleurs finit par en avoir raison.

Au total, en ce début du XIe siècle se développe en Catalogne une tendance à l'exogamie et à l'hypergamie. Mais les motivations de telles unions sont bien plus politiques que religieuses. La réforme grégorienne n'a pas encore triomphé.

La cérémonie

Les mariages donnent lieu à des cérémonies religieuses ainsi qu'à des festivités profanes. Quelle est la part respective de ces manifestations ? Quel rôle y joue la jeune femme ? Nous avons vu que le chef de la famille de l'épousée commence par s'entretenir avec le prétendant et les siens pour examiner les avantages politiques, économiques de l'alliance. La discussion peut durer longtemps, car il s'agit parfois de mettre fin à un conflit déjà ancien. Lorsque les deux parties se mettent d'accord, est rédigé un acte où le montant et la nature du douaire sont mentionnés.

Viennent ensuite les fiançailles proprement dites où le garçon et la fille s'engagent pour l'avenir, par les « mots de futur ». Les fiançailles n'engendrent pas la parenté, mais les rompre constitue un acte particulièrement grave qui risque d'entraîner un conflit entre les deux familles. Dans la péninsule Ibérique se déroulent trois rites : donation d'anneaux, remise de la charte de douaire et échange d'un baiser. Les jeunes époux joignent leur main droite. Certes leur consentement est requis, mais son rôle est encore bien réduit. Le père de la mariée procède à cette cérémonie. Il amène enfin sa fille en un lieu où le prétendant et son père l'attendent. Ces rites montrent l'étroite dépendance de la femme vis-à-vis de son père et de ses parents. La jonction des mains atteste que le pouvoir passe du père au fiancé.

Les souverains carolingiens ainsi que l'Eglise désirant encadrer le mariage, celui-ci ne se réduit plus à une simple affaire familiale. Une bénédiction accordée par le prêtre rend Dieu témoin de l'union. Il semble que la seule formule employée habituellement du VIIIe au Xe siècle à l'occasion du mariage religieux soit celle de la bénédiction des fiancés selon le rituel romain. Mais de nombreux livres liturgiques anglo-saxons du VIIIe au XIe siècle parviennent sur le continent à la fin de cette époque. Ils contiennent des formulaires de rites nuptiaux qui ne peuvent trouver place dans la messe romaine du mariage. Comme ils sont devenus populaires en Normandie et en Bretagne, la meilleure solution est de placer la liturgie anglo-saxonne avant ou après la messe et la bénédiction nuptiale. Vers la fin du XIe siècle, une véritable célébration du mariage précède donc la messe « devant la porte de l'église ».

Le sacramentaire de Vic qui date de 1038 fournit de précieux renseignements. Lors du mariage de Raimond Béranger Ier, la charte dotale de 1039 énonce : « Au nom de la sainte et indivise Trinité, moi, Raimond… je t'ai demandée pour femme, toi, Elisabeth, comtesse par la grâce de Dieu, et je me suis uni à toi en mariage avec les prières et les offrandes du rite de la chrétienté dans l'église du monastère de Sant Cugat. » La cérémonie se déroule donc à l'intérieur de l'édifice religieux.

Quelques semaines après les fiançailles au cours desquelles le prêtre prononce sur les anneaux une bénédiction, a lieu la cérémonie du mariage. La messe qui occupe une place importante comporte des lectures tirées notamment de la première épître aux Corinthiens ou des Evangiles (noces de Cana, parabole des invités aux noces…). Les prières insistent sur l'aspect sacramentel.

Avant la communion, les mariés se rendent dans le chœur, la jeune fille se plaçant à gauche de son époux. Le prêtre les recouvre d'un voile rouge et blanc. Suivent deux bénédictions ; la première s'adresse à la femme pour laquelle on sollicite du Seigneur qu'il la rende féconde, la seconde concerne le couple. Le voile qui repose sur la tête de la femme et s'appuie seulement sur les épaules du garçon présente une signification symbolique : le mari est devenu le chef de l'épouse. Après la communion, le prêtre remet la jeune femme à son mari. Le cortège nuptial gagne ensuite la sortie.

Les nouveaux mariés se rendent à leur demeure où parfois un clerc bénit leur chambre.

Bien entendu, des festivités profanes accompagnent la cérémonie religieuse.

Il existe apparemment en Normandie un mariage qui ne garantit pas les droits de l'épouse ; cette union est dite « selon la coutume danoise ». Certes, cette province où les Normands se sont installés au début du xe siècle connaît le mariage sacrement, précédé de fiançailles. Ainsi Dudon de Saint-Quentin mentionne qu'à la suite d'un accord entre Hugues le Grand et le duc Richard Ier, un acte est passé engageant le père de la fiancée et le fiancé et consacrant les fiançailles d'Emma, fille de Hugues. Le mariage a lieu ultérieurement en 969. Et Dudon de signaler qu'au milieu des réjouissances la femme est conduite à la maison du mari.

Le mariage « selon la coutume danoise » est mentionné parallèlement à celui-ci par Guillaume de Jumièges. Cet auteur cite les unions de Rollon et de Poppa, de Guillaume Longue-Epée et de Sprota, et peut-être de Richard Ier et de Gonnor. Examinons ce dernier cas.

Richard Ier, après la mort de sa femme Emma, épouse selon le rite chrétien une très belle jeune fille appelée Gonnor, issue d'une noble famille danoise. Un interpolateur de Guillaume de Jumièges rapporte comment le duc fait la connaissance de Gonnor. Richard de Normandie, apprenant par la renommée la beauté de l'épouse de l'un de ses forestiers qui habite près du bourg d'Arques, va chasser dans cet endroit. S'étant logé dans la maison du forestier, il s'éprend de sa femme nommée Sainfrie ; il ordonne alors à son hôte de la lui amener pendant la nuit dans sa chambre. Le forestier, fort triste, rapporte ces paroles à son épouse : mais celle-ci le console en lui suggérant de mettre à sa place sa sœur Gonnor, jeune fille beaucoup plus belle qu'elle-même. Les choses se passent ainsi. Et le duc, ayant appris la substitution, se réjouit de n'avoir pas péché avec la femme d'un autre. Richard a de Gonnor trois fils et trois filles. Mais lorsqu'il veut faire de l'un de ses fils, Robert, un archevêque de Rouen, il se heurte à l'opposition des lois canoniques, car Gonnor n'a pas été mariée. Pour cette raison, Richard l'épouse selon le rite chrétien, et ses fils déjà nés sont placés sous le pallium avec leur père et leur mère au moment de la cérémonie des fiançailles. On peut remarquer que Guillaume de Jumièges ne parle jamais de concubinat ou d'union libre. Il semble même que Gonnor ait porté le titre de comtesse avant le mariage chrétien. Par deux fois, il est fait mention d'une régularisation du mariage « selon la coutume danoise », sans doute pour opposer l'union résultant de la cérémonie religieuse à ce qu'elle était auparavant. Il n'existe plus de traces de cette coutume après le Xe siècle.

Le mariage a lieu par la seule volonté de l'homme de choisir la femme pour l'épouser, par la cohabitation et la consommation. Emma et Gonnor n'ont pas les mêmes garanties. La seconde se trouve réduite à une situation inférieure.

Guillaume de Jumièges est le seul à mentionner ce type d'union, les autres auteurs parlant de concubinage. Son ouvrage est destiné à célébrer les ducs normands. Guillaume garde-t-il le souvenir d'une institution disparue à son époque ou veut-il justifier la conduite des ducs ?

Les unions serviles n'apparaissent guère que dans les documents diplomatiques. Les serfs se marient souvent hors du domaine pour éviter les unions incestueuses. Les mariages mixtes nombreux portent préjudice à la fois au maître du mari, car les enfants dans certaines régions suivent la condition de la mère, et au propriétaire de la femme car celle-ci s'installe dans un autre domaine. On procède parfois au démembrement de la famille de la serve. Ainsi Hélène appartenant à l'abbaye de Saint-Etienne de Dijon, et Béraud, serf de Guy, ont deux enfants illégitimes, Humbert et Eve : l'abbaye de

Saint-Etienne garde les enfants nés de sa serve, mais les deux propriétaires consentent au mariage, et les enfants à naître seront partagés entre eux (989/1017). Des accords peuvent attribuer les enfants au seigneur de la mère. Hugues fait don à Cluny des enfants que Sibré a de sa serve Liégeart ; il ne semble pas être le propriétaire de Sibré, mais Liégeart est sa serve ; par conséquent leurs enfants lui appartiennent. C'est l'intérêt du maître qui prime.

À L'ÉPOUX

Quel va être le sort de l'épouse ? Elle possède des biens, mais peut-elle en disposer ? En cette période où les mœurs sont rudes, est-elle traitée convenablement ?

La gestion des biens

Jusqu'au Xᵉ siècle, la femme dispose en principe librement de ses biens. En 950, Adélaïde, veuve de Sunifred II d'Urgel, attribue aux moniales de Sant Joan de les Abadesses un village qu'elle possède à la suite d'un legs de ses parents. Dans une charte clunisienne de 974, Dominique donne à son second époux, David, le douaire que lui a constitué son premier mari, Angelard. Le texte n'indique pas si des enfants sont issus de la première union. Ce droit de pleine propriété apparaît dans deux actes d'octobre 976 ou 977 où une veuve dispose librement de son douaire. Ermentrude laissera à sa mort le douaire qu'elle a reçu de son seigneur et maître Manegaud, en partage entre son frère Hugues et Saint-Florent de Saumur. En 994, Ulrich donne à Ermengarde une partie de ses biens situés en pays mâconnais dans les termes suivants: il lui transmet ces biens et les lui attribue à titre perpétuel, avec la faculté de les garder, de les vendre, de les donner, de les échanger ou d'en faire tout ce à quoi son libre arbitre l'engagera.

En 1018, Guisla de Cerdagne cède à Saint-Martin du Canigou trois villages du Conflent, cadeau de son mari. En 1030, la vicomtesse Ermengarde de Barcelone, fille de Borrell II, laisse ses châteaux, ses animaux et son froment à ses descendants et au clergé local ; une clause menace de sanction ceux qui ne respecteront pas ses dernières volontés.

Mais le droit de propriété de la femme sur son douaire présente des inconvénients : une veuve sans enfants peut donner à son second mari la dot reçue du premier — ainsi Dominique en 974 —, ce qui lèse la famille de ce dernier. Il importe d'éviter ce danger tout en assurant la sécurité matérielle de la veuve. D'autres actes laissent donc le douaire aux enfants et disposent que, s'il n'y en a pas, il sera partagé entre les héritiers de la femme et ceux du mari.

Au Xe siècle se dégage donc peu à peu l'idée que l'épouse a seulement l'usufruit de son douaire. Au XIe siècle, cette habitude triomphe. En 1005, Raynart donne à sa femme des biens qui, s'ils ont des enfants, leur reviendront ; s'ils n'en n'ont pas, elle en aura l'usage et la jouissance durant sa vie, les proches du mari les recueillant au moment de son décès. Mais elle ne se voit pas accorder la propriété du douaire en l'absence d'enfants. En 997-1031, Livo donne à sa fiancée Matseline des biens qui, s'ils ont un enfant, lui reviendront ; dans le cas contraire, la moitié retournera aux proches de Livo, et Matseline fera de l'autre moitié ce qu'elle voudra. Deux enfants naissent du mariage mais ne survivent guère à leur père. Matseline donne donc à Saint-Vincent de Mâcon la totalité de son douaire et tout ce qui lui revient dans la succession de ses enfants : lorsque son mari est décédé, l'existence d'enfants a empêché les proches d'hériter, et la mort des enfants a fait hériter leur mère.

Cette évolution vers le douaire en usufruit est générale. Dans un contrat de mariage daté du 27 août 1031, Bernard de Narbonne indique que son épouse Ermengarde possédera le douaire sa vie durant seulement ; à sa mort, s'ils ont des enfants, les biens demeureront acquis à ces derniers ; si elle n'a pas d'enfants, ils retourneront aux proches du mari. Les enfants ont seuls la propriété du patrimoine dotal ; en effet, à la mort de la veuve, les biens leur restent acquis. L'épouse ne possède en pleine propriété que des objets d'or et d'argent.

Les dernières dispositions des aristocrates ont pour but d'empêcher la veuve de soustraire les biens du patrimoine familial. Isarn d'Escatalens, testant vers 954, accorde un douaire à son épouse Christine, mais uniquement si son fils est incapable de prendre soin d'elle et sous réserve qu'elle ne se remarie pas. Bien plus, dans un délai de trois ans après son décès, Christine doit entrer au couvent, non pas pour devenir moniale mais pour y résider. Dans son testament de 989, Gauzfred Ier de Roussillon Ampurias confirme le douaire et l'héritage légués à son épouse Guisla, mais celle-ci doit rester veuve et les transmettre au futur comte, son fils, issu apparemment d'un précédent mariage.

Une notice de 1021 relative au testament du comte de Besalú, Bernard Taillefer, indique : « Il a légué à son épouse Tota le comté de Vallespir avec tous ses alleux, pour qu'elle le détienne comme le détint sa mère après la mort de son père tant qu'elle vécut. Qu'après sa mort, son fils Guillaume le récupère s'il est encore vivant. Sinon, qu'il revienne à celui de ses fils qui sera comte de Besalú. » Ce testament ôte la tutelle de ses fils à la veuve, placée sous la protection de Guifred II de Cerdagne et d'Oliba, évêque de Vic, frères de Bernard ; si elle donne naissance à un fils posthume, l'aîné Guillaume se conduira envers lui comme un père. La comtesse toutefois reçoit en usufruit l'héritage des fils cadets et garde toutes ses esclaves.

La jouissance du douaire peut être expressément subordonnée au respect de la viduité pour les comtesses de Barcelone au XIe siècle, à la différence des époques précédentes : « Je veux que sa mère tienne tous les biens durant sa vie, si elle reste veuve », déclare un acte de 1035. Le non-respect de cette obligation coûte son douaire à Guisla de Lluçà, veuve de Béranger Raimond Ier, remariée avec le vicomte Udalard II de Barcelone : dans son testament de 1032, en effet, son époux lui avait confirmé la possession du comté de Vic sous réserve de ne pas se remarier. Cette disposition, ainsi que la défaveur marquée par l'Eglise à l'égard des secondes noces, explique que beaucoup de comtesses catalanes aient choisi de rester veuves.

Par ailleurs, la copropriété d'acquêts entre les époux est attestée au Xe siècle. Dominique, déjà citée, fait don en 974 à son second mari non seulement du douaire reçu de son premier époux, mais aussi de certains biens achetés en commun avec celui-ci ; elle donne donc sa part dans certains acquêts bien déterminés. Ermengarde et son mari Volfart effectuent sept achats de terres de 988 à 1018, selon diverses chartes de Cluny ; la formule utilisée, toujours la même, associe les deux époux. Le douaire d'Ermengarde est daté de 1006 ; il est donc nettement postérieur à son mariage. Les biens attribués sont indiqués avec précision. L'un d'eux accordé en usufruit est la moitié d'un champ qui paraît avoir été acquis conjointement après le mariage : le mari donne sans doute à titre de douaire la moitié qu'il possède, son épouse étant déjà copropriétaire de l'autre moitié.

Cependant, les très nombreux actes où les époux achètent et vendent ensemble n'indiquent pas nécessairement qu'ils sont copropriétaires des biens en question. La présence des deux conjoints n'empêche pas l'un d'eux d'être le seul propriétaire : par exemple, les maris donnent à leurs femmes des biens acquis conjointement, et ils donnent la totalité des biens.

Mais qu'en est-il exactement de la gestion au cours de la vie conjugale ? Celle-ci relève du mari, et lorsque des femmes interviennent directement dans une donation, il s'agit de veuves ou de célibataires destinées à la vie religieuse. Alors même que la propriété n'est pas transférée de la femme au mari, les biens de l'épouse sont incorporés dans la communauté conjugale et, pour cette raison, sont gérés par le mari. Frédéric Ier, duc de Haute-Lotharingie, et son épouse Béatrice échangent des propriétés parisiennes de Saint-Denis que Béatrice s'est vu attribuer en dot par son frère contre d'autres domaines de la même abbaye situés dans le Barrois.

L'administration maritale se développe. En 971, Gisèle donne un alleu à Saint-Pierre de Gand sur instruction de son seigneur Etienne. Parfois le mari appose sa signature, ce qui marque son consentement. La femme remariée doit même solliciter l'accord du second conjoint pour aliéner des biens provenant du premier. En 980, Girberge, veuve de Bérenger et épouse de Gelduin, fait don à Saint-Florent de Saumur du douaire que lui a constitué Bérenger pour le repos de l'âme de celui-ci et la sienne, mais avec « le consentement et la volonté de mon seigneur Gelduin ». Même en Catalogne où la situation de la femme apparaît exceptionnellement favorable, son époux intervient lorsqu'elle souhaite aliéner tout ou partie de la donation maritale. Parfois même, il obtient qu'elle lui rende une partie du douaire ; en 988, Ermengarde abandonne un village du pays d'Elne à son mari Oliba-Cabreta qui en fait don le même jour au monastère de Santa Maria de Arles ; or cet alleu fait partie du douaire de la comtesse. Il s'agit certes d'une exception impensable quelques décennies plus tôt, mais vers l'An Mille, le mari exerce un droit de contrôle sur les biens provenant de son patrimoine.

La situation de l'épouse vis-à-vis des biens varie probablement selon les régions, ainsi que le remarque Régine

Le Jan. A partir de la seconde moitié du Xe siècle, la femme appose souvent sa signature au bas des actes de donation de son mari, indiquant par là même qu'elle les approuve. Une charte de Bourgueil, datée de 1009-1012, atteste l'influence féminine. Hucbert, chevalier saumurois, donne au monastère de Bourgueil la viguerie de Chinon qu'il tient de son seigneur Alon de Chinon, à la demande de celui-ci. Pour éviter toute contestation, des compensations pécuniaires sont accordées, non seulement à Hucbert, à Alon, au comte Eudes, de qui relève l'honneur de Chinon, mais aussi à la mère du comte Eudes Berthe, à la mère de l'épouse d'Hucbert, à l'épouse d'Hucbert, Emmeline, à Sénégonde, épouse d'Alon. Ces dernières paraissent donc détenir un droit de regard sur les biens.

Inversement, il arrive même que le chef de famille qui gère les biens de l'épouse les utilise seul et pour son propre usage. Ainsi dans la région mâconnaise. Bernard qui, en 1005, met en gage des biens qu'il tient de sa femme, agit seul. Ancy de Bourbon-Lancy qui se marie avec la veuve de Guichard de Chazelles a dès le mariage autorité sur le patrimoine tout entier de Guichard, et à la mort de son épouse il entre en possession d'une partie de l'alleu de son premier mari (1040 environ). Le développement de la puissance maritale doit être mis alors en relation avec le désir de protéger le patrimoine destiné aux héritiers mâles. En Provence par exemple, alors que le couple conjugal jouit d'une certaine liberté à l'égard de sa parentèle à la fin du Xe siècle, quelques décennies plus tard la solidarité familiale semble l'emporter. A partir des années 1020, les aumônes destinées au salut de la parentèle prévalent sur celles concernant les proches.

La vie conjugale

Les époux n'ont certes pas des rapports uniquement économiques, même si l'amour a peu de place dans la décision qui les a unis. En cette période guère policée, la femme n'a-t-elle pas à redouter la colère d'un mari, maître en son foyer, tout au moins en principe ? Et cela même si elle se montre une bonne épouse, semblable au portrait tracé par Rathier de Vérone. Beaucoup d'interdictions et de devoirs !

La vie conjugale, à en croire les textes narratifs, est loin d'être exempte de difficultés. Certes, les torts ne proviennent pas toujours du mari, ainsi que l'atteste l'exemple de Constance, la troisième femme de Robert le Pieux, laquelle a un fort mauvais caractère. Quelques anecdotes notées par Helgaud de Fleury, le biographe du roi. Comme celui-ci quitte la table, Constance remarque qu'un pauvre lui a volé un ornement de six onces d'or appelé lambel ; alors cette « Constance sans constance » — l'expression est d'Helgaud — se met violemment en colère. Une autre fois, la nouvelle d'un vol parvient aux oreilles de la reine, dont quelqu'un a dit qu'elle ne plaisantait pas ; furieuse, elle jure par l'âme de son père qu'elle privera les gardiens de leurs yeux et leur fera d'autres maux si l'objet disparu n'est pas retrouvé ; le roi qui connaît le voleur lui conseille de partir de peur que son épouse irritée ne l'anéantisse. Constance réussit ultérieurement à créer la discorde entre son mari et ses enfants.

Plus fréquemment la brutalité de l'époux, son inconduite rendent pénible la vie de la femme mariée. Le *Livre des miracles de sainte Foy de Conques* rapporte qu'un certain Hugues se précipitant sur son épouse Sénégonde la frappe avec son poing : le sang jaillit du visage de la dame jusque sur les vêtements du mari. Selon certains chroniqueurs, le comte d'Anjou, Foulque Nerra, aurait fait brûler sa première femme, Elisabeth de Vendôme, morte dans un incendie en 1000. En Anjou, vers 1040, un homme qui dans une crise de colère lapide son épouse se voit seulement retirer par sa belle-mère la dot de la défunte.

Quelques rares textes permettent de mieux connaître la vie intime de certaines femmes, comme l'autobiographie du moine Guibert de Nogent qui parle longuement de sa mère. Celle-ci, née probablement vers 1025, épouse fort jeune un chevalier du Beauvaisis nommé Evrard. Malgré ses qualités, le mariage n'est guère heureux. « Dès le début de la légitime union de mes parents, la consommation de l'acte conjugal se trouva empêchée par les maléfices de certaines gens. Leur mariage avait fait, à ce qu'on m'a dit, l'objet de la fureur jalouse d'une marâtre qui, ayant des nièces aussi belles que bien nées, avait manigancé d'en installer une au lit de mon père. Mais ce dessein ayant totalement échoué, on dit qu'elle s'employa ensuite, par de coupables artifices, à ce que l'effet du mariage fût complètement empêché. Ce fut ainsi que ma mère, sept ans entiers, conserva intacte sa virginité... Ils [les parents du père de Guibert] se mirent à accabler de leurs continuels aboiements la jeune fille, en s'imaginant que celle-ci, éloignée de sa propre famille, à force d'être meurtrie par les persécutions de gens qui lui étaient étrangers, s'en irait d'elle-même, lassée de tant d'injustice, sans qu'il fût question de répudiation. Mais elle continua à endurer tout cela, à supporter d'une âme égale les injures dont on l'accablait, à feindre d'ignorer les disputes qui parfois en résultaient... on la menaçait continuellement de dissoudre son union avec mon père et de la donner à un autre époux, ou bien de l'exiler chez certains de mes parents éloignés [1]. » En outre, certains hommes très

1. Les citations de Guibert de Nogent sont faites d'après la traduction d'Edmond-René Labande.

riches « ayant appris qu'elle était privée de l'expérience conjugale » entreprennent de la corrompre, mais elle leur résiste. Quant à Evrard, qui a pris une concubine, ses parents l'incitent à se séparer de son épouse. Finalement, une vieille femme parvient à mettre fin aux effets des maléfices et le mariage est consommé. Mais Evrard est fait prisonnier par le duc de Normandie ; relâché, il meurt bientôt en décembre 1053, huit mois après la naissance de Guibert.

La condition de l'épouse reste fragile au sein du couple, tant qu'elle n'a pas mis au monde les fils qu'elle est tenue de procréer. En cas de problème, le mari est tenté de la répudier. Certes, les unions homogamiques constituent une protection contre la répudiation, mais elles n'empêchent pas la violence à l'égard d'une épouse stérile, et certains hommes n'hésitent pas à mettre à mort leur femme pour en prendre une nouvelle plus riche, plus belle et susceptible de lui donner des fils. Burchard de Worms demande dans son pénitentiel : « As-tu tué ta femme, laquelle est une partie de toi ? »

Violence mais aussi adultère. Le comte de Poitou Guillaume Fier-à-Bras s'étant épris d'une jeune femme apparentée au vicomte de Thouars, entretient des rapports avec elle. Son épouse Emma lui fait de violents reproches, mais il n'en tient pas compte. Alors Emma fait faire violence à sa rivale par ses gens et s'enfuit dans son château de Chinon. Guillaume, furieux, donne l'ordre de détruire les constructions qu'il a commencé d'édifier à Maillezais — ce récit provient de l'histoire de Maillezais par le moine Pierre — à l'instigation de la comtesse. Des négociations ont lieu pour réconcilier les conjoints ; le comte finit par accepter les conditions de sa femme et reprend les travaux de Maillezais. Mais l'entente ne semble guère avoir duré. Gerbert rapporte qu'un homme est excommunié pour avoir abandonné sa femme sans raison. Le comte d'Anjou Geoffroy Martel, après avoir répudié Agnès de Bourgogne vers 1050, se marie avant 1052 avec Grécie, veuve du seigneur de Montreuil-Bellay qu'il répudie également pour s'unir à Adèle, peut-être fille du comte Eudes II de Blois ; il reprend Grécie quelque temps, mais la renvoie de nouveau pour épouser Adélaïde la Teutonne.

A Byzance, alors qu'aux VIIIe-IXe siècles, voire au Xe siècle, les empereurs « adultères » encourent de très lourdes sanctions, il n'en va plus de même au XIe siècle. Constantin Monomaque entretient une véritable liaison avec la belle Sklérène. Un mariage à trois, voire à quatre se constitue. « Donc jusque-là ce commerce amoureux s'opérait d'une façon à moitié visible ; mais comme le temps, poursuivant sa marche, découvrait peu à peu ce qui était caché, l'empereur rend son amour manifeste, et, ayant parlé fort habilement de la chose à l'impératrice [Zoé], il lui persuade de choisir la vie en commun avec cette femme. Son assentiment obtenu, il n'arrête pas là le dessein de son âme ; il dresse aussi des contrats d'amitié... » Et Michel Psellos d'ajouter : « Quand ils eurent fait la répartition des appartements impériaux, l'empereur eut celui qui était au milieu des trois ; les impératrices [Zoé et Théodora] habitaient les ailes ; l'*adyton* était occupé par la sébaste. Et l'impératrice ne rendait point visite à l'empereur avant de s'être préalablement informée s'il se trouvait seul chez lui et loin de son amante; autrement elle s'occupait de ses propres affaires [1]. » A la mort de Sklérène, l'empereur se lamente et se plaint comme un enfant, mais ne tarde pas à rechercher des remplaçantes.

Les peuples heureux n'ont pas d'histoire. Aussi les conjoints qui vivent ensemble paisiblement, voire qui éprouvent de l'affection l'un pour l'autre, ne laissent

1. Les citations de Psellos sont faites d'après la traduction d'Emile Renauld.

guère de traces dans les chroniques. Même si l'on ne tient pas compte des formules stéréotypées des chartes « à ma très chère épouse », il n'en reste pas moins que nombre de ménages coulent des jours paisibles, tout au moins sur le plan des rapports conjugaux. Thietmar de Mersebourg évoquant sa parente Liutgarde nous dit qu'à sa mort son mari éprouva un immense chagrin car « elle avait été [pour lui] la gardienne aimante de sa vie et de son âme ». Le même auteur cite d'autres exemples de couples qui manifestent leur affection en souhaitant être enterrés ensemble. Chez les Ottoniens — il en va différemment pour les Capétiens, les Welf ou les Saliens —, entre 928, date de la naissance illégitime d'un fils d'Otton Ier, et 1024, on ne rencontre ni mariages répréhensibles sur le plan canonique, ni répudiations, ni concubinat, ni bâtards.

Psellos, dans l'éloge funèbre de sa mère, dépeint une famille unie. Théodote, pour obéir à son père, a choisi d'épouser un personnage d'assez bonne extraction, mais plutôt ruiné, brave homme d'un caractère bien moins affirmé que le sien. Tout en prenant l'initiative, elle ne le montre pas et traite son époux avec beaucoup de respect, feignant de lui obéir en toutes choses. Elle sait ainsi le rendre heureux. A la fois remarquable maîtresse de maison, réservée, bonne pour ses proches, charitable et pieuse. Elle aurait souhaité la vie monastique, mais son mari refuse absolument, déclarant que se détacher de sa femme serait pour lui bien pire que se détacher de Dieu même. Une grande affection lie tous les membres de la famille, Théodote, son mari et leurs enfants, Michel et sa sœur aînée — la cadette semble n'avoir guère vécu. Malheureusement, la sœur aînée de Michel meurt. Théodote décide de se consacrer désormais à Dieu. Près d'elle, son époux se lamente. Elle l'exhorte à l'imiter et à se retirer du monde. Tous deux se réfugient donc au monastère. L'union de la famille persiste toutefois et ses membres se retrouvent dans les grandes circonstances.

Mais le père de Psellos doit s'aliter. Michel se précipite à son chevet et y trouve sa mère qui, assistant aux derniers moments de son mari, l'encourage et le console. Celui-ci en mourant recommande à son fils : « Prends sur toi de ne pas trop pleurer et console bien ta mère. » Le fils et la mère s'étreignent, Théodote pleure. Et ce n'est que dans un second temps qu'elle se ressaisit en pensant aux enseignements de l'Eglise.

*

La veuve peut faire profession de viduité, rester comme elle est ou se remarier. L'Eglise permet les secondes noces mais ne les considère guère favorablement. Cependant, alors que le droit romain impose un an de deuil durant lequel la veuve ne peut se remarier, la loi canonique ne fixe aucun laps de temps. Pour le droit laïc du IXe au XIe siècle, c'est-à-dire jusqu'à la renaissance du droit romain, le délai est réduit à un mois.

L'Eglise, nous l'avons vu, prescrit à la veuve de se préoccuper de son défunt époux. Un certain nombre d'entre elles ne manquent pas à ce devoir, telle, malgré les avatars de sa vie conjugale, la mère de Guibert de Nogent. « Lorsque mon père eut rencontré la mort, ma mère, quoiqu'elle eût encore une grande fraîcheur de carnation et de visage, se proposa de demeurer dorénavant une veuve continente… La fidélité qu'elle avait gardée à son époux tant qu'il vécut, elle la témoigna ensuite doublement à son âme puisque, d'une part, refusant d'entrer en d'autres liens à la suite de son trépas, elle se garda de détruire leur ancienne union charnelle, et que, d'autre part, presque quotidiennement, elle s'employa à lui venir en aide par l'oblation de la Victime salvatrice… Elle avait sans cesse à la bouche le nom de son époux défunt, au point qu'elle paraissait n'avoir aucune autre pensée en tête : qu'elle fît oraison, qu'elle distribuât des aumônes ou qu'elle se livrât aux occupations les plus simples, elle parlait continuellement de lui et ne pouvait s'empêcher de le faire. »

Subordination de la femme, mais les textes comportent d'immenses pans d'ombre qui laissent planer quelque doute sur l'ampleur effective de la domination masculine en général.

DEUXIÈME PARTIE : PROCRÉATRICES

La stratégie matrimoniale qui vise à accroître la puissance, la richesse des familles, intègre en même temps la transmission du patrimoine. Quant à l'Eglise, elle considère la procréation comme le but essentiel du mariage. Aussi la maternité est-elle au centre de la vie des femmes de l'An Mille.

1

SEXUALITÉ

LES CONNAISSANCES MÉDICALES

En matière de gynécologie et d'obstétrique, la médecine arabe possède une large avance sur celle de l'Occident.

Le savoir arabe

L'An Mille est marqué sur le plan médical par Ibn Sina que les Occidentaux connaissent sous le nom d'Avicenne. Toute son existence — né en 980, il meurt en 1038 — se déroule en Perse. « Parvenu à l'âge de dix-huit ans, j'en avais fini avec l'étude de toutes les sciences », écrit cet étudiant prodige. Il est l'auteur entre autres ouvrages du *Canon* de la médecine qui constitue le fondement de l'enseignement médical en Europe jusqu'au XVIIe siècle. Le premier livre traite notamment d'anatomie et de physiologie, alors que les troisième et quatrième abordent les maladies qui affectent soit une partie du corps, soit le corps tout entier. Le *Canon* a été résumé par Avicenne dans un poème de 1 316 vers.

Mais la médecine arabe ne se limite pas aux œuvres de cet auteur. En particulier au Xe siècle, Ali ibn al-Abbâs écrit l'*al-Kunnâs al-malikî* où il présente ainsi les organes génitaux : « Ces parties sont : la matrice, les mamelles, les testicules, les vaisseaux spermatiques et la verge. Nous commencerons d'abord par la matrice et nous exposerons sa forme, sa position, ses utilités et la condition du fœtus dans cet organe [1]. »

Bornons-nous à la description de la matrice : « Je dis donc que la matrice, et surtout son fond, ressemble, quant à sa forme, à celle de la vessie, mais elle diffère de la vessie en tant qu'elle possède deux prolongements latéraux semblables à des cornes et qui s'étendent aux aines ; c'est dans ces prolongements qu'entrent les veines et les artères qui amènent à la matrice le sang et le pneuma. Quant à sa substance, la matrice approche de celle des nerfs, parce qu'elle doit s'étendre de tous côtés dans la grossesse, pendant que le fœtus grandit. » Cette matrice n'a qu'une seule tunique composée de fibres qui se dirigent les unes longitudinalement — elles sont peu nombreuses, car elles ne servent qu'à attirer le sperme —, les autres obliquement — elles sont plus nombreuses car elles doivent pouvoir retenir le sperme et le fœtus pendant la grossesse. Enfin elle possède des fibres transversales nécessaires à l'expulsion du fœtus.

Puis Ali ibn al-Abbâs décrit le col de la matrice, le vagin qui parvient jusqu'à la fente, c'est-à-dire l'espace libre entre les deux os du pubis ; à l'extérieur, ce col possède des prolongements de la peau nommés clitoris — peut-être s'agit-il des lèvres ? — comparables au prépuce masculin et servant à protéger la matrice contre l'air froid. Cette dernière présente deux grandes cavités, l'une à droite, l'autre à gauche qui aboutissent à un seul col.

Les œuvres arabes reprennent les conceptions d'Aristote et de Galien relatives à la similitude inverse

1. La traduction de l'arabe est celle de P. de Koning, *Trois Traités d'anatomie arabe*, Leyde, 1903, citée par D. Jacquart et Cl. Thomasset, *Sexualité et savoir médical au Moyen Age*.

des organes génitaux de l'homme et de la femme. Avicenne l'affirme nettement : « Je dis que l'instrument de la génération chez la femme est la matrice et qu'elle a été créée semblable à l'instrument de la génération chez l'homme, c'est-à-dire la verge et ce qui l'accompagne. Cependant l'un de ces instruments est achevé et tend vers l'extérieur, l'autre est amoindri et retenu vers l'intérieur, constituant en quelque sorte l'inverse de l'instrument viril. L'enveloppe de la matrice est comme le scrotum, le col comme la verge. Deux testicules se trouvent chez les femmes comme chez les hommes, mais chez ces derniers ils sont plus grands, tournés vers l'extérieur et ils tendent à une forme sphérique ; chez les femmes, ils sont petits, d'une rotondité quelque peu aplatie et ils sont situés à l'intérieur dans la vulve [1]. » On remarquera que l'instrument de la génération est « amoindri » chez la femme, alors qu'il est « achevé » chez l'homme. C'est l'appareil génital de la femme dans son entier qui est inverse de celui de l'homme, et ses parties sont à la fois moins importantes et moins nombreuses. Et de même que ce sont des hommes qui parlent des femmes, de même les organes féminins sont décrits par comparaison aux organes masculins.

L'acte sexuel a une influence indéniable sur la psychologie. Râzî (Rhazès, 865-925), dans son *Guide du médecin nomade*, écrit que « le sperme est une superfluité dont la longue station dans le corps peut causer des maladies putrides. Aussi faut-il le rejeter modérément ». Ishâq ibn-Imram (xe siècle), comme Avicenne, exprime l'idée que l'acte sexuel constitue un remède contre la mélancolie.

De telles considérations valent avant tout pour l'homme. Mais Avicenne n'hésite pas à promouvoir une érotique qui va au-delà des conseils purement médicaux.

1. Les extraits du *Canon* d'Avicenne sont cités dans l'ouvrage de D. Jacquart et Cl. Thomasset, *op. cit.*

« Que les hommes prolongent le jeu avec les femmes dont la complexion n'est pas mauvaise. Qu'ils caressent les seins et la région pubienne, qu'ils enlacent leur partenaire sans véritable accomplissement. Et quand ils sont parvenus au désir, qu'ils se joignent à elle en frottant la région qui se trouve entre l'anus et la vulve. C'est en effet le lieu de plaisir. Qu'ils soient attentifs au moment où se manifeste une plus forte adhésion de la femme, où ses yeux commencent à rougir, sa respiration à s'intensifier et qu'elle se met à balbutier. »

Ces textes arabes seront connus ultérieurement en Occident. L'époque salernitaine a comme traité de référence le *Pantegni*, traduction du livre d'Ali ibn al-Abbâs par Constantin l'Africain, né en Afrique du Nord vers 1020, moine au mont Cassin, mort vers 1087, qui traduit également beaucoup d'autres ouvrages arabes et grecs — son *De Coitu* dérive d'un ouvrage d'Ibn al-Jazzar (Xᵉ siècle). Quant au *Canon* d'Avicenne, l'Occident ne le reçoit qu'au XIIᵉ siècle grâce à Gérard de Crémone qui, contrairement à Constantin l'Africain, rend l'arabe très fidèlement, presque mot à mot.

L'ignorance occidentale

La médecine occidentale, avant qu'elle ne connaisse les œuvres arabes, vit sur la médecine antique. Mais dans la mesure où les lettrés, les scribes sont des moines, la gynécologie apparaît assez négligée bien que des traités, tant grecs que romains, soient recopiés dans des manuscrits, telles certaines œuvres d'Hippocrate (vers 460-vers 377 avant J.-C.) ou des ouvrages attribués à la reine d'Egypte Cléopâtre VII (69-30 av. J.-C.), plus fréquemment les *Gynaecia* de Vindicianus l'Africain, ami de saint Augustin et « comte des archiatres » sous Valentinien Iᵉʳ, les *Gynaecia* de Theodorus Priscianus, élève de Vindicianus et médecin particulier de Gratien, l'abrégé ou *Synopsis* de la *Collection médicale*, grande compilation écrite par Oribase (325 ?-403 ?) à la demande de l'empereur Julien.

Les sages-femmes du Moyen Age connaissent notamment un abrégé de l'ouvrage *Sur les maladies des femmes* de Soranus d'Ephèse. Soranus, formé à Alexandrie, vint à Rome vers la fin du Ier siècle de notre ère et y exerça à l'époque de Trajan et d'Hadrien. C'est le plus grand gynécologue de l'Antiquité. L'abrégé de son ouvrage destiné aux sages-femmes est dû à un certain Moschion qui aurait vécu au VIe siècle. Dans sa préface, Moschion indique ses intentions : « Alors qu'assez fréquemment nous avons besoin, en matière gynécologique, d'une accoucheuse, nous n'en trouvons aucune suffisamment lettrée pour connaître le grec. Si ces femmes disposaient de " traités sur les femmes " traduits en latin, elles pourraient comprendre le sens de l'enseignement. » En outre, sachant que les sages-femmes goûtent peu les grands travaux d'érudition, il abrège et donne à sa traduction la forme d'une série de questions et de réponses. L'ouvrage comporte deux livres. Le premier contient d'abord une description très précise des organes génitaux de la femme, puis traite du cycle menstruel, de la conception et de la grossesse, de l'accouchement et de ses conséquences. Soranus, qui semble avoir été un excellent pédiatre, s'intéresse ensuite à la nourriture de l'enfant et à ses besoins, à l'allaitement en particulier.

Le second livre décrit avec beaucoup d'exactitude de nombreuses maladies féminines, telles que rétention des menstrues, tumeur utérine, gonorrhée, nymphomanie ou chute de la matrice.

Au total, l'étude des manuscrits médicaux latins montre que la gynécologie repose alors avant tout sur les connaissances de l'Antiquité. L'Occident médiéval ne dispose pas au siècle de l'An Mille de médecins éminents comme le monde arabe. Et il est impossible de savoir dans quelle mesure les médecins et les sages-femmes connaissent les travaux des Grecs et des Latins et en tiennent compte. Les femmes, en matière de gynécologie et d'obstétrique, doivent se transmettre des recettes, et la pratique compte sans doute bien plus que la théorie.

Du côté des laïcs, voire des lettrés — mais il s'agit de clercs —, les connaissances sont limitées. Hincmar, archevêque de Reims (845-882), écrivant sur le divorce du roi Lothaire et de la reine Teutberge, déclare qu'il a dû étudier le sujet auparavant, car il n'était guère compétent en ce domaine en raison de sa condition de clerc. Raban Maur (780-856), abbé de Fulda, puis archevêque de Mayence, personnage fort savant, recopie, en ce qui concerne les menstrues, un passage des *Etymologies* d'Isidore de Séville où elles apparaissent comme un phénomène mystérieux et terrifiant : à leur contact les herbes meurent, les arbres perdent leurs fruits.

LES INTERDITS RELIGIEUX [1]

La sexualité doit s'exercer dans le cadre conjugal. Même alors, l'Eglise fixe des règles très strictes. On peut en juger par ces articles du pénitentiel de Burchard de Worms.

« Avec ton épouse ou avec une autre, t'es-tu accouplé par-derrière, à la manière des chiens ? Si tu l'as fait, tu feras pénitence dix jours au pain et à l'eau.

« T'es-tu uni avec ton épouse au temps de ses règles ? Si tu l'as fait, tu feras pénitence dix jours au pain et à l'eau. Si ta femme est entrée à l'église après l'accouchement avant d'avoir été purifiée de son sang, elle fera péni-

1. Sur ce thème on se reportera aux travaux de Jean-Louis Flandrin, notamment à son ouvrage *Un temps pour embrasser. Aux origines de la morale sexuelle occidentale (VIe-XIe siècle)*, auquel les pages suivantes doivent beaucoup.

tence autant de jours qu'elle aurait dû se tenir éloignée de l'église. Et si tu t'es accouplé avec elle ces jours-là, tu feras pénitence au pain et à l'eau pendant vingt jours.

« T'es-tu accouplé avec ton épouse après que l'enfant a remué dans l'utérus ? ou du moins quarante jours avant l'accouchement ? Si tu l'as fait, tu feras pénitence au pain et à l'eau.

« T'es-tu accouplé avec ton épouse après qu'une conception fut manifeste ? Tu feras pénitence quatre jours au pain et à l'eau.

« T'es-tu souillé avec ton épouse au Carême ? Tu dois faire pénitence quarante jours au pain et à l'eau, ou donner vingt-six sous en aumône. Si c'est arrivé pendant que tu étais ivre, tu feras pénitence vingt jours au pain et à l'eau. Tu dois conserver la chasteté vingt jours avant Noël, et tous les dimanches et pendant tous les jeûnes fixés par la loi, et pour la nativité des apôtres, et pendant les fêtes principales, et dans les lieux publics. Si tu ne l'as pas conservée, tu feras pénitence quarante jours au pain et à l'eau » (texte cité par Jean-Louis Flandrin).

Le confesseur doit s'informer particulièrement des moments où ont eu lieu les rapports sexuels, car les interdits religieux sont liés avant tout aux circonstances de temps, à savoir le calendrier liturgique et les périodes spécifiques de la physiologie féminine.

La femme évitera tout rapport lors de ses règles, c'est-à-dire de trois à six jours par mois.

Le problème de la grossesse paraît plus complexe dans la mesure où peuvent être distinguées plusieurs phases de l'évolution du fœtus. Certains pénitentiels prohibent toute relation de la conception à la naissance, c'est-à-dire neuf mois en principe. Mais la femme ne se rend pas compte immédiatement de sa grossesse. Burchard d'ailleurs parle du moment où la grossesse est manifeste. Et par ailleurs le terme conception peut avoir à cette époque un sens différent de celui que nous lui donnons. Certains textes laissent penser que l'on imagine alors une lente transformation du sperme en embryon qui nécessite une quarantaine de jours, et ce n'est que vers le quatrième mois de la grossesse que l'embryon serait pourvu d'une âme et capable de remuer. Burchard distingue la conception, le moment à partir duquel l'enfant a remué dans l'utérus, et la période (quarante jours) avant l'accouchement, la gravité de la faute augmentant au fur et à mesure que se rapproche le jour de la naissance.

La continence doit être observée un certain temps après l'accouchement, sans que soit précisée la durée. La seule motivation alléguée, alors que l'accouchement entraîne bien d'autres troubles, concerne les problèmes d'hémorragie, liés donc au sang. Cette période est souvent fixée à quarante jours, mais elle varie parfois en fonction du sexe de l'enfant. La naissance d'une fille a pour conséquence une plus longue interruption des relations que celle d'un garçon.

Pourquoi ces interdictions ? Les menstrues sont considérées comme une souillure. Des textes scripturaires viennent à l'appui de cette thèse, et tout particulièrement le Lévitique qui traite abondamment du pur et de l'impur. « Lorsqu'une femme a un écoulement de sang et que du sang s'écoule de son corps, elle restera pendant sept jours dans l'impureté de ses règles.

« Qui la touchera sera impur jusqu'au soir…

« Si un homme couche avec elle, l'impureté de ses règles l'atteindra. Il sera impur pendant sept jours. Tout lit sur lequel il couchera sera impur.

« Lorsqu'une femme aura un écoulement de sang de plusieurs jours hors du temps de ses règles ou si ses règles se prolongent, elle sera pendant toute la durée de cet écoulement dans le même état d'impureté que pendant le temps de ses règles… » (Voir Lévitique, 15, 19-30, trad. Bible de Jérusalem). Un peu plus loin, le même texte indique parmi les *Règles sur l'union conjugale* : « Tu ne t'approcheras pas, pour découvrir sa nudité, d'une femme que ses règles rendent impure » (18, 19) ; et, parmi les *Fautes contre la famille* : « L'homme qui couche avec une femme pendant ses règles et découvre sa nudité : il a mis à nu la source de son sang, aussi tous deux seront retranchés du milieu de leur peuple » (19, 18).

Cette impureté que les Juifs attribuent à la femme lors de ses règles, ils l'imputent aussi à l'accouchée. « Si une femme est enceinte et enfante un garçon, elle sera impure pendant sept jours comme elle est impure au temps de ses règles. Au huitième jour on circoncira le prépuce de l'enfant, et pendant trente-trois jours encore elle restera à purifier son sang. Elle ne touchera à rien de consacré et n'ira pas au sanctuaire jusqu'à ce que soit achevé le temps de sa purification.

« Si elle enfante une fille, elle sera impure pendant deux semaines, comme pendant ses règles, et restera de plus soixante-dix jours à purifier son sang » (Lévitique, 12).

Il faut être pur à cause de Dieu. Or la femme impure durant ses règles ou après son accouchement contamine en quelque sorte ceux qui l'approchent. Un sacrifice est nécessaire pour expier ce que le texte qualifie de « péché ».

Bien que Grégoire le Grand, dans sa lettre à Augustin de Cantorbéry, n'interdise pas l'entrée de l'église ni les sacrements à la menstrueuse et à l'accouchée, les hommes de l'An Mille semblent plutôt partager les conceptions des Hébreux, à en juger par les pénitentiels de cette époque. Mais ils mettent avant tout l'accent sur le fait que la femme impure doit s'abstenir de tout rapport sexuel.

Intervient également l'allaitement. Grégoire le Grand, dans la même lettre, interdit toute relation avant le sevrage du nouveau-né. Et il déplore que des femmes à son époque confient leurs enfants à une nourrice, car elles ne peuvent pas se contenir. Elles ne doivent pas s'unir à leur mari avant la fin de leur impureté. Mais les pénitentiels ne reprennent pas l'interdiction pontificale, indiquant ainsi qu'on n'essaie pas de l'imposer, ce qui aurait été difficile en raison de la durée de l'allaitement.

Les textes scripturaires n'interdisent pas les rapports sexuels durant la grossesse. Mais le but du mariage étant la procréation, il est évident que ceux-ci n'ont plus lieu d'être lorsque la femme est enceinte. Déjà les stoïciens, s'efforçant de libérer l'homme de tout attachement aux êtres et aux objets de ce monde, s'opposaient aux pensées de la chair. Le sage doit se marier, la Nature l'exige, disaient-ils, mais uniquement pour se reproduire et non pas pour trouver du plaisir. Le mariage étant une amitié, l'époux ne doit pas traiter sa femme comme une maîtresse, assure Sénèque. Les stoïciens ne sont pas les seuls à exprimer de telles idées, mais ils ont édifié la doctrine la plus cohérente. Le traité néo-pythagoricien *De la nature de l'univers* affirme : « Il est particulièrement bien établi que nous avons des rapports non pour le plaisir, mais dans le but de procréer » ; et un peu plus loin : « Les organes sexuels sont donnés à l'homme non pour le plaisir, mais pour la conservation de la race. »

Saint Jérôme reprend les idées de Sénèque : « Aristote et Plutarque et notre Sénèque ont écrit des livres au sujet du mariage, desquels sont tirées plusieurs des choses que nous avons dites et celles que nous exposons ici… Assurément ceux qui disent se joindre à leurs épouses dans l'intérêt de la chose publique et du genre humain et pour élever des enfants, qu'ils imitent au moins les bêtes et, lorsque le ventre des épouses aura gonflé, qu'ils ne corrompent pas les enfants. » Saint Ambroise ajoute que les rapports durant la grossesse polluent les enfants et que la femme, à l'instar de la terre, pour engendrer de bonne manière, doit connaître des périodes de repos. Jonas, évêque d'Orléans, mort en 843, cite saint Jérôme et saint Ambroise, et répète inlassablement qu'on doit prendre femme pour avoir des enfants et non pour assouvir ses passions. Remarquons que s'abstenir de tout rapport pour éviter d'engendrer des enfants semble une idée étrangère aux hommes de cette époque. Et pour Jonas ne pas avoir d'enfants constitue une faute bien plus grave que d'avoir commerce avec son épouse en tout temps.

La femme enceinte de son mari peut-elle être impure à l'instar de l'accouchée ? Même si la fécondité n'est pas coupable aux yeux de Dieu, assure Grégoire le Grand, une « union conjugale licite ne peut avoir lieu sans volonté charnelle... la volupté ne pouvant, quant à elle, en aucune manière être sans faute ». Peut-être d'ailleurs la femme enceinte est-elle impure en raison de l'être non baptisé qu'elle porte ?

Après le XIe siècle, il lui est interdit d'avoir des relations en raison des dangers qu'elle fait courir au fœtus. S'il n'existe pas de mention explicite auparavant, il est possible toutefois d'avancer qu'une telle explication vaut pour le siècle de l'An Mille. Burchard de Worms ne distingue-t-il pas diverses périodes en infligeant une pénitence d'autant plus grande que l'accouchement est proche ? C'est donc au début du XIe siècle que cette raison apparaît fondamentale.

Les époux ne doivent pas avoir commerce charnel pour des raisons qui tiennent au calendrier liturgique. Chaque semaine ils s'abstiendront le dimanche, jour du Seigneur. Le mercredi et le vendredi constituant des jours de deuil, bon nombre de pénitentiels demandent aux conjoints de ne point s'unir alors. La préparation de la fête dominicale amène certains d'entre eux à formuler la même prescription pour le samedi. Mais le samedi est mentionné avant tout dans les pénitentiels les plus anciens — jusqu'au Xe siècle — et n'apparaît plus dans ceux de l'époque de Burchard (début du XIe siècle). Dans quelle mesure d'ailleurs les prescriptions de l'Eglise sont-elles observées ?

Un certain nombre de recueils imposent l'abstinence pendant les trois carêmes, c'est-à-dire trois périodes en principe de quarante jours avant Noël, Pâques et la Pentecôte. Mais des pénitentiels burchardiens et post-burchardiens limitent à vingt jours le temps de continence avant Noël. L'Avent est alors plus court. Rathier de Vérone en 966 déclare : « En l'Avent du Seigneur, si aucune fête ne s'y oppose, vous aurez su vous abstenir quatre semaines de viande et de coït. » Et il ajoute : « En la Nativité du Seigneur, on doit renoncer totalement au coït, même légitime, pendant vingt jours et [vingt] nuits. » Comme il vient de mentionner la continence de l'Avent, il est ici question des vingt jours entre Noël et la fin de l'octave de l'Epiphanie — il signale qu'une telle prescription vaut pour les octaves de Pâques et de la Pentecôte. Les pénitentiels ne reprenant pas cette interdiction, on peut penser que l'abstinence n'a guère été observée durant les fêtes qui suivent Noël. Si certains auteurs ont parlé de « troisième carême » c'est parce que, voyant en la Pentecôte une des fêtes les plus importantes de l'année liturgique, il leur a semblé utile de marquer un temps de pénitence, donc de continence, analogue à celui de l'Avent et du Carême.

Il existe d'autres jours où les rapports sexuels sont interdits : fêtes de certains saints, vigiles des fêtes…

Nombreux sont les textes qui ordonnent d'observer la chasteté un certain temps avant la communion. Vers l'An Mille ils prescrivent cinq, six ou sept jours. « As-tu omis de communier le Jeudi saint, le jour des Pâques, à la Pentecôte et à Noël ? As-tu eu des rapports conjugaux en Carême et durant 4 ou 5 jours avant les fêtes ci-dessus avant de communier ? Si oui : 20 jours de jeûne », écrit Burchard de Worms.

Alors que nul texte du Nouveau Testament ne fait allusion à une impureté de la femme interdisant les rapports, il n'en va pas de même pour les temps liturgiques. Les relations même conjugales rendant impurs les époux qui s'y adonnent et constituant d'autre part une œuvre profane — et le repos dominical est une prescription que l'on doit alors strictement observer —, on comprend qu'ils doivent être exclus des jours entièrement consacrés à Dieu. Nicolas Ier, pape de 859 à 867, dans sa réponse aux Bulgares — texte repris par l'évêque Yves de Chartres à la fin du XIe siècle —, écrit : « Vous me demandez ensuite s'il est permis de s'unir ou de dormir avec son épouse en temps dominical, de jour ou de nuit. A quoi nous répondons que si l'on doit se reposer de toute œuvre mondaine le jour dominical, ainsi que nous l'avons enseigné ci-dessus, combien plus doit-on se garder de la volupté charnelle et de toute pollution du corps étant donné surtout que le nom de " jour du Seigneur " manifeste clairement que le chrétien doit s'occuper de rien en ce jour, excepté des affaires du Seigneur. »

Il ne convient pas de mêler le profane au sacré, la chair à l'esprit. « Abstenons-nous des délectations charnelles qui combattent l'âme et préparons en nos esprits un habitacle digne de Dieu », écrit Atton de Verceil. Pour ce faire, il faut non seulement jeûner mais aussi s'abstenir de tout rapport sexuel, ainsi que le préconise à maintes reprises saint Augustin. Césaire d'Arles au VIe siècle, Isidore de Séville au VIIe, lient d'ailleurs abstinence et continence. Toutefois, paradoxalement, la continence conjugale doit être observée les jours de fête alors que l'abstinence serait alors déplacée. Mais à l'époque étudiée sont associées les idées de continence et de pureté, d'incontinence et d'impureté. Les rapports sexuels sont censés souiller les lieux saints, voire les temps sacrés. Et cette impureté ne concerne pas seulement l'esprit, mais aussi le corps. C'est pourquoi Grégoire le Grand déclare que « l'homme qui a couché avec sa propre femme ne doit pas entrer dans l'église s'il ne s'est pas lavé à l'eau, et s'il s'est lavé il ne doit pas entrer immédiatement ».

Au total, des motivations pieuses d'origines fort différentes expliquent les interdictions réglementant le commerce sexuel entre époux. S'y ajoutent des raisons d'ordre plus général.

Les notions de fornication, d'adultère sont utilisées à propos de personnes unies par un mariage légitime. Saint Jérôme, reprenant le texte d'un philosophe de deux siècles antérieurs, Sextus Empiricus, affirme : « Adultère est aussi l'amoureux trop ardent de sa femme » ; et il ajoute : « A l'égard de l'épouse d'autrui, en vérité, tout amour est honteux ; à l'égard de la sienne propre, l'amour est excessif. » C'est cet amour trop ardent que les clercs ont voulu contenir en limitant les moments réservés à son expression. L'union charnelle n'est vraiment légitime que dans la mesure où elle a un rôle social, à savoir la procréation des enfants. Le décret du pape Soter (168-177), peut-être apocryphe, selon lequel les époux doivent s'abstenir l'un de l'autre deux ou trois jours après la bénédiction nuptiale et ne s'unir qu'en des temps bien déterminés, est à la fois cité par Hérard de Tours (858) et par Yves de Chartres, donc apparemment connu vers l'An Mille.

Enfin, les limites très strictes fixées au commerce conjugal sont à mettre en rapport avec la condamnation du plaisir par les clercs. Gérard, évêque de Cambrai, écrit que l'homme doit se distinguer de l'animal en soumettant son corps à son esprit. « Aucun décret évangélique ni apostolique ne condamne en principe les mariages légitimes... [mais] les mariages ne sont pas bien plaisants à Dieu lorsqu'ils provoquent les hommes à la luxure comme les chevaux et les mulets » (*Actes du synode d'Arras* de 1025). Et les moines, qui jouent un rôle prépondérant dans la société de l'An Mille, considérant comme une nécessité la continence à laquelle ils sont astreints pour assurer leur salut, s'efforcent de limiter la sexualité des laïcs, et d'écarter les hommes de cet être par qui le pêché arriva, à savoir la femme. Dans quelle mesure y sont-ils parvenus ?

LA RÉALITÉ

Il est relativement aisé de discerner les interdits de l'Eglise en matière de sexualité ; il est beaucoup plus difficile de savoir dans quelle mesure ils sont observés.

Les auteurs, des clercs, ont tendance à mettre l'accent sur la violation de ces interdits. La femme, en raison de ses obligations conjugales, doit parfois se soumettre aux exigences de son mari, même si celles-ci vont à l'encontre des prescriptions de l'Eglise. Dans sa *Chronique*, Thietmar de Mersebourg rapporte comment le roi de Germanie Henri Ier l'Oiseleur contraint son épouse Mathilde à s'unir à lui, engendrant Henri le Jeune, le soir du jeudi saint. « Mais parce que chaque homme est plus incliné à déchoir qu'il n'est, par nature, construit pour résister, je ne tairai pas aux pieux lecteurs, pour les terroriser et leur éviter de faire de même, que cet homme, un jour, commit, malheureusement, une faute. Ayant trop bu le jour de la Cène du Seigneur, il s'accoupla illicitement, la nuit suivante, avec son épouse qui répugnait d'ailleurs beaucoup à cette impulsion diabolique. L'auteur d'un si grand crime, Satan, qui tend inlassablement ses pièges pour y faire trébucher notre salut, révéla ce fait à une vénérable matrone dans les termes suivants : " La reine Mathilde, il n'y a guère, consentant à la volupté conjugale à mon instigation, a conçu un fils qui est mien, sans aucun doute ; quant à toi, veille bien à cacher un si grand secret. " Celle-ci, secrètement attristée par cette nouvelle, alla sans tarder l'annoncer à la reine, lui conseillant d'avoir toujours des évêques et des prêtres avec elle, et qu'à la naissance même de l'enfant, l'onde du sacré baptême lave en lui tout ce que le démon funeste déclarait être arrivé pour son plaisir. Et, de cette manière, elle rendit grâce à Dieu. Le démon, qui sait tout, se voyant complètement joué, fit des reproches à la dame mentionnée ci-dessus, et ajouta : " Même si maintenant mes projets ont été anéantis par tes maudits bavardages, j'ai cependant réussi en cela que par cet enfant et tous ceux qui sortiront de ses reins jamais ma compagne la discorde ne chômera, et jamais une paix durable ne proviendra d'eux [1]. " » Thietmar, tout en signalant que le diable profère des mensonges, déclare que nombre de troubles se produisirent sous le règne de cet enfant et de son fils.

Pour démontrer d'ailleurs que le commerce conjugal n'est pas légitime lors des fêtes, le même chroniqueur fournit aussitôt un autre exemple. « Un homme nommé Uffo, citoyen de Magdebourg, poussé par une ivresse excessive, força son épouse Gelsusa à lui céder pendant la solennité des saints Innocents... Comme, le temps venu, elle accoucha d'un enfant qui avait les doigts de pied retournés, elle fut frappée de frayeur, et fit constater le miracle à son mari appelé aussitôt. Et, gémissant sur ce que cela était advenu par leur faute à tous deux, elle lui dit : " N'ai-je pas proclamé que tu ne devais pas faire cela ? Voici, la colère de Dieu se manifeste à nous, et il exige, d'une cruelle manière, qu'à l'avenir nous n'agissions plus ainsi... " Or, après avoir été baptisé, l'enfant fut enlevé de cette terre d'exil et fit désormais partie de la légion des Innocents. »

La femme, dans les deux cas, est contrainte à l'acte conjugal. Et le péché, violation morale, a des conséquences physiques. Déjà Grégoire de Tours, à propos d'un homme contracté de tous ses membres, signalait : « Comme on accusait sa mère de ce qu'un tel fils était né d'elle, elle confessa en pleurant qu'il avait été procréé pendant la nuit d'un dimanche. » C'est l'infirmité qui

1. Ce texte — comme les suivants — est cité par Jean-Louis Flandrin.

amène à situer l'accouplement générateur — le péché — un jour interdit. Bien évidemment, la mère ne peut connaître le moment où l'enfant a été conçu.

Les conceptions illégales mentionnées par Thietmar et dont la véracité peut être mise en doute — mais elles reflètent la mentalité de l'époque — ont lieu à des moments qui doivent être consacrés exclusivement à Dieu. Mais cet auteur ne fait pas mention d'enfants difformes conçus alors que la mère est impure, probablement parce que les hommes de l'An Mille s'abstiennent alors de rapports avec leurs épouses.

Il est des textes plus probants sur l'inobservation des interdits de l'Eglise. Ce sont notamment ceux qui les signalent indirectement en donnant des conseils de bonne conduite. Le témoignage de Jonas d'Orléans, au cours de la première moitié du IXe siècle, peut sans doute s'appliquer un siècle et demi plus tard. Traitant du mariage, il indique que la plupart des époux s'appliquent à connaître les jours où l'on peut s'accoupler de façon légitime. Mais cette observation est suivie immédiatement de remarques plus critiques, car Jonas ajoute qu'un certain nombre usent du mariage à leur gré... « Il y en a aussi qui non seulement ne consentent pas à avoir une discrétion de cette sorte mais qui, de plus, ont l'habitude d'objecter impudemment à ceux qui les réprimandent et les réfutent. " Nos épouses, disent-ils, ont été conjointes à nous par la loi, si nous en usons selon notre caprice, quand et comme nous voulons, nous ne péchons pas. Au contraire, nous nous rendrions coupables d'un plus grand crime si nous nous abstenions des embrassements de nos femmes et n'engendrions pas les enfants que nous devons engendrer. " Cela, dis-je, m'a été très souvent objecté : et à l'assertion impudente de ceux-ci — ou plutôt à la volonté libidineuse dont, de cette façon, ils espèrent faire une loi à leur usage — l'Ecclésiaste s'oppose, disant : " Il est un temps pour embrasser et un temps pour se tenir éloigné des embrassements. " »

Quels sont les couples visés par Jonas ? Les couples chrétiens en général ou ceux, beaucoup moins nombreux, auxquels son ouvrage est destiné ? Dans ce cas la situation rappelle celle qui prévaut trois siècles auparavant lorsque Césaire d'Arles signale que les lépreux sont engendrés habituellement, non par des hommes savants qui s'abstiennent de tout commerce charnel les jours de fête, mais par des rustres ignorants, incapables de se contenir. Il y aurait alors deux catégories, une élite observant les préceptes de l'Eglise et la foule composée avant tout de paysans, ignorant ou ne pouvant pas observer la continence aux périodes prescrites.

Jonas précise les habitudes des époux luxurieux. Certains, dit-il, affirment qu'on peut licitement avoir des rapports charnels avec leur femme enceinte. Se référant aux Pères de l'Eglise, il les exhorte à s'abstenir alors du coït et ajoute : « [Que les mariés prennent conscience] que, lorsqu'ils sont admonestés au sujet d'accouplements de cette sorte, ils ne doivent pas ouvrir la bouche pour des éclats de rire, mais plutôt se tourner vers la correction, la contrition et la pénitence du cœur. »

Bien plus, à en croire Jonas — mais n'exagère-t-il pas en voulant trop prouver, car les règles suscitent alors effroi et répulsion —, « de même qu'ils n'épargnent pas leurs femmes enceintes, de même ils ne s'abstiennent pas du tout de celles qui subissent leurs menstrues. Il y en a en effet qui font cela sans savoir, et il y en a qui le font sciemment ». Ce sont les hommes avant tout qui sont visés par les critiques de Jonas et présentés comme les instigateurs des manquements. Les femmes ne sont-elles pas d'ailleurs astreintes au devoir conjugal, même les jours interdits, si cela peut détourner leur mari de l'adultère ? Ajoutons qu'elles semblent mieux respecter les prescriptions qui les concernent et rester à l'écart de l'église durant leurs règles ou le temps légal de purification à la suite d'un accouchement.

Selon Jean-Louis Flandrin, entre le VIe et le XIVe siècle, aucun texte ne semble avoir accusé les paysans d'incontinence. Ceux-ci aiment boire, se distraire les jours de fête, mais observeraient, comme les élites sociales — dans certaines limites sans doute —, les prescriptions de l'Eglise quant au commerce conjugal. Peut-être d'ailleurs, sachant que chaque chose doit se faire en son temps, ont-ils admis sans grand problème le fait que les rapports sexuels et la procréation — comme le labour ou les semailles — doivent avoir lieu à certains moments.

Au siècle de l'An Mille, les clercs et les moines tentent de limiter la sexualité en multipliant les jours de continence. Mais comprenant que, pour être observées, leurs prescriptions ne doivent pas dépasser les forces humaines, ils font en sorte que les époux n'aient pas à s'abstenir durant de longues périodes ou trop fréquemment. Ainsi suppriment-ils, au XIe siècle, l'obligation de continence les mercredi, vendredi et samedi. Bien entendu, les laïcs n'ont pas exactement observé ces interdits, mais il est difficile de savoir dans quelle mesure ils les ont transgressés. La religion chrétienne imprégnant les mentalités, l'obligation d'avoir des descendants à qui transmettre le patrimoine pour les classes élevées, à qui demander de l'aide notamment durant la vieillesse pour les plus humbles, expliquent que le commerce conjugal entraîne normalement la procréation.

L'INVITATION LITTÉRAIRE

Alors que l'Eglise met l'accent sur la continence, des textes littéraires invitent à l'amour. Dans les pastourelles, la femme paraît avoir pour fonction d'éveiller le désir de l'homme.

Toutefois certains poètes semblent commencer à s'intéresser à ses aspirations, tel l'auteur de l'*Invitatio amicae* [1], un des poèmes du chansonnier de Cambridge (XIe siècle).

L'aspect de l'amour physique n'est pas oublié.

> Viens donc, douce amie,
> toi que j'aime comme mon cœur ;
> entre dans ma chambre
> ornée avec luxe,

déclare dès le début le jeune homme qui décrit la maison garnie de fleurs, la table chargée de tous les mets, les douces harmonies et ajoute :

> Très chère, ne tarde plus,
> donnons-nous maintenant à l'amour :
> sans toi je ne pourrai vivre,
> il convient d'accomplir l'amour.

Il conclut :

> Pourquoi différer, bien-aimée,
> ce que nous ferons quand même ?
> Fais vite ce que tu devras faire :
> je ne peux plus supporter de retard.

Mais la jeune fille hésite. L'auteur du poème paraît comprendre qu'une certaine amitié faite de confiance est nécessaire à la femme, même lorsqu'il s'agit encore d'amour charnel. La jeune fille déclare en effet :

> Ce n'est pas tant les banquets que j'aime
> qu'un tendre tête-à-tête,
> ni une telle abondance de biens
> qu'un amoureux cœur-à-cœur.

1. Traduction P. Zumthor.

La littérature des Arabes, à l'instar de leur médecine, fournit des renseignements plus abondants que celle des Occidentaux. D'ailleurs selon Ala al-Dîne, né à Damas au xe siècle, la conjonction sexuelle permet de lutter contre Satan. Pourtant, dans le *Livre des vagabonds*, Al-Hamadhânî — né en Iran en 968, mort à moins de quarante ans — écrit que la femme suscite des passions susceptibles d'entraîner de fâcheuses conséquences, mais que l'homme ne peut refréner ses désirs.

« “ Je me suis marié avec une adolescente issue d'une mauvaise race et le malheur a voulu qu'elle me donnât une fille. C'est cette femme qui est cause que je vis dans l'épreuve. Elle a mangé ma fortune et la vigueur de ma jeunesse.

« — Pourquoi ne prononces-tu pas la répudiation, en te procurant ainsi le repos ?

« Il me désigne son membre et se lance dans l'improvisation que voici :

« “ J'ai sous la frange de ma tunique
un sabre que je ne me résous pas
à rengainer dans son fourreau [1]... ” »

Particulièrement remarquable apparaît alors la poésie galante. Ibn Hazm, écrivain arabe d'Espagne (994-1064), traite dans *Tawq al-Hamama* ou *Collier de la colombe* [2], ouvrage rédigé en 1027, de l'amour et des amants. Il peut en parler à bon escient, car il a été éduqué par des femmes. « J'ai personnellement observé les femmes et connu, de leurs secrets, ce qu'un autre ne pourrait guère connaître. C'est que j'ai été élevé sur leurs genoux, j'ai grandi auprès d'elles, je n'ai connu qu'elles et n'ai fréquenté la société masculine que quand j'étais déjà un jeune homme et que mon visage se couvrait de duvet. Ce

1. Trad. René R. Khawam.
2. Trad. Léon Bercher.

sont elles qui m'ont appris le Coran, m'ont transmis bon nombre de poésies et m'ont familiarisé avec l'écriture. Dès que j'ai commencé à comprendre — j'étais encore un tout jeune enfant —, mon unique souci, ma seule activité intellectuelle ont été de chercher à connaître les affaires des femmes, à rechercher les informations les concernant et à bien me pénétrer de tout cela. Cela provient de la grande jalousie qui est innée en moi, d'une suspicion congénitale dont je suis atteint à leur égard. Ainsi j'ai pu acquérir bien des connaissances à leur sujet. » Pourtant, de la vie féminine Ibn Hazm ne veut pas dévoiler tous les secrets : « Si, dans cette présente épître, je ne m'étais interdit de dévoiler les ruses et de mentionner les subterfuges [des amants], je citerais des faits que je tiens pour certains et qui stupéfieraient un homme doué du jugement le plus averti et confondraient l'esprit le plus perspicace. Que, par sa grâce, Allah daigne jeter sur nous et sur tous les musulmans son voile protecteur ! Allah nous suffit ! »

Ibn Hazm nous instruit toutefois sur certains aspects cachés de la conduite féminine. « Jamais je n'ai vu une femme, dans un lieu où elle se sent vue ou entendue par un homme, qui ne se mette à faire des gestes superflus, dont elle était bien éloignée auparavant, et à prononcer des paroles inutiles dont elle n'avait nul besoin un instant avant. Ces gestes et ces paroles vont en outre à l'encontre de ce qu'elle disait et faisait tout à l'heure. » Les femmes essaient ainsi par divers moyens d'attirer l'attention des hommes.

C'est qu'elles se soucient avant tout du commerce charnel et de ses préliminaires. L'homme au contraire s'intéresse à ses affaires. « On peut voir des femmes vertueuses et âgées, n'attendant plus rien des hommes, et qui n'ont pas d'occupation plus chère que de s'efforcer de marier une orpheline, de prêter leurs vêtements et leurs bijoux à quelque fiancée pauvre. Pour moi, cette forte tendance naturelle des femmes est uniquement due à ce qu'elles ont l'esprit libre de toute préoccupation autre que le commerce charnel et ce qui y prépare, le flirt et ses voies et moyens, l'intimité et tous ses aspects. Elles n'ont d'autres soins que ceux-là ; elles ne sont créées que pour cela. Les hommes au contraire sont partagés entre le souci de gagner de l'argent, d'obtenir l'amitié du prince, de rechercher la science, d'entretenir leur famille, de supporter les peines des voyages et de la chasse, d'exercer toutes sortes de métiers, de faire la guerre, de tenir tête aux séditions, d'affronter les périls et de cultiver la terre. Tout cela réduit singulièrement le loisir et écarte les voies de l'oisiveté... » Ala al-Dîne signale d'ailleurs que la femme éprouve plus de plaisir que l'homme au cours de l'acte sexuel. Et de préciser : « Apprends aussi, ô lecteur, que la femme aime l'enlacement au cours de l'opération sexuelle, spécialement lors de l'arrivée du liquide chez l'homme et chez elle. Elle déteste que cette arrivée précède la sienne par suite d'un mouvement trop rapide, surtout s'il s'agit d'une femme d'expérience. Parmi les femmes, il en est dont les palpitations du vagin correspondent aux mouvements de ses membres. Si le mouvement de l'instrument viril s'interrompt, elle n'a de cesse de rassasier de plaisir l'homme, de l'enlacer, d'écarter les jambes pour enserrer et faire couler son liquide. A cause de cela, les femmes apprécient le remue-ménage lorsqu'elles mouillent. Il provoque un surcroît de liquide et une sensation de plaisir qui va en s'intensifiant [1]... »

Certaines Andalouses, rapporte Ibn Hazm, sont capables d'agir et de s'exprimer sur le plan amoureux. Des aristocrates avant tout, mais parfois des femmes privées de liberté : « Une femme en qui j'ai confiance m'a dit avoir personnellement connu un jeune homme et une jeune esclave qui débordaient de passion l'un pour l'autre. »

1. Toutes les citations d'Ala al-Dîne sont faites d'après la traduction de René R. Khawam.

Certaines n'hésitent pas à prendre l'initiative : « Elle se précipita sur lui et le baisa sur la bouche… Tel fut, entre eux, le début d'un long amour. » Les mêmes désirs se retrouvent chez les hommes et les femmes : « Il n'y a point d'homme à qui une jolie femme ait proposé l'amour pendant un temps assez long et en l'absence de tout obstacle, il n'y a point d'homme, dis-je, qui ne tombe alors dans les filets de Satan, ne soit séduit par le péché, emporté par le désir, possédé par la concupiscence. Il n'y a point de femme sollicitée par un homme dans de telles conditions qui ne soit livrée à lui ; c'est une nécessité absolue, un arrêt sans appel auquel on ne peut trouver aucune échappatoire. »

Selon Ibn Hazm, il existe deux catégories de femmes : les unes sont vertueuses par devoir, les autres ne gardent pas leur vertu et, quand on essaie de leur éviter les tentations, cherchent par la ruse à se débaucher. Il rapporte qu'une jeune esclave d'une beauté admirable, après la mort de son maître, fut vendue dans sa succession. Elle refusa jusqu'à sa mort de cohabiter avec un autre homme. Son nouveau maître veut lui faire partager sa couche, mais elle refuse. Il la frappe à plusieurs reprises : sans succès. Notre auteur de conclure alors : « C'est là un cas de fidélité très rare. »

Les écrivains musulmans n'hésitent pas à traiter avec précision du plaisir sexuel, sujet tabou pour les Occidentaux. Ala al-Dîne commence par classer les femmes en fonction de l'âge. Il y a « celle qui est jeune et a presque atteint la puberté, soit dix ans révolus ». Elle n'éprouve pas encore de désir et n'a pas appris à dormir tranquillement près de l'homme. « Quand elle sera habituée à cette situation, après l'enlacement et les baisers, il pourra la dépuceler. Mais elle n'aime pas le remue-ménage de l'homme et supporte mal la longueur de l'opération. »

« Un autre cas est celui de la femme pubère, qui a atteint ses quatorze ans. » Malgré un corps qui a mûri, elle est dominée par la pudeur car elle sait comment se déroule l'acte sexuel. Elle pleure durant la conjonction, mais de joie. « Le dépucelage est plus facile pour celle-ci que pour la précédente, car son appétit sexuel correspond à la jonction ; elle cherche consciemment cette opération, ne la fuit pas, aime la contemplation de l'instrument viril de l'homme. Cependant, on ne peut éviter qu'au début elle ne se défende contre son partenaire et ne manifeste une certaine peur de la douleur qu'elle ressentira. » C'est pourquoi, nous dit l'auteur, beaucoup de vieilles femmes recommandent à la jeune mariée de se défendre pour ne pas encourir le reproche d'avoir désiré le rapport sexuel.

« D'une autre espèce encore est la femme adulte, qui porte toutes les marques de la jeunesse et présente tous les signes de la perfection, admirative de son propre corps. Celle-là ne causera aucun tracas lors de la manipulation, car elle sait qu'elle trouvera, le soir de ses noces, le plaisir et la joie. »

Il y a également « la femme d'âge moyen ». Elle juge les choses de façon sereine, « résout calmement les difficultés de l'homme et se montre apte au badinage. C'est elle qui de toutes ressent l'appétit le plus développé, en raison de sa pratique ancienne et de sa rencontre avec toutes sortes d'instruments virils ».

Vient enfin la femme âgée. Elle n'offre « aucun avantage pour la conjonction, ni pour les baisers ». Et Ala al-Dîne de signaler que seul la recherche l'homme désargenté qui souhaite vivre tranquillement sans travailler, car il se fait entretenir par elle.

Notre auteur ne recule pas devant les détails les plus crus. « Parlons maintenant des réactions féminines quant au plaisir. » Il distingue « la voyageuse » dont le siège de l'appétit sexuel se trouve au bord des lèvres de l'entrejambe, qui s'agite, gémit lors de la conjonction et apprécie l'instrument viril petit ; « la profonde » qui recherche le grand instrument et apprécie le remue-ménage ; « la rapide » qui laisse couler sans tarder son eau intime et dont l'appétit sexuel disparaît si l'homme la quitte alors ; « la réticente » dont la durée de l'écoulement varie et qui par suite peut détester la conjonction un certain temps ; « la femme de ménage » qui ne recherche pas l'aide de son partenaire dont elle secoue l'instrument jusqu'à rassasiement et qui se montre préoccupée avant tout de son propre plaisir ; « la possessive » qui s'empare de l'instrument et ne le lâche qu'avec difficulté, tant est vorace son appétit sexuel ; « l'arroseuse » dont le liquide intime coule abondamment, ce qui signifie un contentement extrême ; enfin « l'évanescente », « celle qui s'évanouit à l'arrivée de son liquide intime, à cause de l'intensité de son appétit sexuel et de son plaisir. Elle est digne d'éloges parmi les femmes ».

« Nous allions oublier " la femme polisseuse ", qui refuse tout rapport avec les hommes.

« D'autres femmes n'éprouvent aucun appétit sexuel, ou bien par fierté personnelle, ou bien par souci des fins dernières, ou bien par amour de la virginité, ou bien par piété. »

La conduite d'une femme, nommée Hind, qui s'est rendue par cinq fois à La Mecque et se montre fort pieuse, s'explique mieux dans un tel contexte. « Je m'embarquai une fois au retour du pèlerinage, ayant déjà renoncé au monde, avec quatre autres femmes qui, toutes, avaient fait le pèlerinage. Nous naviguâmes sur la mer Rouge. Parmi l'équipage se trouvait un homme svelte de taille, de haute stature, aux larges épaules et bien bâti. La première nuit, je le vis se diriger vers l'une de mes compagnes et lui mettre dans la main son membre qui était énorme. Aussitôt, elle se donna à lui. Toutes y passèrent successivement les nuits suivantes. Il ne lui restait plus que moi. Alors je me dis : " Je vais me venger de toi. " Je me munis d'un rasoir et le tins en main. Il arriva pendant la nuit selon son habitude et commença son manège comme toutes les nuits. Alors je fis tomber [?] le rasoir sur lui. Il s'effraya et voulut se lever. Mais j'eus pitié de lui et lui dis en le retenant : “ Tu ne t'en iras pas avant que je n'aie eu ma part de toi ! ” Je fis donc son affaire, et moi, j'en demande pardon à Allah [1]. »

Ainsi la sexualité est présentée par les auteurs musulmans avant tout comme source de plaisir. Il n'en va pas de même dans l'Occident chrétien où la maternité confère une grande partie de sa dignité à celle qui a choisi un homme, et non le Seigneur, pour époux.

1. La plupart des textes d'Ibn Hazm sont cités par M. Abu-Rub, *La Poésie galante andalouse au XIe siècle : typologie.*

2

MATERNITÉ

LA GROSSESSE

« Dieu bénit Noé et ses fils et leur dit : “ Soyez féconds, multipliez, emplissez la terre ” » (Genèse, 9, 1). L'Eglise considère donc que le but essentiel du mariage est la procréation. Les lois barbares manifestent de même la valeur de la femme enceinte. Ainsi la loi salique stipule que si quelqu'un tue une jeune fille libre en âge de procréer, il doit verser six cents sous et sept cents si elle est enceinte, alors que la compensation est réduite à deux cents sous s'il s'agit d'une femme ménopausée. La chrétienne est rachetée notamment grâce aux enfants qu'elle met au monde. « Néanmoins elle sera sauvée en devenant mère, à condition de persévérer avec modestie dans la foi, la charité et la sainteté », écrit saint Paul dans la première épître à Timothée.

Quel est le rôle de la femme dans l'acte de génération ? Il existe un sperme féminin qui constitue une espèce de diluant nécessaire. Ali ibn al-Abbâs écrit que le mélange des deux spermes est indispensable. En effet, le sperme de l'homme est épais et d'une constitution chaude. En raison de son épaisseur il ne peut suffisamment se répandre et à cause de sa chaleur il risque de détériorer le fœtus. Le sperme de la femme qui est ténu et d'une constitution froide sert à modérer l'une et l'autre. En outre, de tels caractères empêchent le sperme de l'homme d'atteindre les prolongements de la matrice et de s'étendre sur toute sa face interne. Le sperme de la femme est nécessaire pour parvenir aux endroits qu'il n'a pu atteindre et par conséquent permet la formation de la deuxième membrane qui entoure le fœtus.

Avicenne précise que l'ébullition a lieu dès le mélange des deux semences. Se forment la partie gonflée et la première membrane : « Alors tout le sperme est suspendu aux éminences en forme de corne, et trouve là sa nourriture tant qu'il est du sperme jusqu'à ce qu'il prenne sa nourriture du sang menstruel et des cavités [orifices des veines] auxquelles est attachée la membrane qui s'est formée. » La théorie de la semence féminine durera bien au-delà du Moyen Age.

A la suite du coït, la matrice se referme. Selon Rhazès et Ali ibn al-Abbâs, lorsque la femme a conçu, son orifice se resserre au point que même une sonde n'y peut entrer. Se contractant de tous côtés, elle retient le sperme, lequel, avec la membrane qui l'entoure, devient comme un œuf. Cette membrane reçoit le sang menstruel « qui y arrive par les veines non battantes dont les orifices sont ces endroits nommés cavités : il y arrive aussi du sang subtil et du pneuma animal par les artères qui parviennent à la matrice. Ces matières pénètrent ensemble dans la substance de la membrane avant qu'elle soit complètement durcie. Pour cette raison le sang peut pénétrer dans la cavité à cause de la mollesse de la membrane. Par là il se forme dans la membrane des ouvertures et des canaux. Ces canaux s'élargissent sans cesse et ne s'agglutinent pas, parce que les matières coulent continuellement à travers eux, le sperme attirant sans cesse le sang au moyen de la faculté attractive qu'il possède ».

Au total quatre phases, selon Ali ibn al-Abbâs et Avicenne qui reprennent les idées d'Hippocrate, marquent la formation de l'embryon. Au cours de la première qui dure généralement de six à sept jours, le sperme domine, semblable à de l'écume. Lors de la seconde phase — neuf jours environ —, « la semence paraît remplie de sang : encéphale, cœur et foie ont une certaine consistance ». Durant la troisième période — douze jours —, le cerveau, le cœur et le foie deviennent distincts et, selon Avicenne, le sperme se transforme en un grumeau de sang, puis en une petite masse de chair, les parties principales se séparant les unes des autres. Au cours de la quatrième phase qui dure environ dix-huit jours, toutes les parties deviennent visibles.

Le pneuma, le souffle de la vie, se trouve dans le sperme et entraîne le développement de l'embryon que nourrit le sang menstruel apporté, lorsque le foie est constitué, par une veine provenant du chorion — enveloppe externe de l'embryon. Après l'accouchement, le fœtus aura besoin d'une nourriture proche du sang menstruel : or le lait possède ce caractère, car il provient de ce sang. Les rapports sexuels sont donc déconseillés au cours de la lactation car, signale Avicenne, ils troublent le sang menstruel et altèrent l'odeur du lait. Il ne convient pas d'être en même temps enceinte et d'allaiter, le sang menstruel ne pouvant à la fois nourrir l'embryon et se transformer en lait.

Les membres se constituent en fonction des couleurs. Le sperme donne naissance aux parties blanches, c'est-à-dire l'encéphale, les os, les cartilages, les nerfs, les membranes, les ligaments, les veines et les artères, alors que du sang menstruel sont formés le foie et les autres parties charnues, sauf le cœur qui naît du sang des artères.

Si pour certains l'âme peut exister avant le corps, d'autres estiment que l'âme et le corps sont créés en même temps. Mais les théologiens médiévaux admettent généralement que l'animation du fœtus se situe après la conception. A la suite d'Aristote, Avicenne pense que la forme humaine est atteinte une quarantaine de jours après la conception chez un embryon masculin, quatre-vingt-dix jours après chez un embryon féminin.

La femme enceinte doit prendre des précautions en matière d'alimentation. Son sang sera amélioré et les résidus expulsés, car c'est de ce sang que se forme l'enfant, poursuit Avicenne. S'il est agité, il ne faut pas opérer de saignée, mais le refroidir et éteindre son ardeur avec des drogues.

Les idées relatives à la conception des lettrés occidentaux n'ont rien d'original. Raban Maur, influencé par Isidore de Séville, la décrit ainsi : la semence prise par la terre ou par l'utérus engendre un fruit ou un fœtus. Un liquide provenant de la décoction de la nourriture et de la boisson se répand dans les veines et la moelle où il est distillé ; il se développe dans les reins, est éjecté au cours des rapports sexuels et envoyé dans l'utérus de la femme ; la chaleur des viscères, l'irrigation du sang menstruel le transforment en corps. Les enfants, ajoute Raban, sont semblables à leurs pères si la semence paternelle est plus forte, à leurs mères si la semence maternelle l'emporte. Ceux qui ressemblent à l'un et à l'autre de leurs parents sont conçus à partir d'une semence paternelle et d'une semence maternelle d'égale puissance.

La durée de la grossesse donne lieu à des incertitudes. A la fin du XIe siècle, Yves, évêque de Chartres de 1090 à 1116, rapporte le fait suivant : un chevalier prétend que son épouse a mis au monde pendant son séjour en Angleterre un enfant adultérin parce que entre la conception et l'accouchement il trouve sept jours de moins qu'il n'est habituel. Yves de Chartres déclare qu'il a interrogé d'honnêtes matrones et que celles-ci ont affirmé que l'accouchement n'a pas toujours lieu à un nombre de jours déterminé.

La femme mariée, devenant enceinte, est en principe joyeuse car elle remplit la tâche que l'on attend d'elle ; à cette joie se mêle toutefois quelque inquiétude en raison des souffrances et des risques de l'accouchement. Mais elle peut s'avérer stérile ou tout au moins ne pas parvenir à être enceinte.

De même que le non-respect de la continence un jour consacré risque d'entraîner la conception de handicapés, de même la stérilité peut être assimilée à un châtiment, à une épreuve, tant à cette époque est grand le lien entre péché et avatars physiques. Seule la pénitence parviendra à rendre l'épouse féconde. « Pour avoir écouté ces ordonnances, les avoir gardées et mises en pratique, Yahvé ton Dieu te gardera l'alliance et l'amour qu'il a jurés à tes pères. Il t'aimera, te bénira, te multipliera... Nul chez toi, homme ou femme, ne sera stérile » (Deutéronome, 7, 13-14).

Les médecins tentent de cerner les causes de cette stérilité et d'y remédier. Ils ne doivent pas hésiter d'ailleurs à aborder les problèmes les plus intimes : « Il n'est pas honteux pour le médecin de parler de l'augmentation du pénis ou du resserrement de la partie réceptrice, ainsi que du plaisir féminin, car ce sont des causes qui participent à la génération. En effet, la petitesse du pénis constitue souvent un empêchement à la jouissance et à l'émission féminines. Or quand la femme n'émet pas de sperme, il n'y a pas engendrement », écrit Avicenne.

Un passage curieux de la *Chronographie* de Michel Psellos montre les efforts de l'empereur byzantin Romain III (1028-1034) et de son épouse l'impératrice Zoé pour avoir un héritier. Sans résultat. Il est vrai qu'il est âgé de soixante ans et elle de cinquante ! « Il [Romain] ne paraissait pas avoir assez longue vue pour reconnaître que la fille de Constantin, à laquelle il avait été uni lors de son accès au pouvoir, avait dépassé le temps propre à la grossesse et que déjà elle avait la matrice trop sèche pour la conception (elle se trouvait, en effet, dans la cinquantième année de son âge quand elle se maria avec Romain). Mais ce qu'il voulait, même en dépit de l'impossibilité physique, il s'y attachait plus fortement que tous les raisonnements. Ainsi, sans même prêter attention à la condition *sine qua non* de la grossesse, il ajoutait foi à tous ceux qui se faisaient fort d'éteindre et ensuite de rallumer la nature, et il s'adonnait à des onctions et à des frictions, et il en prescrivait à sa femme. Et elle, elle allait plus loin encore : initiée à la plupart des pratiques magiques, elle appliquait sur sa personne de petits cailloux, se suspendait des amulettes, se ceignait de bandelettes et étalait autour de son corps toutes les autres futilités. Cependant, comme jamais ne se réalisait leur espoir, le basileus renonça à toutes ces pratiques et se mit à prêter moins d'attention à l'impératrice ; en effet, il se trouvait, c'est bien vrai, un peu lourd de désirs et épuisé de constitution, car il dépassait de plus de dix ans l'âge de l'impératrice. »

Il est toutefois des femmes qui ne souhaitent pas concevoir.

REFUS DE LA MATERNITÉ

La contraception

Avicenne, dans son *Canon de la médecine*, aborde ce thème mais de façon limitée, car l'ouvrage se veut encyclopédie. Le livre II signale les propriétés contraceptives de diverses plantes. Le cèdre agit comme spermicide puisqu'il « corrompt le semen, et lorsque le pénis en est enduit avant le coït, il empêche la fécondation » ; il tue aussi le fœtus. La menthe, « placée comme un suppositoire avant le moment du coït, empêche la fécondation ». Le cyclamen, tel un talisman, lorsqu'il est accroché autour du cou, permet d'éviter la conception. Outre les plantes, Avicenne mentionne la présure du lièvre des bois qui, bue, mélangée avec un acide trois jours après les règles, « empêche la fécondation ». Des scories de fer permettent d'obtenir le même effet. L'auteur émet parfois quelques doutes sur l'efficacité : le sang des règles, employé comme suppositoire, a des propriétés contraceptives « d'après ce que d'aucuns pensent ».

Diverses plantes, telle la rue ou la graine de laitue, plutôt que d'empêcher la fécondation, apaisent le désir et, supprimant l'envie du coït, parviennent au même but.

Dans le livre III consacré aux techniques médicales, la contraception fait l'objet de développements un peu plus poussés. Après le coït, la femme sautera sept à neuf fois en arrière ; le fait d'éternuer permet parfois au sperme de glisser. Avant et après le coït, la femme mettra dans le vagin des suppositoires à l'huile de cèdre, de la pulpe de grenade mêlée à de l'alun, des feuilles et des graines de choux, trempées de préférence dans de l'huile de cèdre mêlée à de la menthe… Pendant ce temps l'homme pourra enduire son pénis d'huile de cèdre, d'huile de balsamine ou de céruse. Des suppositoires au poivre ou aux excréments d'éléphant seront appliqués après le coït.

Dans le *Livre pour Almansor*, le Persan Rhazès signale également les vertus contraceptives de certaines plantes, comme le cèdre, traite des anaphrodisiaques, et consacre un chapitre aux « choses qui empêchent la grossesse ou produisent l'avortement ».

Parmi les auteurs connus des Occidentaux, Soranus signale des potions contraceptives, conseille d'enduire le col avec de l'huile d'olive râpée, du miel, du jus de balsamine, ou de la gomme de cèdre pure ou mêlée à du blanc de plomb ; également de l'alun ou du galbanum avec du vin. Il est possible de fermer l'orifice du vagin ou d'altérer le sperme à l'aide d'astringents. Des suppositoires vaginaux parviennent au même résultat, tels de l'alun humide et de l'écorce de grenade appliqués avec de la laine. Absorber des potions, empêcher l'entrée du sperme dans l'utérus constituent deux moyens contraceptifs relevant avant tout de la femme. L'homme, quant à lui, peut enduire ses organes génitaux de baumes ou d'onguents considérés comme spermicides.

Soranus, à l'instar de ses confrères, pense que la femme est stérile à certains moments. L'utérus, congestionné au moment des règles, ne peut guère alors retenir la semence. Les jours qui les précèdent sont également peu favorables, car l'utérus reçoit déjà quelque chose. Le meilleur moment pour la fécondation, estime à tort Soranus, est celui où les règles finissent. Et il recommande d'éviter alors tout rapport sexuel.

Certains mouvements peuvent avoir un effet contraceptif. « Pendant l'acte au moment où l'homme est sur le point d'éjaculer, la femme retiendra un peu l'haleine et se glissera en arrière afin d'éviter que la semence n'arrive dans sa cavité utérine… puis elle se lève, se met à genoux et éternue. »

Les pénitentiels permettent de constater que certaines techniques sont connues, voire éventuellement pratiquées. Les contraceptifs que Burchard de Worms mentionne sont des potions qu'utilisent les femmes. Reprenant une formule de Reginon de Prüm, il signale que la conception ou la génération peut être prévenue par des boissons ou d'autres moyens. Il écrit : « As-tu fait comme beaucoup de femmes : elles forniquent et, pour tuer leur enfant, elles se font avorter avec des maléfices et des herbes, ou bien elles prennent leurs précautions pour ne pas concevoir ? » Burchard place donc dans la même catégorie herbes et maléfices. Peut-être l'opposition à la contraception est-elle renforcée par la méfiance vis-à-vis des pratiques magiques. Contraception et avortement sont condamnés par l'évêque de Worms, mais il est difficile à partir de ce texte de distinguer le rôle contraceptif ou abortif des herbes.

Quelles raisons poussent les femmes à éviter une grossesse ? Il en est qui, ayant forniqué, essaient de dissimuler leur crime en empêchant la conception. Parfois c'est une motivation économique qui explique le refus de l'enfant. C'est Burchard qui, le premier, évoque cette raison à propos de la contraception, alors qu'auparavant elle est seulement liée à l'avortement et à l'infanticide. « Si vous avez fait cela [utilisation de maléfices et d'herbes], si vous l'avez admis, ou enseigné, vous devez faire pénitence pendant dix ans tous les jours de férie. Une décision ancienne éloignait de telles personnes de l'Eglise jusqu'à la fin de leur vie. Car chaque fois qu'elle a empêché une conception, cette femme a commis un homicide. Mais cela fait une grande différence si c'est une pauvre femme qui a agi en fonction de la difficulté qu'elle a pour se nourrir, ou si c'est quelqu'un qui agit pour dissimuler un crime de fornication. »

Le péché de contraception s'applique presque toujours aux femmes. Burchard n'interroge que des pénitentes. Or la fonction essentielle de la femme, aux yeux des clercs, est de procréer. La réprobation qui s'applique aux pratiques contraceptives pourrait-elle être accrue de ce fait ?

Il existe des techniques autres que l'absorption d'herbes et qui concernent plutôt l'homme, quand il ne s'agit pas du couple. Ainsi est condamné le fait de ne pas utiliser la position dite normale pour pratiquer l'acte sexuel, à savoir la femme sous l'homme — Burchard stigmatise la position dorsale, qu'il qualifie de « canine ». Il s'agit d'éviter, pense-t-on, que la semence quitte le réceptacle féminin.

Absorber des potions contraceptives constitue un péché assimilable à l'homicide pour un certain nombre de pénitentiels ; Burchard écrit même qu'il s'agit d'un acte plus condamnable que l'homicide prémédité. Il reprend un texte qu'il attribue à un concile tenu à Worms et que mentionne un siècle plus tôt Reginon de Prüm. Ce texte, bien connu jusqu'à la fin du Moyen Age sous le titre de *Si aliquis*, déclare : « Si quelqu'un [*Si aliquis*] pour satisfaire ses désirs, ou par haine fait quelque chose à un homme ou à une femme qui empêche celle-ci ou celui-là d'avoir des enfants, ou leur donne une boisson telle qu'il ne puisse plus engendrer ou elle concevoir, qu'il soit tenu pour homicide. »

L'avortement

Les procédés contraceptifs ne se révélant guère fiables, il n'est pas rare que la femme se retrouve enceinte. Si elle ne veut pas garder l'enfant, elle doit alors recourir à l'avortement. Ce dernier peut d'ailleurs n'être pas volontaire, résulter par exemple d'une chute. Il ne s'agit pas alors d'un refus de l'enfant, mais d'un accident.

Grecs et Arabes connaissent nombre de recettes abortives. Les Occidentaux n'ignorent pas les vertus de certaines plantes. Quoi qu'il en soit, l'avortement est considéré comme une faute très grave. Burchard de Worms demande : « As-tu fait comme beaucoup de femmes : elles forniquent et, pour tuer leur enfant, elles se font avorter avec des maléfices et des herbes... » La pénitence est la même que celle infligée aux assassins, mais pour l'avortement et l'infanticide notre évêque suit une règle posée par des pénitentiels antérieurs : la peine est bien moins moindre s'il s'agit d'une pauvre femme. En effet, ainsi que l'écrit Bède au VIIIe siècle, « il y a une grande différence selon qu'il s'agit d'une femme pauvre faisant cela parce qu'elle ne peut nourrir de nouveaux enfants ou d'une femme impudique qui le fait pour cacher son inconduite ». Burchard d'ailleurs consacre une mention spéciale au responsable — qui peut être le père — d'un avortement en cas de rapports illégitimes. « Ceux qui s'appliquent à tuer les enfants, conçus ou nés de relations coupables, et qui provoquent des avortements en donnant des potions — qu'il s'agisse du père ou de la mère adultère —, seront reçus à la communion après 7 ans de pénitence seulement. » Le fait d'avoir appris ou enseigné comment avorter constitue aussi un grave péché. « As-tu appris comment faire les avortements ou as-tu donné la recette à d'autres ? Si oui : 7 ans de jeûne aux jours fixés. » De son côté, la législation canonique apparaît fort sévère et le concile de Rouen de 1074 refuse la sépulture ecclésiastique aux femmes qui ont tué leurs enfants à la naissance ou par avortement.

Mais un problème se pose. L'avortement pouvant avoir lieu avant ou après l'animation du fœtus, la faute ne revêt pas dans les deux cas le même caractère de gravité. « As-tu provoqué un avortement avant l'animation du fœtus ? écrit Burchard de Worms. As-tu provoqué l'avortement après l'animation ? Si tu l'as fait avant l'animation : 1 an de jeûne ; si après l'animation : 3 ans de jeûne, aux jours fixés. » Le fait que l'enfant ne soit pas baptisé, le privant ainsi de la vie éternelle, rend l'avortement encore plus condamnable.

L'anecdote suivante montre l'importance de cette considération pour des esprits aussi religieux que ceux du Moyen Age. Une nuit de dimanche après matines, la mère de Guibert de Nogent voit en songe son époux défunt. A côté de lui, un fantôme de petit enfant qui fait retentir l'air d'horribles cris. Guibert fournit l'explication. Alors que, jeune marié, son père ne peut avoir commerce avec sa femme, il prend une maîtresse qui lui donne un enfant, « lequel mourut sur-le-champ sans baptême… quant aux clameurs de cette voix insupportable, elles signifiaient la damnation de l'enfant conçu dans le péché ».

L'infanticide

Un canon du concile de Tolède de 589 déclare : « Les clercs et les juges civils doivent réunir leurs efforts pour détruire cette abominable coutume, très répandue, que les parents tuent des enfants pour ne pas les nourrir. » Qu'en est-il quatre siècles plus tard ?

Tout d'abord l'infanticide involontaire (?) — les enfants couchant avec les parents — ne paraît pas exceptionnel : « As-tu trouvé ton enfant étouffé dans ton lit, quand toi et ton mari étiez couchés ensemble, sans que l'on sache qui l'a étouffé, toi ou son père, ou si l'enfant est mort de mort naturelle ? Vous ne devez pas être rassurés pour autant et vivre sans faire pénitence ! Mais vous avez droit à l'indulgence, car il n'y a pas d'intention criminelle, mais accident. Cependant à cause de votre négligence, vous ferez pénitence au pain et à l'eau pendant 40 jours. Si, par contre, il est sûr que vous êtes la cause de la mort, cause involontaire, mais par votre négligence, vous ferez 3 ans de jeûne au pain et à l'eau, aux jours fixés. » La mère a pu écraser l'enfant par exemple sous le poids de ses vêtements, après le baptême. Dans ce cas, la durée du jeûne varie selon les circonstances de l'accident.

Une imprudence peut être fatale : « As-tu placé ton enfant près d'une cheminée, et une autre personne est venue renverser sur le feu un chaudron d'eau bouillante, de sorte que l'enfant, échaudé, est mort ? Toi qui devais veiller soigneusement durant 7 ans sur ton enfant, tu jeûneras pendant 3 ans, aux jours officiels. Celle qui a renversé le chaudron d'eau est innocente. »

Beaucoup plus grave apparaît l'infanticide volontaire. Burchard de Worms prescrit alors douze ans de jeûne, aux jours fixés, et une pénitence continue jusqu'à la fin de la vie de la mère. La même pénitence est appliquée à celle qui a omis de donner à son enfant les soins requis de sorte que, par sa faute, il est mort sans baptême.

En cette dure période il peut être tentant de supprimer une bouche à nourrir, d'autant plus qu'il faudra attendre de longues années pour que l'enfant puisse participer aux travaux agricoles. En tout cas, il importe de noter la lourdeur des peines attestant la valeur qui lui est attribuée. Si l'infanticide est dû avant tout à la pauvreté, il arrive que, à l'instar de l'Antiquité ou du très haut Moyen Age, il ait pour motivation un handicap. C'est ainsi qu'à la fin du IXe siècle le père de sainte Odile veut supprimer sa fille née aveugle ; la mère doit la cacher durant un an pour lui éviter ce triste sort.

L'abandon

Le refus de l'enfant peut s'exprimer non par l'infanticide mais par l'abandon, solution moins atroce et qui a pour mérite de respecter la vie.

Le recueil de Reginon de Prüm compilé vers 906 comporte le texte suivant. « Nous conseillons à tous les prêtres d'annoncer publiquement à leurs paroissiens que si une femme devait concevoir et enfanter à la suite d'une union clandestine, elle ne doit point tuer son fils ou sa fille… mais plutôt apporter le bébé aux portes de l'église et l'y déposer, en sorte que l'on puisse l'amener au prêtre dans la matinée et que l'un des fidèles puisse le recueillir et l'élever » (texte cité par Didier Lett).

Il existe d'ailleurs une forme chrétienne d'abandon : l'oblation, c'est-à-dire l'offrande de l'enfant à Dieu dans un monastère. Elle a en outre l'avantage de valoir aux parents des récompenses sur le plan spirituel. Mais elle pose problème lorsque l'enfant devenu grand se rend compte qu'il n'a pas la vocation religieuse.

Il semble, d'après John Boswell, que le nombre des abandons soit plus faible au début du XIe siècle que lors des siècles précédents, les pauvres pouvant plus facilement s'intégrer dans une société en expansion. Burchard de Worms ne trouve pas de textes plus récents que des canons pris au VIe siècle par les conciles de Vaison et d'Arles, et le texte, d'origine incertaine, cité par Reginon de Prüm. Aucune mesure législative n'est prise aux Xe et XIe siècles en ce qui concerne les abandons.

Au total, vers l'An Mille, si l'infanticide, tout au moins dans le cadre de la famille légitime, n'apparaît guère, l'abandon, sous forme de l'oblation, semble fréquemment utilisé à titre de substitution en quelque sorte, les motivations religieuses disparaissant bien souvent. Ainsi dans la seconde moitié du XIe siècle, Ulrich de Cluny remarque que « après qu'ils ont une maisonnée, pour ainsi dire, de fils et de filles, ou s'ils ont des enfants boiteux ou estropiés, sourds et muets ou aveugles, bossus ou lépreux, ou encore des enfants qui ont la moindre tare qui les rendrait moins désirables dans le monde laïc, les parents les offrent comme moines avec les plus pieux des vœux, en sorte qu'ils se trouvent dispensés de la peine de les éduquer et de les nourrir, ou parce que cela tourne à l'avantage de leurs autres enfants. En vérité, il peut toujours être fait mauvais usage de ce qui est né d'honnêtes et pieuses motivations, et cette sainte institution a été corrompue par l'avidité des parents, qui, pour le profit du reste de la famille, livrent aux monastères les bossus, les difformes, les pauvres d'esprit ou les enfants peu prometteurs qu'ils peuvent avoir » (texte cité par John Boswell). Mais en vérité ces oblations concernent essentiellement les familles de condition sociale élevée, et non les pauvres.

Toutefois mettre des enfants au monde reste la règle. Dans toutes les classes de la société se manifeste une vigueur démographique qui n'admet pas de moyen terme : ou bien le mariage, et c'est le cas le plus fréquent, est fécond, et dans ce cas le nombre des enfants est élevé, ou bien il est stérile. En moyenne, dans la société mâconnaise, deux ou trois fils, soit avec les filles quatre à cinq enfants par génération, deviennent assez âgés pour hériter de leurs parents ; pour pallier le danger couru par le patrimoine, il y a non pas restriction à la naissance mais au mariage. La généalogie du chroniqueur Lambert de Wattrelos permet de constater que la première génération née vers 1000 a dû engendrer une moyenne de 3,5 enfants par mariage fécond, la seconde née vers 1025 4 à 4,5.

LA NAISSANCE

Lorsqu'il est fait mention d'accouchement au Moyen Age, on imagine volontiers la parturiente dans une chambre apprêtée, entourée de femmes, voisines, parentes et accoucheuse venues l'assister. Vision valable pour une certaine catégorie sociale à la fin du Moyen Age. Il n'en va sûrement pas ainsi pour les paysannes vers l'An Mille ! Mais les textes ne sont guère loquaces.

Quelles sont d'ailleurs les connaissances en matière obstétricale ? Le traité *Sur les maladies des femmes* de Soranus, abrégé et traduit par Moschion, consacre plusieurs chapitres à l'obstétrique. Il indique notamment à propos de l'accouchement difficile et laborieux : « Quelles sont ces diverses présentations ? Il y en a quatre espèces ; chacune a des variétés : par la tête, par les pieds, par les côtés et en double. Par la tête, quand cette partie occupe l'orifice de la matrice et que le reste du corps est contourné, quelquefois dans le même sens, quelquefois placé en travers, quelquefois avec un rétrécissement, quelquefois non, quelquefois avec procidence d'une main, quelquefois des deux, les pieds étant joints, quelquefois écartés.

« Dans la présentation des pieds, ceux-ci descendent directement à travers l'orifice de la matrice, les mains restant appliquées sur les flancs, les pieds regardant en avant, en arrière ou vers les côtés, quelquefois avec un rétrécissement de l'orifice, quelquefois sans lui ; les pieds sortent quelquefois ensemble, d'autres fois l'un après l'autre, les bras se relèvent quelquefois vers la tête, les pieds s'appuyant séparément sur les côtés de la matrice. Quelquefois les genoux étant fléchis, le fœtus cherche à sortir ainsi en double, la plante des pieds se trouvant dans l'orifice avec la tête.

« Quelquefois le fœtus est couché en travers et véritablement en double.

« De ces quatre espèces de présentation, il en est qui sont désirables, suivant la nature, d'autres sont contre nature.

« Suivant la nature est la présentation par la tête, de telle façon qu'elle occupe le milieu de l'orifice utérin, les mains appliquées sur les côtés ; non loin de cette présentation (dans l'ordre naturel) est celle où l'enfant se présente par les deux pieds réunis, la main étendue sur les côtés, mais la présentation par la tête est la meilleure : quand elle descend, il n'y a pas à craindre que la situation des mains en soit altérée » (trad. F. J. Herrgott). Un manuscrit de Bruxelles du IXe siècle comporte des illustrations indiquant de façon très claire les différentes positions de l'enfant que les sages-femmes doivent connaître plutôt par expérience.

Quant aux Arabes, ils ont intérêt à suivre les conseils d'Avicenne, tels qu'ils sont par exemple insérés dans le *Poème de la Médecine*.

« Lorsque arrive le moment des couches, il faut utiliser ce qui peut les faciliter.

« Dans un bain chaud frictionne les hanches de la parturiente et les régions voisines des parties génitales

« avec de l'huile afin que les nerfs se relâchent et qu'il n'y ait pas de fatigues lors de l'accouchement.

« Que son alimentation soit à base de matières grasses ; fais-lui boire du bouillon gras.

« Protège-la du bruit, des sauts, des frayeurs, des cris, des coups.

« Si l'accouchement est difficile, qu'elle prenne une décoction de dattes et de fenugrec ;

« choisis pour elle une accoucheuse intelligente qui lui allongera les pieds sans pitié,

« puis la fera asseoir d'un seul coup [sur la chaise obstétricale] en pressant adroitement sur son ventre.

« Au cas de perte de sang importante, donne-lui des pilules de kahreba [ambre jaune] ;

« si l'écoulement de sang est trop faible [dans les suites de couches], utilise les pilules d'aloès.

« Si l'arrière-faix ne descend pas, emploie les fumigations faites avec des dissolvants

« tels l'aloès, le goudron, la sabine, le soufre et la coloquinte » (trad. H. Jahier et A. Noureddine).

Les textes narratifs traitant d'accouchement ont tendance à mettre l'accent sur les difficultés, voire les souffrances de la parturiente. Un proverbe médiéval ne dit-il pas que mal de dents et mal d'enfant sont les plus douloureux ? La vie postérieure de sainte Mathilde évoque ainsi la naissance de ses enfants : « Dans ce lieu [Nordhausen], nous avons vécu heureux et Dieu nous y a délivré des épreuves de l'accouchement... Pour avoir par deux fois échappé aux douleurs de l'enfantement, grâce à l'intercession de la sainte vierge Marie, nous avons fondé en son honneur ce monastère. »

Guibert de Nogent évoque également ces pénibles moments. Trop souvent la délivrance n'apporte guère de joie, car elle se solde par un enfant mort-né. En tout cas sa naissance, à en croire Guibert, donne lieu non seulement à des souffrances, mais à la mise au monde d'un avorton. « Ma mère, proche de son terme, s'était trouvée en proie durant presque tout le carême à des douleurs intenses, inaccoutumées. Que de fois elle m'a reproché ces souffrances-là lorsqu'elle me voyait m'égarer, me précipiter vers les pentes fatales ! Enfin brilla le solennel samedi, celui de la vigile pascale. Cependant, d'interminables tortures la bouleversaient et, à l'approche de son heure, ces tourments ne faisaient que croître. On pensait que ce travail aboutirait normalement à l'accouchement ; or je me retournai, remontant profondément en son sein. Déjà, père, amis et parents se sentaient accablés par de funestes angoisses pour l'un et pour l'autre, car outre que l'enfant, estimaient-ils, allait hâter la mort de sa mère, tous s'apitoyaient encore sur la perte d'un enfant à qui serait refusée la porte de la vie. » On se précipite alors vers l'autel consacré à Notre-Dame et l'on décide que si l'enfant à naître est du sexe masculin, il sera consacré comme clerc pour être au service de Dieu et de la Vierge ; s'il est du sexe faible, il sera placé dans un monastère. « A l'instant même voici qu'est mis au monde un petit être débile, une espèce d'avorton. Certes, il était né, et à son terme, mais il était si comparable aux plus déshérités qu'en l'occurrence on ne peut se réjouir que d'une chose : la délivrance de la mère. »

L'accouchement s'avère parfois fatal pour l'accouchée. Les conditions d'hygiène, l'absence de moyens efficaces pour combattre les infections, s'ajoutent aux difficultés que rencontrent les sages-femmes — si tant est que la parturiente ait la possibilité d'avoir recours à l'une d'entre elles — devant les anomalies, les problèmes inattendus. L'embryotomie semble rarement pratiquée en Occident, alors que les Grecs et les Arabes l'effectuent couramment ; Soranus la conseille même alors que l'enfant est vivant, si elle permet de sauver la mère. Il est vrai qu'elle interdit le baptême, parfois pratiqué alors que l'enfant est mort, car les esprits des enfants non baptisés suscitent la crainte.

Etant donné l'importance du baptême, la vie de l'enfant l'emporte sur celle de la mère. Naissance et mort sont ainsi étroitement liées. Mais c'est une grande joie pour la femme quand elle met au monde un enfant viable.

LA MÈRE ET L'ENFANT

C'est évidemment la mère qui s'occupe de son bébé, mais les soins qu'elle est censée prodiguer à son enfant durent plusieurs années. Traitant de l'infanticide par imprudence, Burchard lui dit : « Toi qui devais veiller soigneusement durant 7 ans sur ton enfant. »

Cette relation se fait avant tout au sein de la famille conjugale, c'est-à-dire comportant le père, la mère et les enfants non mariés — la famille large n'est pas inconnue mais largement minoritaire. En Catalogne, vers l'An Mille, le traitement de six cents contrats de vente, non sélectionnés, permet de constater que près de 90 % concernent des couples mariés, accompagnés ou non de leurs enfants, et des personnes seules ou accompagnées de leurs enfants.

L'allaitement maternel est recommandé, tant pour des motifs religieux que médicaux. C'est Marie qui dans tous les cas allaite Jésus. Le lait maternel a valeur de pureté et convient évidemment mieux que tout autre lait. Prolongation du sang qui l'a nourri dans le ventre maternel, il transmet les qualités familiales. La mère de Brunon, le futur pape Léon IX, bouleversée par la présence de petites croix sur le corps de son bébé, l'allaite elle-même, mais l'auteur de la vie du pontife signale qu'elle procède « contrairement à son habitude ». En effet, les parents recourent parfois à l'allaitement mercenaire.

Avicenne, dans son *Canon de la Médecine*, donne de judicieux conseils pour le choix d'une nourrice.

« Choisis une nourrice d'âge moyen,

« bien en chair, à la peau tendue, d'un tempérament bien équilibré,

« au corps solide, aux seins volumineux, dont la tête et les yeux soient nets,

« qui n'ait pas de maladie interne, dont les membres et les articulations soient robustes,

« dont le lait ne soit ni trop fluide ni trop épais,

« blanc de couleur, sucré et agréable de goût, de bonne odeur et homogène quand on le verse.

« Donne-lui une alimentation douce et grasse, des poissons frais préparés à l'huile. »

Quant au petit enfant, il aura une hygiène spéciale. Avant de l'emmailloter, il faut le frictionner avec des astringents jusqu'à ce que la peau soit durcie, puis le laver à l'eau chaude afin d'ôter ses impuretés et le serrer modérément. Il convient de ne pas le maintenir trop longtemps au sein pour qu'il n'ait pas d'indigestion, inversement de ne pas l'en priver trop longtemps pour écarter la fièvre. On veillera avec soin sur son sommeil, en ne faisant rien qui soit capable de le troubler, en le plaçant sur un lit doux dans un endroit obscur, en ajoutant un peu de pavot à sa nourriture si la maladie l'empêche de dormir. « Réveillé, qu'il puisse voir la lumière, le ciel et ses étoiles. »

Quoi qu'en aient dit certains historiens — mais leurs affirmations sont maintenant réfutées —, l'amour maternel existe au Moyen Age. Guibert de Nogent rappelant qu'il fut élevé grâce aux « soins attentifs » de sa mère devenue veuve huit mois après sa naissance, décrit sa colère lorsqu'elle constate la brutalité du maître à qui elle l'a confié : « Un jour, en classe, j'avais été battu : classe qui n'était autre chose qu'une certaine salle de notre demeure... Ainsi donc, ayant terminé vers l'heure de vêpres une étude quelconque, j'étais venu aux pieds de ma mère, après avoir été gravement battu, plus assurément que je ne l'eusse mérité. Elle se mit à me demander, selon son habitude, si ce jour-là j'avais été frappé ; et moi, pour ne point paraître dénoncer mon précepteur, je niai catégoriquement. Alors, malgré moi, elle m'enleva mon vêtement de dessous (qu'on appelle tunique, ou bien encore chemise), et elle put contempler mes petits bras marqués de bleus, et la peau de mon pauvre dos enflée un peu partout à la suite des coups de verge. Gémissant à cette vue profondément sur les sévices infligés à mon âge tendre, troublée, agitée, les yeux pleins de larmes de tristesse, elle me dit : " Puisqu'il en est ainsi, tu ne deviendras jamais clerc, tu n'auras plus de châtiments à subir pour apprendre le latin ! " »

A l'instar de Guibert de Nogent, Michel Psellos se rappelle avec émotion le rôle joué par sa mère. Elle donne d'abord à son époux une fille, puis un second enfant du sexe faible que la famille accueille avec une certaine froideur, car elle espérait un garçon. Enfin elle met au monde Michel, en 1018. Longuement souhaitée, objet de fréquentes demandes adressées au Seigneur, sa naissance entraîne une grande joie. Ce fils, auquel est donné le nom de Constantin lors du baptême, Théodote, sa mère, veut le nourrir elle-même. Elle s'occupe de ses enfants mais, dit Psellos, « elle ne prit point, comme la plupart des femmes, occasion de sa maternité pour se détourner de la vie active et mener une existence de paresse. Plus fortifiée qu'affaiblie par l'événement, elle n'en organisa que plus fermement sa vie et sa pensée [1] ». Se montrant tout à la fois tendre et sévère, elle n'épargne pas ses soins tant à ses filles qu'à son fils qui lui portent admiration et respect. Elle paraît toutefois manifester quelque préférence à l'égard de Michel pour qui elle nourrit de hautes ambitions. Elle ne le lui montre cependant d'aucune manière, craignant qu'une tendresse excessive ne l'incite à la désobéissance. Mais le soir, alors qu'elle imagine l'enfant en train de sommeiller, elle le prend dans ses bras, l'embrasse en murmurant : « Mon enfant désiré, combien je t'aime, et je ne puis cependant t'embrasser plus souvent. »

Théodote s'attache à former elle-même le cœur et l'esprit de son fils, refusant qu'on lui raconte le soir de ridicules histoires afin de l'endormir. Elle préfère lui narrer les aventures édifiantes des personnages bibliques, Isaac qui mené au sacrifice se soumet sans broncher à la volonté paternelle, Jacob béni par l'auteur de ses jours pour son obéissance envers sa mère, Jésus si prompt à répondre aux sollicitations de ses parents.

Le cœur, mais aussi l'esprit. Michel, on s'en doute, est un garçon fort doué, préférant l'étude au jeu. Sa mère qui,

1. Les textes tirés de l'éloge funèbre de la mère de Psellos sont cités d'après Ch. Diehl, *Figures byzantines.*

de son côté, goûte les plaisirs intellectuels s'emploie à développer de telles dispositions. A cinq ans elle le met à l'école où il obtient de brillants résultats. A huit ans, après les classes primaires, la question se pose de savoir s'il poursuivra ses études. Les membres de sa famille souhaitent le voir exercer un métier plus capable de le faire vivre que l'étude des lettres. Théodote est d'un avis contraire. Elle parvient à convaincre les siens en leur rapportant des songes qu'elle a eus. Elle assistait à une discussion portant sur l'avenir de Michel lorsqu'elle vit un homme ressemblant à saint Jean Chrysostome qui lui conseillait de consacrer son fils aux lettres et lui promettait de le suivre comme son pédagogue. Une autre fois, pendant qu'elle pénétrait dans l'église des Saints-Apôtres, suivie d'une foule respectueuse, elle vit une belle dame s'approcher d'elle et dire à deux hommes de remplir de savoir son fils. Elle reconnut alors les apôtres Pierre et Paul et la Théotokos, la mère de Dieu, si chère aux Byzantins. Superstitieux, les parents de Psellos lui permettent de poursuivre ses études. Sa mère, qui suit attentivement ses efforts et ses progrès, lui sert de répétitrice. « O ma mère, écrit Psellos, tu n'étais pas seulement à mes côtés comme une sage conseillère, tu étais ma collaboratrice et mon inspiratrice. Tu m'interrogeais sur ce que j'avais fait à l'école, sur ce que m'avaient enseigné mes maîtres, sur ce que j'avais appris de mes camarades. Puis tu me faisais réciter mes leçons et l'on eût dit que rien n'était plus agréable à écouter qu'une leçon d'orthographe ou de poésie, les règles de l'accord des mots ou de la construction. Je te revois encore, avec des larmes d'admiration, lorsque tu veillais avec moi bien avant dans la nuit, tombant de sommeil sur ta couche, à m'entendre réciter, et que tu me soufflais le courage et la persévérance, mieux que Minerve ne faisait à Diomède. »

Théodote, qui n'est pas une lettrée, est parfois incapable de sortir son fils d'embarras lorsqu'une difficulté se présente. « Alors, levant tes mains vers Dieu, te frappant la poitrine à coups redoublés, tu demandais au ciel dans tes prières de résoudre par l'inspiration d'en haut la difficulté qui m'embarrassait. »

Michel Psellos entretient également d'affectueux rapports avec sa sœur aînée — la cadette n'ayant apparemment point vécu — qui, en 1034, meurt après une courte maladie. Les parents de Psellos, alors absent, pour atténuer le choc, décident de le rappeler sous un autre prétexte. Mais à son arrivée, alors qu'il se trouve près du cimetière, le septième jour après les funérailles, il aperçoit de nombreux membres de sa famille rassemblés pour pleurer la défunte et offrir leurs consolations à sa mère. Avisant l'un d'eux, il lui demande des nouvelles de ses parents. Celui-ci lui répond sans détour : « Ton père fait les lamentations funèbres sur la tombe de sa fille ; ta mère est à ses côtés, inconsolable, comme tu sais, de son malheur. »

Psellos, au moment de quitter le tombeau, regarde sa mère. Elle porte le manteau noir, la robe sombre des religieuses ; elle a coupé ses cheveux. Au moment du décès de sa fille, elle a décidé de se consacrer à Dieu. Elle se retire donc dans un monastère situé près du cimetière où repose son enfant. Elle y mène une vie d'ascète. Pourtant elle n'a garde d'oublier son fils. Michel poursuit ses études non loin des deux monastères où vivent ses parents, car son père a suivi l'exemple de sa femme, leur rend de fréquentes visites, recherchant des conseils, notamment auprès de Théodote.

Après de longues hésitations, car elle s'en juge indigne, Théodote finit par prendre le voile. La cérémonie achevée, comme elle est très affaiblie par la vie qu'elle mène, elle s'évanouit. Ranimée, elle demande son fils avec insistance, mais décède avant d'avoir pu l'embrasser une dernière fois. Toute sa vie Psellos pensa que sa mère, du haut du ciel, veillait sur lui.

Nombre de textes, en particulier hagiographiques, signalent l'angoisse des mères lorsque leurs enfants sont malades, leur peine quand ils décèdent. Certes il peut s'agir de clichés, mais ceux-ci sont révélateurs d'une mentalité qui voit dans l'amour maternel un élément n'ayant rien d'exceptionnel. L'auteur de la *Chronique de Nantes* décrit avec sensibilité l'affection que porte à son fils Drogon sa mère, veuve d'Alain Barbetorte, remariée à Foulque d'Anjou, et la douleur qu'elle montre à la mort de Drogon vers 958. Helgaud, dans sa vie de Robert le Pieux, écrit que celui-ci gravement malade inspire à son père Hugues Capet et à sa mère de « vives inquiétudes ». La reine fait alors fabriquer pour la plus ancienne église d'Orléans une image du Christ pendu à la Croix, en or pur, afin d'obtenir la guérison de son fils.

Le sentiment maternel peut se révéler limité, voire céder la place à des inclinations plus fortes.

Il y a des « abandons » qui n'osent pas dire leur nom lorsque la mère ne s'occupe pas de son enfant. Au commencement du XIe siècle, Pierre Damien est en quelque sorte « abandonné » au sein de sa propre famille. En effet, à sa naissance, comme ses parents ont une abondante progéniture, un frère plus âgé reproche amèrement à sa mère d'avoir mis au monde un autre prétendant au patrimoine familial, de sorte que dans un premier temps elle refuse d'allaiter le petit Pierre. Elle revient ensuite sur sa décision, mais après son décès ce même frère « recueille » Pierre dans sa maison et le traite fort durement. De même Guibert de Nogent se juge « abandonné » lorsque sa mère se retire du monde. « Elle était bien consciente de ce que je serais désormais totalement orphelin et sans aucun appui sur lequel je puisse compter. A vrai dire, j'avais quantité de parents et de proches, mais parmi eux personne n'eût su entourer de sollicitude un petit garçon d'âge encore tendre, et selon les besoins de cet âge : certes je ne manquerais de rien au point de vue de la nourriture et du vêtement, mais les prévenances qui sont nécessaires à la faiblesse de l'enfant, et que seules les femmes peuvent dispenser, voilà ce qui me ferait le plus cruellement défaut. Elle considéra bien que je serais exposé à ce manque de soins, mais en même temps la crainte et l'amour de Ton nom, mon Dieu, affermirent son cœur… Elle s'estimait elle-même et s'entendait appeler une femme impitoyable et cruelle. Comment avait-elle éloigné de ses pensées et abandonné sans assistance une telle progéniture, ajoutait-on, et si digne d'affection. » Notons toutefois que la mère de Guibert « en se rendant au susdit monastère, quand elle passa devant le château où j'étais, se sentit le cœur déchiré », et que Guibert loue finalement Dieu d'avoir « endurci ce cœur si plein de tendresse dans le siècle ».

Dans le cas de Constance, femme de Robert le Pieux, il ne s'agit plus de délaisser ses enfants pour se vouer à Dieu, mais de leur infliger des avanies. Robert, qui a eu de son épouse quatre fils, choisit pour lui succéder l'aîné d'entre eux, Hugues, âgé alors d'environ dix ans. Il le fait couronner. Mais lorsque l'enfant est devenu un jeune homme, il s'aperçoit qu'il ne possède rien en propre et va réclamer auprès du roi. « Quand elle le sut, écrit Raoul Glaber, sa mère, qui était fort avare et qui avait la haute main sur son mari, s'opposa à ce qu'il obtînt satisfaction ; et par surcroît elle l'abreuvait d'injures et d'outrages… Cette femme qui, craignant d'être privée des vanités royales au cas où il serait arrivé malheur à son mari, avait seule, contre l'avis de tout le monde, fait élever l'enfant au trône, s'ingéniait depuis, comme elle eût fait à un ennemi ou un étranger, à l'humilier par ses paroles et par ses actes. »

Hugues meurt. Le roi décide alors d'élever à la dignité royale le second de ses fils nommé Henri. Mais Constance, « de nouveau en proie à ses animosités féminines », déclare que son troisième fils Robert est bien plus compétent pour diriger le royaume. « Cette attitude jeta entre les frères un ferment de discorde. » Au bout d'un certain temps, ils concluent cependant un pacte d'amitié et, « surtout par réaction contre l'arrogance maternelle », se mettent à piller les domaines paternels.

La situation empire après le décès du roi. « Aussitôt se réveille entre la mère et ses fils la cruauté des anciennes discordes ; les haines que rien n'avait pu éteindre lâchent la bride aux colères passées. Longtemps ce fut parmi les domaines saccagés un terrible déchaînement de fureur, jusqu'au jour où Foulque, comte d'Anjou, parent des adversaires, faisant honte à la mère de la bestiale folie qui animait sa conduite envers ses fils, rétablit la paix dans la famille. »

L'amour filial est bien moins souvent exprimé que l'amour maternel. L'autobiographie de Guibert de Nogent permet néanmoins de constater les liens l'unissant à celle qui lui a donné le jour. « ... Elle revivait avec moi mon application à l'étude, mes actes et mes occupations. Or c'était mon habitude de ne lui refuser jamais une entière harmonie de nos âmes. »

Terminons par le beau passage de la vie de l'impératrice Mathilde où, après une brouille avec son fils Henri, elle se réconcilie avec lui. A l'amour de la mère répond celui du fils. « Henri, ce jeune homme magnifique et si aimé par sa mère, apprit qu'en témoignant d'un si grand repentir, son frère le roi Otton s'était réconcilié avec elle. Tout aussi touché par la pénitence, il prit la route et quand il retrouva la sainte de Dieu, il l'aborda en ces termes : “ O vénérable dame et si le mot m'est permis, mère très aimée, nous confessons avoir péché gravement contre votre maternelle douceur et nous vous demandons à présent un pardon immérité. Pourtant, par l'âme et le nom de mon père, nous vous supplions de nous laisser retrouver la faveur d'autrefois. Nous savons que du Christ viendra la rémission, si vous-même nous pardonnez de tout votre cœur, car pour vous avoir poussée à la colère, une grave maladie nous a éprouvé. " La vénérable dame ne put supporter plus longtemps la vue de son fils qui pleurait et demandait avec humilité son indulgence. Elle s'écria promptement : " Henri, mon fils, ne pleure plus ; arrête-toi, arrête-toi mon enfant ! Ta mère n'a plus la force d'entendre tes supplications. Viens et donne-moi un baiser. Que Dieu dans sa fidélité te soit clément ; nous t'aimons comme autrefois, car nous savons que c'est la persuasion de nos ennemis qui t'a poussé contre nous " » (trad. P. Corbet).

Le rôle de la mère est fondamental en matière d'éducation. Elle transmet la foi chrétienne à ses enfants. Elle prépare ses filles à leur future vie de femme.

Les soucis — et les joies — de l'épouse et de la mère, certaines femmes ne les connaissent pas, car elles ont choisi de se consacrer entièrement à Dieu.

TROISIÈME PARTIE : CONSACRÉES

1

L'ENTRÉE AU MONASTÈRE

RÉORGANISATION

Vers l'An Mille, l'Occident chrétien est recouvert de monastères parmi lesquels des maisons féminines. Très tôt, en effet, certaines femmes ont choisi de quitter le siècle, de se consacrer entièrement à Dieu. Au début du Moyen Age, à côté de vierges isolées vivant pieusement dans leur maison, existent des communautés de nonnes. Les premières, exposées à de nombreux dangers, sont considérées par l'Eglise avec méfiance et disparaissent peu à peu à l'époque carolingienne, cependant qu'apparaissent au milieu du VIIIe siècle les chanoinesses. Celles-ci vivent en communauté, mais suivent des canons moins rigoureux que la règle régissant les groupements de moniales.

D'une façon générale, de nombreuses fondations datent de l'époque mérovingienne, œuvre des souverains, des évêques, des aristocrates. Puis les invasions scandinaves, musulmanes, hongroises entraînent une décadence due également aux sécularisations et à l'affaiblissement du pouvoir politique. Avec la fin des incursions hostiles, le rétablissement d'une certaine autorité, de nouveaux monastères voient le jour cependant que nombre d'anciens sont restaurés. Bien évidemment cette évolution varie quelque peu selon les pays. Qu'en est-il vers l'An Mille [1] ?

En Allemagne, les monastères de moniales font pâle figure devant les opulentes communautés de chanoinesses, parmi lesquelles se situent au premier rang Herford, Gandersheim et Quedlinburg, les deux premières s'étant sécularisées après avoir suivi la règle de saint Benoît.

Les historiens allemands ont émis des opinions divergentes quant à l'importance des monastères de chanoinesses par rapport à ceux de moniales, certains niant pratiquement l'existence des seconds. Si la vie monastique l'a d'abord emporté, le régime canonial a connu ultérieurement un large développement, de sorte qu'il est difficile d'opérer une sélection à la fin du IXe siècle. En revanche la vie bénédictine paraît se développer à la fin du siècle suivant. Ainsi, en 973, l'abbesse Gerberge de Gandersheim établit une communauté de trente moniales, en l'honneur de Notre-Dame, dans la partie supérieure de la cité. Si elle n'en a pas la responsabilité, elle en est tout au moins la fondatrice et la surveillante.

L'abbaye de Quedlinburg procède de la même façon en 992. L'empereur cède alors Walbeck à sa tante, l'abbesse Mathilde. De nombreux dignitaires ecclésiastiques et princes laïcs assistent à la cérémonie au cours de laquelle, pour le salut de la dynastie ottonienne, Mathilde crée en l'honneur de saint André un monastère de moniales qui observeront la règle bénédictine. Le nouvel établissement est situé à une vingtaine de kilomètres de Quedlinburg, et l'abbesse surveille les moniales qui éliront leur propre abbesse selon la règle de saint Benoît.

Dès le Xe siècle, en Haute-Lotharingie, apparaît une certaine réorganisation : Jean de Gorze aide l'évêque

1. Des renseignements d'ordre général dans le t. VII de Dom Ph. Schmitz, *Histoire de l'Ordre de saint Benoît.*

Adalbéron de Metz (929-964) à remettre en vigueur l'obéissance bénédictine chez les religieuses de son diocèse, à Sainte-Glossinde et à Saint-Pierre de Metz en particulier ; des abbayes sont fondées : Saint-Goéric à Epinal, Sainte-Marie à Metz, Sainte-Trinité de Neumünster. Mais la réforme ne concerne que les évêchés de Metz, Toul, Verdun. Richard de Saint-Vanne aide l'évêque Haimon (990-1022) à établir Saint-Maur de Verdun dont les moniales sont dirigées par une abbesse remarquable, Adalberge, nommée aussi Ava. Pour mieux connaître la vie monastique, celle-ci décide de visiter certaines abbayes renommées pour leur obéissance. A Cluny, selon Hugues de Flavigny, Odilon lui permet malgré la règle de venir au chapitre et, le dimanche, de suivre la procession des frères ; mais aucun texte de Cluny ne mentionne ce fait.

A la fin de l'époque ottonienne, la Saxe comporte environ quarante-cinq monastères de femmes, soit une densité beaucoup plus importante que dans les autres régions de l'Empire. La Basse-Lotharingie est moins riche en abbayes de femmes que la Haute-Lotharingie qui en compte, grâce aux fondations du Xe siècle, une quinzaine vers 1050. Les régions montagneuses jouent un rôle répulsif, alors que vallées et plaines se révèlent accueillantes.

En Gaule, peu d'établissements nouveaux au Xe siècle. Et les anciens monastères ne sont guère cités dans les textes vers l'An Mille. Ainsi le diocèse de Reims possède deux abbayes bénédictines. D'Avenay qui date du milieu du VIIe siècle, on ne sait rien en ce qui concerne la période 950-1050. Les noms des abbesses n'apparaissent qu'à partir d'Alix mentionnée en 1050 dans un privilège de l'archevêque Guy. L'autre, Saint-Pierre-les-Dames, dont la fondation remonte probablement à la seconde moitié du VIe siècle, possède sans doute des domaines importants, à en juger par le fait que l'empereur Louis le Pieux donne l'établissement à sa fille Alpais. Mais ensuite aucune information sûre avant la mention de l'abbesse Odile dans un nécrologe qui comporte dix-sept noms.

L'abbaye Sainte-Croix de Poitiers fondée par sainte Radegonde peu après le milieu du VIe siècle a laissé plus de traces. Une charte, octroyée vers 969, mentionne l'abbesse Hermengarde ainsi que la présence d'un morceau de la Sainte Croix. En 994, une autre abbesse, Geyla, attribue un domaine au monastère de Saint-Pierre de Bourgueil situé près de Chinon et fondé récemment. La rédaction et la calligraphie manifestent un certain raffinement. Geyla agit au nom des moniales qui toutefois n'ont pas signé. Par contre les frères, appelés chanoines, ont donné leur avis et ont apposé leur signature à la suite de celle de l'abbesse. Celle-ci indique avoir rédigé la charte qu'un prêtre a calligraphiée. Les moniales et les clercs de Sainte-Radegonde possèdent donc encore les biens en commun.

Des actes permettent de connaître, au début du XIe siècle, les rapports qu'entretient Sainte-Croix avec les autres monastères et les pouvoirs laïcs. A plusieurs reprises, entre 996 et 1031, les moines de Saint-Cyprien de Poitiers demandent à l'abbesse, notamment à Béliarde, de leur servir de témoin. Une inscription signale qu'en 1012, en fouillant l'église Sainte-Radegonde, Béliarde découvre la crypte où reposent les restes de sainte Radegonde, la fait mettre en état et éclairer par des lampes.

Par ailleurs un acte du cartulaire de Saint-Cyprien indique la donation d'un alleu faite à cette abbaye par une moniale de Sainte-Croix appelée Béatrix, avec l'assentiment de son neveu et de son fils. Il n'est pas fait mention de l'accord de l'abbesse. Pourquoi une telle donation ? En tout cas, en compensation, Béatrix recevra quotidiennement, durant sa vie, une livre de pain et une hémine de vin ; après sa mort les moines fêteront chaque année sa commémoration.

Les grands cependant exercent des contraintes, exigeant de l'abbaye la cession à Saint-Florent de Saumur de domaines qu'elle possède depuis très longtemps. L'abbesse Pétronille qui subit les pressions de la comtesse Agnès manifeste dans le texte ses réticences. Elle signale que la comtesse est venue solliciter des moniales le domaine des Fosses, situé dans le Mellois, souhaitant l'obtenir pour le repos de son âme, pour la paix et le salut de son fils, afin de l'octroyer aux moines de Saint-Florent. Ces derniers verseront un très faible cens de trois sous. Elle signe le document — qu'elle qualifie de testament — avec regret, « ses sœurs l'exhortant », selon ses dires. Comme les frères n'ont pas souscrit la charte, la communauté de biens n'existe plus.

Devant ces spoliations, ne pouvant plus compter sur les Capétiens lointains et impuissants face aux comtes de Poitou, ducs d'Aquitaine, ni sur l'évêque de Poitiers, membre de la cour du comte, Sainte-Croix cherche secours auprès du pape.

Ainsi la vie des monastères féminins, dont le nombre est bien plus élevé dans la France du Nord que dans la France du Sud, s'éclaire-t-elle quelque peu en ce début du XIe siècle.

L'abbaye de Saint-Georges de Rennes est édifiée vers 1028-1030 par le duc Alain III pour sa sœur Adèle. Dans la charte de fondation, Alain indique de façon détaillée les donations faites au nouvel établissement : il s'agit d'un domaine de faible étendue, mais de revenu avantageux. Il renferme des terres fécondes et des champs fertiles, des prairies bien irriguées, une rivière poissonneuse sur laquelle se trouvent deux moulins. Il est limité au nord par la voie publique, au sud par la rive gauche de la Vilaine, à l'est par les biens de l'abbaye de Sainte-Melaine et à l'ouest par le faubourg de la ville. En outre Alain concède aux moniales un bourg considérable de Bretagne nommé Tinténiac, avec l'église et tout ce qui dépend de cette seigneurie. Il fait don également de toutes les contributions publiques qui lui sont dues dans les biens susdits et dans ceux qui seront acquis ultérieurement par les religieuses auxquelles il confère en outre la liberté commerciale la plus étendue. Alain ajoute d'autres donations, en particulier plusieurs métairies et villages.

Les biens de l'abbaye s'accroissent rapidement. Pour aider à construire l'église et les bâtiments conventuels, Alain accorde à sa sœur Adèle les droits d'usage dans toutes ses forêts ; à cela il ajoute la propriété de la Vilaine et le droit de pêche sur cette rivière des moulins de Rennes à ceux de Cesson. En compagnie de sa mère Havoise et de son frère Eudon, il procède à bien d'autres donations. Agissent de même un certain nombre de personnes de haute naissance.

Ces possessions suscitent des convoitises ; des contestations ont lieu. Vers 1050, deux bourgeois de Rennes, pleins d'envie et d'avarice selon le cartulaire, sont en procès avec l'abbaye à propos d'un droit de bouteillage que le duc Conan, neveu d'Adèle, maintient ; c'est en effet au duc ou comte qu'il appartient de juger les procès.

Saint-Georges de Rennes fait partie intégrante du système féodal. Vers 1036, Adèle passe une convention avec l'un de ses tenanciers nobles, appelé Donoal. Celui-ci est autorisé à édifier un château à Tinténiac, sous réserve de se déclarer homme lige de l'abbaye ; il lui est interdit de transférer son hommage à un autre suzerain. Vers 1050, Geoffroy obtient du comte Eudon et de l'abbesse Adèle le droit de construire un château fort sous réserve qu'il reconnaîtra relever directement de l'un et de l'autre ; le château doit être dans certains cas rendu au suzerain qui a le droit de l'occuper avec ses soldats.

Alors que la réforme clunisienne voit le jour au début du Xe siècle, il faut attendre le milieu du siècle suivant pour que l'abbé de Cluny Hugues fonde un prieuré de femmes à Marcigny. La consécration de la première église a lieu en 1055 et la vie commune doit commencer vers la même époque. Hugues désire aider les femmes qui veulent entrer en religion car à cette époque, écrit-il, il n'y a pas pour elles d'endroit convenable où se retirer. Mais s'agit-il d'une constatation objective ou du jugement d'un réformateur zélé ?

En Angleterre, après les incursions danoises, une restauration monastique marque le Xe siècle. Elle se manifeste particulièrement dans le Wessex, où les moniales sont liées à la famille royale. Ainsi l'abbaye de Romsey, fondée en 907 pour des moines, est occupée en 967 par des religieuses.

Mais ce renouveau ne dure guère. Dès le décès en 988 de saint Dunstan, archevêque de Cantorbéry, qui l'a en grande partie suscité, de nouvelles incursions danoises mettent à mal les monastères, moins gravement toutefois qu'au siècle précédent. De sorte qu'au milieu du XIe siècle, sous le règne d'Edouard le Confesseur, la vie monastique connaît de graves défaillances sur le plan moral. Dans certains établissements, les moniales sont remplacées par des moines. Lors de l'invasion de Guillaume le Conquérant en 1066, l'Angleterre ne comporte qu'une dizaine de maisons féminines importantes.

L'Italie qui possède au VIIIe siècle de nombreuses abbayes de moniales voit leur nombre diminuer par la suite. Mais les établissements de femmes vont bénéficier de l'intervention des souverains germaniques. En 961, Otton Ier accorde sa protection à Saint-Zacharie de Venise. Dans un diplôme il déclare que nul marquis, comte, agent public ou personnage important ne doit causer quelque dommage aux propriétés du monastère. Quiconque transgressera ce précepte devra verser cent livres d'or, la moitié étant destinée à son trésor, l'autre moitié à l'abbesse Jeanne ou aux abbesses qui lui succéderont. En 965, le même Otton Ier renouvelle sa protection à l'abbaye Sainte-Marie Théodota de Pavie fondée par Grégoire Ier. Il lui garantit la possession de tous ses biens, lui permet de prendre dans les forêts royales les matériaux nécessaires aux réparations éventuelles, l'autorise à posséder des bateaux et lui accorde le droit de pêche dans certaines rivières. Otton III s'intéresse particulièrement à ce monastère et à celui de Saint-Sauveur situé dans la même ville, confirmant au premier les droits déjà garantis en 965. Les Saliens continuent la politique ottonienne. Ainsi Henri II accorde-t-il à Saint-Sauveur de Lucques sa protection, l'immunité et le droit d'élire l'abbesse.

Au XIe siècle les créations se multiplient, en particulier dans les régions septentrionales. Toutefois, toutes les maisons ne brillent pas par leur ferveur. En 1003 la famille fondatrice du monastère de Saint-Sauveur de Sienne substitue des moines aux moniales.

L'Italie finalement apparaît assez bien pourvue en monastères féminins dès la seconde moitié du Xe et au XIe siècle. Mais les abbesses ne semblent pas aussi puissantes que leurs homologues germaniques ou françaises. En revanche le renouveau du monachisme féminin apparaît plus précoce en Italie et en Allemagne qu'en France.

Les invasions arabes ayant entraîné la décadence de la vie monastique dans la péninsule Ibérique, l'observance de la règle de saint Benoît par une maison de moniales n'est pas attestée avant la seconde moitié du Xe siècle. C'est en effet Salvus, abbé de Saint-Martin d'Albelda en Rioja (953-962), qui écrit la première règle espagnole comportant des chapitres de la règle bénédictine. Au début du XIe siècle, la péninsule Ibérique possède quelques abbayes féminines importantes, telle Sant Pere de les Puelles à Barcelone ou Sant Joan de les Abadesses. A propos de cette dernière, une notice de 949 rapporte qu'en 885 « le comte Guifred [de Barcelone] édifia à neuf cette maison qu'il dota de ses terres et où il offrit sa fille à Dieu ». En 1017, à la suite du comportement scandaleux de l'abbesse Ingelberge, le pape Benoît VIII ordonne l'expulsion des moniales et leur remplacement par des chanoines réguliers.

L'influence des comtes de Barcelone apparaît encore plus puissante à Sant Pere de les Puelles, monastère situé dans les faubourgs de la ville. Sunyer Ier et Riquilda, en compagnie de leur fils Borrell, président en 945 à la consécration de l'église de San Pedro par l'évêque de Barcelone Guilera. La nouvelle communauté reçoit évidemment de nombreux dons. En 951, le roi de France Louis IV confirme tous les biens, les protège des interventions extérieures et les exempte de cens. Les moniales en disposeront à titre allodial, mais, en raison du patronage comtal, une telle disposition apparaît assez théorique.

L'abbaye réapparaît dans un texte de 989 où l'abbesse et quatre de ses moniales demandent à l'évêque Vivas l'autorisation d'échanger une terre contre une vigne et trente sous, « dans la nécessité de restaurer l'église qui fut anéantie par les Sarrasins, l'année où ils détruisirent Barcelone » — il s'agit de l'expédition menée par al Mansour en 985. Durant les années suivantes, les moniales bénéficient de donations, réalisent des échanges. Aux environs de l'An Mille, elles possèdent à nouveau de nombreux champs et vignes. En 1009, le comte et l'évêque confirment l'autorisation de vendre des domaines pour avoir l'argent nécessaire à la restauration des bâtiments détruits. Ainsi les dégâts causés en 985 sont-ils réparés.

A côté des monastères de moniales et, particulièrement en Allemagne, de chanoinesses, il existe des monastères doubles, mais leur rôle apparaît alors réduit. Par ailleurs, les femmes consacrées ne mènent pas toutes la vie cénobitique ; certaines préfèrent la vie érémitique et la réclusion.

La réclusion n'est pas un phénomène exclusivement féminin, mais les hommes qui la pratiquent sont relativement rares. En effet, religieux ou laïcs, ils préfèrent vivre en pleine nature, dans les forêts notamment, alors que les femmes ne peuvent envisager une telle existence en raison des risques qu'elle engendre. Les recluses vivent dans une petite cellule construite aux portes de la ville, à proximité d'un pont, mais plus fréquemment près du mur d'un édifice religieux ou d'une église conventuelle. La cellule possède une petite fenêtre qui permet de recevoir les objets nécessaires, en particulier la nourriture ; il n'est plus possible, en effet, d'utiliser la porte qui a été scellée. Lorsque la cellule est contiguë à une église, la recluse peut, grâce à une lucarne, assister à la messe, recevoir les sacrements.

La plus ancienne règle destinée aux reclus est due à Grimlaïc qui semble avoir vécu à la fin du IXe et au début du Xe siècle, peut-être en Lorraine. L'admonition d'Adalger à la recluse Nonsuinde, écrite vers 954, se situe uniquement sur le plan spirituel et moral.

Les documents citent peu de noms. Signalons sainte Wiborade à Saint-Gall, mise à mort par les Hongrois en 946. Adelvive, mère de Poppon, abbé de Stavelot, devenue moniale à Verdun, y finit sa vie comme recluse auprès du monastère de Saint-Vanne. L'âge d'or du reclusage s'étend du Xe au XIVe siècle. Les candidates n'attendent pas toujours le décès de la recluse pour occuper sa cellule, de sorte que certaines recluseries deviennent de petits monastères obéissant à une supérieure, monastères doubles lorsqu'elles sont annexées à des établissements masculins.

Après une période de décadence due au contexte politique, dès le Xe siècle en Allemagne, un peu plus tard en France, la vie monastique féminine connaît un nouvel essor. Certaines abbayes, particulièrement dans l'Empire, jouent un rôle de premier plan. Les conditions de la fondation n'y sont pas étrangères.

MOTIVATIONS ET ORIGINES

Pourquoi certaines femmes embrassent-elles la vie monastique ? Dans quelle mesure sont-elles poussées par des motifs proprement religieux ?

La vocation existe, certes, mais elle n'apparaît guère dans les documents. Vocation de jeunes filles. Les textes hagiographiques insistent, pour mieux les glorifier, sur les difficultés que rencontrent les futures saintes pour se consacrer à Dieu.

Des sources narratives font allusion à des femmes mariées qui, devenues veuves, se retirent du monde non pas seulement pour évacuer les soucis matériels, mais par véritable piété. Ainsi la mère de Guibert de Nogent. Celle-ci, qui a connu une vie conjugale pénible, observe strictement la continence durant son veuvage, puis, encouragée par l'évêque de Beauvais, décide de se retirer près de Saint-Germer de Fly pour y mener une vie pénitente.

« Quand elle eut séjourné là quelque temps, elle résolut de se donner au monastère de Fly. Ayant donc fait construire en ce lieu, par l'entremise de mon susdit précepteur, une petite maison auprès de l'église, elle quitta enfin sa demeure… l'amour en elle fut fort comme la mort puisque plus étroitement elle T'aima [aima Dieu], plus sûrement on la vit rompre avec ce qu'elle avait auparavant aimé. » Guibert, rapportant ensuite le décès de sa mère, donne quelques détails. « Quelques années avant sa mort, elle s'était mise à désirer ardemment le voile sacré. Pour ma part, je l'en dissuadai, mettant en avant un article où il est écrit : “ Qu'aucun évêque n'ait l'audace de conférer le voile aux veuves ” ; j'ajoutai qu'il pourrait bien lui suffire de mener une vie parfaitement continente, sans habit extérieur particulier. Longtemps auparavant, elle avait été mise en garde de la même façon par l'abbé Anselme du Bec, depuis lors archevêque de Cantorbéry en Angleterre… Mais elle ne s'en était que davantage enflammée pour son dessein, dont aucun raisonnement ne réussissait à la détourner. Elle devait l'emporter et, le jour où elle vit son désir satisfait, en présence du très révérend Jean, abbé du monastère — qu'elle avait nourri en sa jeunesse —, elle finit, en prenant le voile, par révéler qu'en cette affaire c'était de Dieu qu'elle avait reçu un tel encouragement. Elle avait eu, déclara-t-elle, une vision… »

Un certain nombre d'abbayes sont fondées ou restaurées par des seigneurs qui les destinent à leurs filles ou à des parentes. Dans quelle mesure la création coïncide-t-elle avec une vocation ? C'est en faveur de sa sœur Adèle et sur sa demande que le monastère de Saint-Georges de Rennes est construit par le duc Alain ; celui-ci déclare que sa sœur est le trésor le plus précieux qu'il possède sous le soleil ; il l'a offerte à Dieu et, selon son désir, Il a accepté qu'elle se consacre à Lui par le vœu de virginité ; ensuite, comme il la voyait croître dans l'amour divin et dans les pratiques de la sainte religion et faire des progrès dans la vie monastique, il lui a donné un lieu apte à la vie régulière.

Alors que l'abandon des enfants en Europe, à l'exception de la Scandinavie, diminue à partir du XIe siècle, se développe l'oblation, c'est-à-dire l'offrande à titre définitif d'un enfant à un monastère. Le concile d'Orléans en 549 déclare que seront excommuniées les femmes qui abandonnent les monastères où elles sont entrées de leur plein gré ou auxquels elles ont été offertes par leurs parents. Au début du VIIe siècle, l'oblation constitue une pratique clairement définie. Les parents peuvent offrir un enfant de sexe masculin ou féminin âgé de moins de dix ans. Les règles n'indiquent généralement pas de limites d'âge, mais les enfants doivent être sevrés, puisqu'il n'est fait nulle part mention de nourrices ; une fois pubères, on considère qu'ils peuvent prononcer leurs vœux, de sorte que les textes ne parlent plus d'oblation. En principe il n'est pas question ensuite pour l'enfant de quitter le monastère et les parents n'ont pas le droit de lui faire une donation. Charlemagne, craignant que les monastères ne se transforment en nurseries, édicte que les filles doivent être obligatoirement oblates et que les garçons ne peuvent pas être confiés à des monastères féminins. De telles dispositions montrent que certains parents souhaitent tout simplement se décharger de l'éducation de leurs enfants et les récupérer ensuite.

Dès le IXe siècle, les autorités laïques et ecclésiastiques recommandent de permettre aux enfants de ratifier personnellement le choix parental, sans les autoriser pour autant à quitter le monastère. Ainsi Charlemagne décide-t-il en 805 que les filles, lorsqu'elles sont vouées à la vie monastique, doivent être assez âgées pour donner leur consentement, mais il n'indique pas d'âge précis. Et l'idée que l'oblation est définitive l'emporte en Europe jusque vers le milieu du Xe siècle.

Malgré l'absence d'indications numériques, il paraît évident que les filles sont beaucoup plus souvent offertes aux monastères que les garçons. Les règlements traitant des oblats sont nombreux, et le fait est d'autant plus remarquable qu'ils se trouvent dans des documents concernant avant tout les garçons. Il est probable que vers l'An Mille l'oblation concerne bon nombre de moniales offertes parfois pour des motifs de disgrâce physique, surtout pour des raisons économiques, également lors de l'entrée de leurs parents au monastère.

Le cartulaire du Ronceray d'Angers signale que Rainier donne à l'abbaye des terres « avec sa fille Lisie quand il l'offre à Dieu et à sainte Marie », que Guy le Trésorier agit de même, « vouant ses filles à la virginité perpétuelle », que Hugues dote sa fille « quand il la livre à la virginité perpétuelle ». De même les jeunes filles qui entrent à l'abbaye de Saint-Georges de Rennes sont offertes par leurs pères ou leurs frères qui « les vouent au service de Dieu pour le salut de leurs âmes ».

Ajoutons que les monastères servent de retraite plus ou moins forcée à des femmes de la haute aristocratie. A Byzance, les sœurs de Romain II (959-963) sont détenues au Kanikleiou. Elles se vengent en mangeant de la viande ! Théodora, fille cadette de Constantin VIII, est renfermée en 1031 dans le monastère d'Euphémia.

Les moniales sont presque toujours issues de familles nobles. Comme leur entrée au monastère s'accompagne normalement de l'octroi d'une dot, on voit mal comment de pauvres paysans pourraient la constituer. A Saint-Georges de Rennes, parmi les premières compagnes d'Adèle, la sœur du fondateur, le duc de Bretagne Alain, figurent la mère et la sœur de Guérin, évêque de Rennes ; la fille du vicomte Josselin, fils du premier comte de Porhoët ; la fille de Riwallon le Vicaire, premier baron de Vitré. Parmi les premières moniales du Ronceray, on trouve la fille du seigneur Rainier, vassal du comte d'Anjou. A Saint-Geniès-des-Mourgues, les moniales qui, en 1043, élisent Alimburge abbesse sont qualifiées de « vierges consacrées à Dieu et issues de nobles parents ». Les vies de saintes écrites alors indiquent qu'elles appartiennent toutes à d'illustres familles.

La chose est évidente tout particulièrement pour les abbesses. Prenons le cas du monastère de Sant Joan de les Abadesses dans le comté de Barcelone. A la fin du IXe siècle, Emma, fille cadette du comte Guifred Ier, est offerte à la communauté mise en place récemment. Lors de la consécration de l'établissement en 887, les parents de la jeune fille confirment la donation faite deux ans auparavant, en même temps que l'oblation. Emma doit alors occuper une place éminente dans ce monastère dont les besoins sont assurés essentiellement par la dot procurée par ses parents. Dix ans plus tard, elle apparaît dans un document avec le titre d'abbesse. Après avoir dirigé la communauté durant cinquante-cinq ans, elle s'éteint en 942. En 949, un acte signale que le comte Borrell II, avec le conseil et l'accord des évêques, clercs et fidèles laïcs ainsi que des moniales et sous l'ordre de son père, choisit et proclame Adélaïde « ornée de bonnes mœurs », comme abbesse. A celle-ci succède en 955 Ranlo, qui appartient à la famille comtale. Elle est, en effet, la fille de Dela, comte d'Ampurias et Gérone, et la veuve d'un noble du comté de Cerdagne nommé Mir. La même année est offerte au monastère Enquilia sa cousine, arrière-petite-fille de Guifred Ier. Lorsque Ranlo meurt en 960, elle est remplacée par Fredeburge, apparentée fort probablement à la famille des comtes de Cerdagne-Besalú et qui dirige le monastère de 960 à 995. Cette année-là, Ingelberge, fille adultérine du comte Oliba-Cabreta de Cerdagne-Besalú et de l'épouse d'un viguier de Besora, devient abbesse.

La charte d'élection de l'abbesse de Saint-Geniès, en 1043, indique que les moniales proposent à l'unanimité une jeune fille nommée Alimburge « d'origine très illustre ». Celle-ci est ensuite ordonnée et bénie par l'évêque en présence de nombreuses et nobles personnes. Gandersheim, édifiée par le duc Liudolf, donc par un membre d'une famille qui a tenu la royauté, est d'abord dirigée par les trois filles du fondateur, successivement Hathumoda, Gerberge, Christine, chacune pendant vingt-deux ans. Lorsque Christine décède en 919, c'est Liutgarde, sœur du roi Henri Ier, qui lui succède. En 923, quand il faut trouver une nouvelle abbesse, comme les deux filles du roi ont pris époux, sont élues deux nonnes dont on ignore l'origine, Hrosvitha, puis Wendelgarde. En 949, à la mort de cette dernière, l'abbaye est donnée par Otton Ier à sa nièce Gerberge, fille du duc Henri de Bavière, alors âgée de dix ans ; elle dirigera l'établissement durant cinquante-trois ans. En 1001, c'est une sœur de l'empereur Otton III, Sophie, chanoinesse en ce lieu, qui est placée à la tête de l'abbaye aux destinées desquelles elle préside jusqu'en 1039. Henri III le Salien, à cette date, confie Gandersheim à la sœur de Sophie, Adélaïde, déjà abbesse de Quedlinburg. En 1043, Henri III, qui descend de Liudolf par les femmes, accorde l'abbatiat à sa fille Béatrice (1044-1061).

Origine sociale. Origine familiale. Si le cas des petites filles offertes par leur parent est assez simple — dans la mesure où n'intervient guère leur assentiment —, il n'en va pas de même pour les veuves, bien plus encore pour les femmes mariées.

Quelque temps après avoir fondé l'abbaye de Fontevraud en 1101, Robert d'Arbrissel décide de placer à sa tête une abbesse qui dirigera à la fois les moniales et les moines, car il s'agit d'un monastère double. Pour ce faire il choisit une veuve. Certes, l'état de vierge est considéré par les théologiens et les canonistes comme supérieur à celui de veuve et de femme mariée. Il est écrit que celle qui garde les vierges doit être vierge. Mais, ajoute frère André, auteur d'une *Vie de Robert*, comment une vierge cloîtrée qui ne sait que chanter les psaumes pourrait-elle s'occuper raisonnablement des choses terrestres ? C'est dire l'importance tenue par les veuves dans les monastères de femmes.

Importance numérique. Les cartulaires des abbayes du Ronceray d'Angers, de Saint-Georges de Rennes, de Notre-Dame de Saintes permettent de constater que le quart des moniales environ ont été mariées. Saint Paul, dans la première épître à Timothée, conseille aux jeunes veuves de se remarier, mais il déclare que les autres doivent consacrer leurs jours et leurs nuits à la prière et à l'oraison.

La vie de Nil de Rossano en Italie du Sud, au Xe siècle, mentionne que le saint chargé de réformer un couvent féminin situé près de son monastère arguë, pour obtenir des donations des puissants, qu'il procurera un lieu où leurs veuves pourront se retirer pour échapper à un remariage.

Alors que la vierge est placée dans un monastère par ses parents, qu'elle le souhaite ou non, pour y être éduquée, y demeurer comme nonne ou revenir dans le siècle pour se marier, la veuve en principe décide elle-même de se consacrer à la vie religieuse. Les nobles dames, devenues veuves, lorsqu'elles n'exercent plus la tutelle de leurs enfants, peuvent se retirer au monastère ou demeurer chez elles. La première solution leur est sans doute assez fréquemment dictée par le désir de trouver un refuge. Cunégonde de Luxembourg, veuve sans enfant de l'empereur Henri de Bavière en 1024, après que le successeur de son époux Conrad II a reçu les insignes royaux, se retire à Kaufungen, monastère qu'elle a édifié en 1017 près de Kassel ; elle y réside jusqu'à sa mort en 1033. Parfois le désir de se consacrer à Dieu se manifeste dès le début du veuvage. Marcswidis, veuve sans enfant, est incitée par sa famille paternelle à se remarier. Mais la jeune femme refuse. Elle fonde le monastère de Schildesche où elle passe le reste de ses jours — elle décède après 960. Cunégonde a pris sa décision très tôt, puisque, selon son biographe, elle fait vœu de virginité et qu'elle mène, bien que mariée, une vie de religieuse.

De nombreuses veuves fort probablement restent dans leur famille. Mais on conçoit facilement que des femmes démunies de ressources et de soutien soient tentées de se tourner vers l'Eglise et par conséquent d'entrer au monastère. Leurs responsabilités à l'intérieur de la communauté dépendent sans doute de l'importance de leur situation sociale. Celles qui appartiennent aux familles les plus puissantes ont la possibilité de fonder la maison où elles se retireront ultérieurement.

La veuve, à la différence de la vierge, est tenue de rester en relation avec les membres de sa famille et de la famille de son mari. Elle dispose de biens que ses proches souvent ne souhaitent pas laisser au monastère. Si elle a de jeunes enfants, il lui faut veiller à leur éducation, leur trouver une situation. Elle doit gérer ses domaines et par conséquent ne peut respecter la clôture.

La veuve a donc un rôle spécifique qui la distingue en quelque sorte des vierges. Ses biens lui permettent de faire de larges aumônes. Son âge, son expérience l'autorisent à servir de mère spirituelle aux jeunes moniales. L'abbaye de Kaufungen est confiée à Uta, nièce de Cunégonde qui a dirigé son éducation. Devenue religieuse, Cunégonde veille sur la bonne observation de la règle et, un jour, punit sévèrement sa nièce coupable d'avoir omis de participer à une procession : l'ayant surprise en train de festoyer avec des sœurs, elle lui donne un tel soufflet qu'Uta en garde les traces durant toute son existence.

Du vivant de son époux, la veuve a dirigé une maison, géré éventuellement un domaine, voire, si elle est reine, aidé à gouverner. Il est par conséquent normal de lui confier des responsabilités. L'impératrice Cunégonde, qui a participé au gouvernement du vivant de son mari, intervient pour assurer la transmission du pouvoir. Fondatrice de Kaufungen, elle veille à la bonne gestion des biens de l'abbaye, s'employant à la défendre contre toute ingérence étrangère. Mais elle participe aussi à de bien plus modestes travaux, tissant elle-même le vêtement qu'elle porte le jour de sa bénédiction. Elle a reçu tout à la fois une formation intellectuelle et pratique puisqu'elle allie science et habileté en matière de broderie.

Ces veuves ne peuvent rester continuellement à l'intérieur du monastère. Elles ne courent d'ailleurs pas les mêmes risques que les vierges, leur âge les rendant moins attrayantes. Pour visiter les membres de leur famille, s'occuper des intérêts de l'établissement, elles doivent donc voyager, de sorte qu'elles servent en quelque sorte d'intermédiaires entre la communauté et le monde. Les autres religieuses, en particulier les chanoinesses, conservent bien souvent des relations avec leurs familles ; toutefois leurs sorties sont plus strictement contrôlées que celles des veuves.

Vers l'An Mille, dans l'Empire germanique, les veuves qui se retirent au monastère semblent proportionnellement moins nombreuses qu'à la fin du IXe siècle et dans les deux premiers tiers du Xe. Mais la rareté des sources ne permet pas d'être trop affirmatif.

Il arrive enfin que certaines épouses quittent le siècle du vivant même de leur mari, bien entendu avec leur consentement. La curieuse histoire de la comtesse Wendilgart qui vécut au début du Xe siècle est rapportée par un moine de Saint-Gall au milieu du XIe. « Wendilgart, dont on croyait l'époux tué, fut considérée comme veuve. Elle fut demandée en mariage mais, selon la volonté de Dieu, elle refusa. Au contraire, elle se retira, avec l'accord de l'évêque Salomon, à Saint-Gall, et se fit construire une petite maison, où elle vécut de ses biens et donna beaucoup aux moines et aux pauvres pour l'âme de son mari qu'on pensait mort… elle acquit en peu de temps une telle maturité qu'elle demanda à l'évêque Salomon de lui imposer, avec l'accord du synode, le saint voile qu'elle refusait auparavant. Ceci fait, elle se défit de tout sentiment mondain… »

Mais son époux Ulrich réapparaît. « Le synode se réunit peu après. Ulrich réclama à Salomon l'épouse que celui-ci avait mariée à Dieu. Retiré de la main même de l'évêque, le voile fut sur décision synodale placé dans les coffres de l'église, de manière à ce que si le mari mourait le premier, la veuve le reçoive à nouveau (trad. P. Corbet). »

Mais la grande majorité des femmes qui résident au monastère sont des vierges. Il importe de les éduquer avant que certaines d'entre elles ne se consacrent à Dieu par des vœux perpétuels.

LA CONSÉCRATION [1]

Les différentes règles pour moniales insistent sur les connaissances qu'elles doivent acquérir et développer car il leur faut étudier les textes scripturaires et les écrits des Pères. Il existe donc de petites écoles internes. Influencée par la règle bénédictine, celle de Walbert de Luxeuil (première moitié du VIIe siècle) mérite d'être citée dans la mesure où elle décrit de façon relativement précise l'éducation des petites filles dirigées par une maîtresse des novices. « Nous devons apprendre par quelques exemples comment élever les enfants dans le monastère. En effet, elles doivent être élevées avec piété et affection, mais aussi avec discipline, afin qu'en cet âge si tendre elles ne soient pas souillées, ne serait-ce que légèrement, par le vice de la paresse et de la légèreté, et qu'elles puissent par la suite en être corrigées. Il faut donc surveiller avec tant de soin les enfants que jamais elles ne puissent aller ici et là sans des moniales plus âgées, mais que toujours, contrôlées par leur discipline, et instruites dans la crainte de Dieu et dans l'amour de la bonne doctrine, elles recherchent la vie religieuse. Qu'elles prennent l'habitude de lire afin d'apprendre dans leur jeune âge ce qu'elles devront faire plus tard. Au réfectoire, que leurs tables soient placées à côté de celles des plus anciennes moniales ; deux ou plus parmi les anciennes dont on connaît le zèle religieux doivent se tenir à côté des enfants et veiller attentivement à leur éducation. C'est l'abbesse qui décide des heures de repas et de sommeil. Que l'on observe en tout la mesure qui est la gardienne des vertus » (trad. P. Riché).

1. Sur ce thème, voir en particulier les travaux de R. Metz.

Un diplôme de 979 mentionne l'oblation de la jeune Sophie à Gandersheim par ses parents l'empereur Otton II et Théophano. Elle est offerte à l'abbaye pour y apprendre les Saintes Ecritures et imiter le comportement rempli de dignité des religieuses, c'est-à-dire acquérir une formation à la fois intellectuelle et morale.

Les nonnes doivent sans doute recevoir également une formation pratique, adaptée à leur noble naissance, par exemple apprendre non pas à filer mais à broder.

Arrive le moment de la consécration. A quel âge ? Après combien d'années de probation ?

Deux tendances s'opposent depuis longtemps, l'une prônant une longue probation, l'autre une probation beaucoup plus réduite. A propos des veuves, saint Paul, dans la première épître à Timothée, déclare que « ne peut s'inscrire au groupe des veuves qu'une femme d'au moins soixante ans ». Une législation dont l'influence a été durable dans les pays méridionaux fixe la consécration à un âge avancé.

L'Eglise africaine adopte une position différente. Or la discipline africaine devient à la fin du ve siècle celle de l'Eglise romaine. Denys le Petit incorpore à sa collection canonique dite *Dionysiana* un canon du concile de Carthage de 418 permettant aux évêques de consacrer les vierges avant qu'elles n'aient atteint vingt-cinq ans si les circonstances l'exigent. Cette collection adoptée par Rome pénètre dans le monde franc au VIIIe siècle. Ainsi, en 789, Charlemagne déclare : « Le même concile [le concile de Carthage] dispose que les vierges ne prennent pas le voile avant la vingt-cinquième année, à moins d'y être contraintes par une nécessité raisonnable. » Quant au temps de probation, le concile d'Orléans de 549 édicte que le port de l'habit religieux sera pris au bout d'un an pour les recluses, de trois ans pour les moniales, la candidate conservant jusque-là ses vêtements laïcs.

Revêtir l'habit religieux signifie que l'on souhaite changer de vie et mène à la consécration.

La liturgie chez les moniales présente de fortes ressemblances avec celle des moines, à une exception près toutefois : le rite de la consécration des vierges.

Si depuis le milieu du VIIIe siècle, pour la consécration des vierges, la Gaule utilise la liturgie romaine, introduite en particulier grâce à l'appui de Pépin et de Charlemagne, celle-ci subit l'influence des usages du pays. Comme elle est trop sobre, Charlemagne y fait ajouter des suppléments tenant compte des habitudes locales. De sorte que de plus en plus il y a compénétration des deux liturgies. Il est toutefois difficile de dire ce que sont les cérémonies dans l'Eglise franque, car on ne connaît pas exactement la liturgie gallicane primitive, et par ailleurs les rites diffèrent selon les régions. Les premiers essais de pontifical indiquant les prières et les rubriques de la consécration des vierges datent du début du IXe siècle et décrivent une cérémonie fort sobre. Ce n'est qu'à la fin du IXe siècle ou au début du Xe que le pontifical dit de Saint-Aubin d'Angers fournit des renseignements plus détaillés.

Vers le milieu du Xe siècle, un moine de Saint-Alban de Mayence rassemble les éléments très divers, d'origine romaine, gallicane, ou autres, dispersés dans de nombreux livres sous des formes variées (formules de consécration, simples oraisons) et leur donne un ordre, distinguant les vierges qui vivent encore dans le monde — elles sont peu nombreuses — et celles qui, dans un monastère, observent les règles de la clôture. La France connaît bientôt des copies de ce pontifical ; des exemplaires se trouvent avant la fin du Xe siècle à Cambrai, au XIe siècle dans la région de la Loire.

Pour les vierges vivant en communauté, la cérémonie a lieu normalement à l'Epiphanie, pendant la semaine pascale ou les fêtes d'apôtres. Avant la messe, la vierge est présentée à l'évêque par ses parents qui apportent en même temps leur offrande. Puis l'évêque se rend en grande pompe à l'autel, la vierge se tenant dans la nef. La messe se déroule de la façon habituelle jusqu'à l'Evangile selon un formulaire particulier cependant.

Au moment de la consécration, la vierge vient près de l'autel accompagnée par un personnage représentant ceux qui ont autorité sur elle ; il déclare publiquement qu'il consent à la consécration. Les vêtements et le voile de la vierge sont alors présentés à l'évêque qui les bénit séparément. Ensuite la jeune fille quitte symboliquement les habits laïcs qu'elle a revêtus, en ôtant sa coiffe. Elle reçoit de l'évêque les vêtements bénits, à l'exception du voile, les revêt dans une salle voisine et revient dans l'église se placer près de l'autel. Après les litanies elle se relève, incline la tête et reçoit la consécration de l'évêque qui récite sur elle diverses prières. Avant de lui remettre le voile, il lui demande si elle est prête à affronter les difficultés de son futur état. Elle répond qu'elle restera fidèle à ses devoirs et prend l'assistance à témoin. Alors l'évêque pose le voile sur sa tête. La cérémonie se poursuit par deux antiennes, suivies chacune d'une oraison. Puis l'évêque remet à la vierge l'anneau et la couronne. Pendant ce temps une antienne est chantée où l'on fait allusion au mariage mystique du Christ avec la vierge. L'évêque bénit ensuite la nouvelle religieuse qu'il recommande solennellement aux fidèles, menaçant des peines canoniques ceux qui voudraient la détourner de ses devoirs.

La messe se poursuit normalement avec le chant de l'Evangile. La nouvelle moniale apporte son offrande, et, à l'exception de la secrète et d'une prière particulière, il n'y a plus rien de spécial jusqu'à la fin de la communion. Avant de communier la vierge, l'évêque la bénit ; des saintes espèces sont mises de côté pour qu'elle communie durant les huit jours suivants. Et l'évêque, la messe terminée, la confie sans doute à l'abbesse ou à la prieure en leur recommandant de veiller sur elle.

La consécration des vierges destinées à vivre isolées dans le monde se déroule sensiblement de la même manière. La bénédiction du voile se place juste avant la messe dite selon un formulaire spécial. A l'Evangile a lieu la consécration. La vierge jure publiquement d'observer les devoirs de son état. Elle se prosterne pendant que le chœur entonne les litanies, puis se relève et, la tête inclinée, reçoit la consécration de l'évêque qui récite trois oraisons : la première a le caractère de l'invitatoire, la deuxième apporte à l'invitatoire une conclusion, la troisième est une sorte de prière consécratoire. Le prélat remet alors le voile à la jeune fille ; il n'est pas fait mention de remise d'anneau ni de couronne. Une courte bénédiction complète la cérémonie. La messe se poursuit ensuite de la manière habituelle. Le pontifical toutefois ne parle pas d'une réserve de saintes espèces.

La veuve n'était pas jusqu'alors véritablement consacrée. Le pontifical romano-germanique rehausse sa place sur le plan liturgique puisqu'un *ordo* traite de « la consécration de la veuve qui fait profession de chasteté ». Situé entre l'*ordo* des diaconesses et celui de l'abbé, il marque bien son intégration dans les catégories liturgiques. Lors de la cérémonie on demande que les vêtements, en particulier le voile, soient sanctifiés et bénis par le Seigneur, que Dieu accorde son soutien à « notre sœur » pour qu'elle vive chastement. Certaines bénédictions sont plus développées que dans les sacramentaires. La veuve doit se comporter comme la prophétesse Anne qui, après le décès de son époux, reste dans le temple, où elle jeûne et prie. Elle servira fidèlement Dieu et son Eglise.

Consacrées, vierges et veuves vont passer le reste de leur existence au sein du monastère, ne le quittant en principe que rarement.

2

LA VIE MONASTIQUE

Des religieuses d'origine noble, la plupart du temps vierges, parfois veuves, tel est le cœur de la communauté monastique. Mais ces femmes consacrées à Dieu ne peuvent assumer toutes les tâches, en particulier les relations indispensables avec l'extérieur. Une organisation est nécessaire.

Au IXe siècle, la règle de saint Benoît s'applique peu à peu à la quasi-totalité des monastères de l'Occident. Le synode d'Aix-la-Chapelle, réuni en 816 par l'empereur Louis le Pieux et présidé par Benoît d'Aniane, établit le statut des chanoines et des chanoinesses. En 817, l'assemblée des abbés et des moines bénédictins institue une observance unique pour les moines et les moniales. Des visiteurs se rendent dans les monastères pour y faire observer les décisions prises. En 819, à l'instigation de Benoît d'Aniane, des abbayes de femmes figurent sur une liste d'établissements qui ont droit à une abbesse régulière. D'autres sont laissées à une supérieure séculière. La sécularisation, les désordres du temps entraînent une décadence des monastères féminins à la fin du IXe siècle. Où en est-on un siècle plus tard ?

Il faut remarquer que la règle est complétée par des coutumes. Si au début n'existent que des documents partiels, à partir de la fin du Xe siècle apparaissent des recueils coutumiers. Ainsi la *Coutume des monastères de Germanie*. Ou encore la *Regularis Concordia* de la nation anglaise qu'édicte une assemblée d'évêques et d'abbés, réunie par le roi Edgar et dirigée par l'archevêque Dunstan.

UNE COMMUNAUTÉ

A la tête du monastère se trouve l'abbesse dont la fonction correspond à celle de l'abbé. Si la règle de saint Benoît est rédigée pour des moines, sa transposition au féminin n'offre guère de difficultés, sinon à de rares endroits comme aux chapitres 60 et 62 traitant des prêtres au monastère. Benoît indique les règles qui président à l'élection abbatiale.

« Dans l'institution de l'abbé, on aura toujours égard à ce principe : que soit établi celui qu'aura élu soit l'accord de toute la communauté, selon la crainte de Dieu, soit même une partie de la communauté, quoique peu nombreuse, mais au jugement plus sain. Or, c'est d'après le mérite de la vie et la sagesse de sa doctrine que sera élu celui qui doit être établi, même s'il est le dernier dans le rang de la communauté [1]... »

Mais bien des monastères sont attribués à des abbesses séculières. Les propriétaires des abbayes n'ont trop souvent en vue que leur intérêt et, dans ce but, placent à la tête des établissements non pas des moines ou des moniales, mais des membres du clergé séculier, voire des laïcs. Ce désordre date de l'époque carolingienne. Déjà Louis le Pieux, dans une lettre adressée aux archevêques à la suite du concile d'Aix-la-Chapelle, avoue que beaucoup de clercs possèdent des monastères féminins,

1. Les citations de la règle de saint Benoît sont tirées de la traduction d'Antoine Dumas.

que de nombreux laïcs occupent des abbayes d'hommes et de femmes. Et Wala déplore que presque tous les monastères, réguliers ou non, masculins ou féminins, soient détenus par des laïcs, ce qui entraîne un certain relâchement vis-à-vis de la discipline. Le concile de Trosly dénonce, en 909, ces laïcs qui portent le titre d'abbé et viennent habiter dans les abbayes de moines et de moniales avec leurs femmes, leurs enfants, des soldats, des chiens.

Les abbayes royales servent comme au siècle précédent à établir des princesses. La femme de Charles III le Simple, Ogive, reçoit Notre-Dame de Laon, mais Louis IV la lui reprend en 951 quand elle se remarie avec Herbert II de Troyes et en fait don à son épouse Gerberge. Celle-ci se trouve aussi à la tête de Notre-Dame de Soissons qu'elle tient en fief du comte Albert de Vermandois, car cette abbaye est devenue seigneuriale.

Au cours du Xe siècle, nombre d'abbayes royales passent, en effet, sous l'autorité de grands seigneurs. En France du Nord, l'abbaye de Faremoutiers souffre de déprédations causées par Renaud le Vieux, comte de Sens, à la fin de ce siècle ; à cette époque, il n'y a probablement plus d'abbesses régulières et le monastère est occupé, comme beaucoup d'autres, par un seigneur et sa famille. L'abbaye de Jouarre dépend probablement de la maison de Vermandois qui détient depuis la première moitié du Xe siècle les comtés de Troyes et de Meaux. La France méridionale connaît une situation semblable : ainsi une charte de 951 indique que le monastère de Sainte-Enimie au diocèse de Mende a été ruiné par la négligence et la cupidité de personnes vivant dans le siècle.

Une réaction se manifeste toutefois. Dans un premier temps on observe, dès le second quart du Xe siècle, que certains monastères disposent de deux abbés, l'un séculier, l'autre régulier, le premier se chargeant de la gestion temporelle, le second de la direction spirituelle. Quelques décennies plus tard, la réforme s'amplifie. L'abbé séculier renonce fréquemment à son abbatiat. L'influence du fondateur, du propriétaire, reste toutefois indéniable.

Le monastère de Notre-Dame de Locmaria est fondé par Alain Canhiart, comte de Cornouaille, pour sa fille Hodierne. C'est en faveur de sa sœur Adèle que le duc de Bretagne Alain III construit le monastère de Saint-Georges de Rennes. Adélaïde, vicomtesse de Narbonne, dans son premier testament (978) déclare qu'elle a entrepris de fonder un monastère en l'honneur de Dieu et du Saint-Sauveur. Elle remet à ses trois sœurs et à la comtesse de Carcassonne Arsinde le soin de l'achever. Elle demande à la fin du document que sa fille en devienne abbesse. Son second testament ne faisant plus mention de ce projet, celui-ci est alors vraisemblablement abandonné.

Un document relatif à l'abbaye de Sant Pere de les Puelles atteste *a contrario* ce rôle du propriétaire en matière d'élection abbatiale. Vers 1030 le comte Béranger Raimond Ier et sa femme Guisla de Lluçà abandonnent, pour le salut de leur âme, le patronage que leurs ancêtres possédaient sur l'abbaye et sur une église attenante dont ils étaient les fondateurs. L'évêque de Barcelone Deusde et ses successeurs dirigeront désormais cet établissement : « Que toute la congrégation aussi bien des moniales que des clercs, qui servent Dieu à cet endroit, demeurent sous le commandement et sous le pouvoir d'élection des évêques, qui disposeront désormais des biens de cette église, sur laquelle ni nous ni nos successeurs n'auront plus de domination ni de pouvoir d'élection. Mais que l'organisation de ce monastère et de tous les biens qui lui appartiennent demeurent sous le contrôle de l'évêque Deusde et de tous ses successeurs. Nous ne nous réservons, sur ce monastère ni sur ses biens, aucun droit, ni pour nous ni pour nos héritiers, si ce n'est tout ce que les comtes ont coutume de donner à l'évêché de ce siège » (trad. Martin Aurell). En échange, l'évêque de Barcelone donne mille cinq cents sous au comte dont s'achève la domination, vieille de plus d'un siècle, sur le monastère de Sant Pere de les Puelles.

Une bulle de Léon IX confirmant la fondation du monastère de Bleurville en Lorraine stipule que l'abbesse sera prise dans la famille des comtes de Toul : « Celle qui de la lignée du comte Renard aura été trouvée capable, dans ce monastère, recevra la charge du lieu sous le nom d'abbesse ; si elle n'a pu être trouvée sur place, une personne digne et appartenant à la même famille sera prise à l'abbaye de Remiremont pour devenir abbesse, et si aucune ne peut être élue dans l'un ou l'autre monastère, l'évêque aura le pouvoir de rechercher une autre personne digne ou bien dans ces deux monastères ou bien dans d'autres appartenant à l'évêché de Toul et de la mettre à la tête de l'abbaye selon la volonté divine » (texte cité par Michel Parisse).

La situation se présente partout de la même manière, le nord de l'Allemagne, ainsi que le montre Michel Parisse, constituant un cas extrême.

Trois frères et leur sœur Wiepurg fondent le monastère de Gesecke en 952, sur le domaine de l'un d'eux nommé Hoholt. Wiepurg dirigera le monastère. Lorsqu'elle décédera, on cherchera une parente pour la remplacer. Si l'établissement ne comporte aucune religieuse de sa famille, une abbesse sera élue parmi les nonnes éduquées sur place. Mais si l'on trouve ultérieurement une femme de la souche de Hoholt éduquée sur place et capable d'assumer l'abbatiat, elle dirigera la maison. L'appartenance à une famille confère donc un droit que n'altère même pas une non-application plus ou moins longue dudit droit. En 979, il est prévu que l'abbesse d'Alsleben sera choisie indifféremment dans la lignée paternelle ou maternelle. En revanche, à Vitzenbourg, seul entrera en compte le côté maternel. Une telle règle qui privilégie, et de façon imprescriptible, la famille fondatrice n'est toutefois pas appliquée dans tous les monastères. D'ailleurs les documents font défaut pour les établissements autres que Gandersheim.

Les moniales abandonnent parfois — volontairement ? — leur droit d'élection. Ainsi, en 1019, un seigneur du diocèse de Maguelonne, nommé Gondran, fait don, pour que l'on construise un monastère, d'une église dont il a déjà disposé à titre de dot en faveur de sa fille Judith. L'inauguration du monastère et l'élection de la première abbesse ont lieu en 1025. Le fondateur a décidé que les religieuses éliraient leur abbesse ; mais elles laissent le soin de désigner celle-ci à leurs protecteurs qui choisissent Judith.

Le cartulaire du Ronceray d'Angers rapporte comment Léoburge devient la première abbesse. La congrégation de Sainte-Marie d'Angers, « à la suite d'un vote identique, et d'un accord identique », avec l'assentiment du comte Foulque, de son épouse Hildegarde, de leur fils Geoffroy, de nobles clercs, de nobles personnes laïques de l'un et de l'autre sexe, élit comme abbesse Léoburge, celle-ci étant tout à fait apte à remplir cet office par son humilité, sa sobriété, sa chasteté et bien d'autres vertus. Aussi les religieuses demandent-elles toutes que, selon la règle de saint Benoît, Léoburge soit consacrée abbesse pour qu'elle les invite à suivre ladite règle, et ainsi les guide vers la vie éternelle ; elles sont unanimes et signent l'acte pour prouver leur assentiment. Les moniales ont choisi Léoburge, mais il leur a fallu l'accord d'un certain nombre de personnes nobles ; ce dernier terme est mentionné deux fois, la première pour les clercs, la seconde pour les laïcs.

Ainsi, même lorsqu'une élection apparaît conforme à la règle, les aristocrates de la région ne restent pas inactifs. Vers l'An Mille, cette situation semble répandue, à en juger par la notice d'élection d'une abbaye provençale datée de 1055. « Mais il est temps d'en venir à la raison pour laquelle cette assemblée d'évêques, d'hommes nobles et de femmes dévotes entoure les portes de ce monastère. Aussi je commence à raconter la teneur de cet événement. Bien sûr, aucun auteur ne discute qu'il y ait neuf ordres d'anges, parmi lesquels certains sont destinés à commander et d'autres à obéir. Cela est institué pour que chacun accomplisse conformément à la raison les fonctions qui lui sont confiées. Or certains, même rendus égaux par nature, commandent pour que chacun accomplisse son destin. C'est pourquoi nous, femmes vouées à Dieu, Raimberge, Fredegarde, Sufficia ..., dans la mesure où nous pouvons être sœurs de ceux dont nous parlons, l'an 1004 de l'Incarnation du Seigneur, indiction cinquième, le douzième mois qui est appelé janvier et le 8 des ides de ce mois en présence des saints évêques Frodon ... et de tous les autres hommes pieux et devant le regard de notre noble matrone fondatrice de ce monastère, et de ses fils — elle s'appelle Elgarde et ses fils s'appellent Gailin, Guigues, Aldebert — c'est pourquoi nous toutes, filles susdites, élisons et choisissons à l'unanimité la moniale nommée Poncia, qui est belle par son visage, sublime par sa nature et remarquable par ses mœurs. Nous faisons cela dans les règles avec la bienveillance du Seigneur des seigneurs et de la troupe de ses chevaliers » (trad. J. Belmon). Les prescriptions sont respectées : l'attestent l'unanimité des moniales, la présence d'un évêque — car la nouvelle élue doit être consacrée — et de la fondatrice accompagnée de ses enfants et des nobles de la région.

Normalement les moniales — et les moines — doivent demander au propriétaire, à chaque vacance, la permission d'élire leur supérieur. Pour obtenir un privilège permanent, ils s'adressent à l'autorité laïque et ecclésiastique. Mais les promesses des princes temporels n'offrant pas toute garantie, les moines se tournent parfois vers le pape pour obtenir confirmation. Ainsi l'abbaye de Notre-Dame de Saintes, consacrée en 1047, est placée sous la juridiction directe du souverain pontife. Deux ans après la dédicace, Léon IV confirme les privilèges du monastère. Et, en 1061, Nicolas II stipule que les moniales réunies en chapitre élisent l'abbesse, que l'évêque, s'il est moine, et les abbés voisins, doivent veiller à la régularité de l'élection. Le pape institue ensuite l'élue. Malgré tout, les grands n'hésitent pas à intervenir plus ou moins directement.

Une fois élu, pour entrer en fonctions, l'abbé ou l'abbesse régulière doit recevoir l'*abbatia* qui a fait retour au propriétaire lors de la vacance. L'investiture est assortie d'un serment de fidélité, de sorte que l'abbaye n'est pas tenue en pleine propriété mais fait partie du système féodal.

L'abbesse d'un grand établissement occupe une place importante dans la société. Emma, qui gouverne le monastère de Sant Joan de les Abadesses de 887 à 942, passe une centaine de transactions, échanges, ventes, achats, qui font de Sant Joan un établissement florissant. Dans les actes d'achat, Emma, qualifiée d'abbesse, intervient toujours seule ; il n'est pas fait mention de la communauté qu'elle dirige. Une notice datant de 949 signale qu'elle « régit de son vivant le troupeau des servantes de Dieu qui lui était soumis et réuni autour d'elle selon le rite et l'ordre de l'institution monastique ». Ranlo, abbesse de 955 à 960, donc pendant quelques années seulement, fait édifier de nombreux lieux de culte qu'elle dote de livres et d'ornements liturgiques et pour lesquels elle obtient de l'évêque de Vic les dîmes, prémices et oblations des villages liés à ces églises.

L'abbesse, pour assumer ses lourdes responsabilités, tant sur le plan temporel que spirituel, doit être pourvue de solides qualités. « Lors donc quelqu'un reçoit le nom d'abbé, il doit gouverner ses disciples par un double enseignement : c'est-à-dire qu'il montre tout ce qui est bon et saint par des actes plus que par des paroles », affirme la règle de saint Benoît. Un autre passage stipule : « Une fois institué, l'abbé méditera toujours quelle charge il a prise, et à qui il doit rendre compte de sa gestion. Qu'il sache qu'il lui faut servir plus que régir... Dans ses ordres eux-mêmes, qu'il soit prévoyant et avisé. Que l'œuvre qu'il commande soit relative à Dieu ou relative au monde, il agira avec discernement et mesure. »

Mais l'abbesse a besoin d'auxiliaires, d'officières pour administrer la communauté monastique. Saint Benoît, se méfiant de ces prieurs qui se prennent pour de seconds abbés, estime souhaitable que l'organisation du monastère dépende du gré de l'abbé et que les charges soient partagées entre les doyens de façon que nul ne puisse s'enorgueillir. Mais « au cas où la situation le requiert, ou si la communauté le demande raisonnablement avec humilité, et si l'abbé le juge convenable, l'abbé établira lui-même pour son prieur celui qu'il aura choisi, avec le conseil des frères enseignant Dieu ». La communauté monastique ne possède qu'un seul chef. Aussi « ce prieur exécutera avec respect ce qui lui aura été ordonné par son abbé, ne faisant rien contre la volonté ou les ordres de l'abbé, car plus il est placé au-dessus des autres, plus il lui faut garder soigneusement les prescriptions de la Règle ».

Le rôle du portier — de la portière — est encore plus important dans les abbayes de femmes que dans les monastères d'hommes. Tant de dangers, de tentations guettent le sexe faible hors du territoire protégé que constitue l'établissement religieux ! « A la porte du monastère, on placera un sage vieillard qui sache recevoir et rapporter un message, et dont la maturité le préserve d'être désœuvré. » Les personnes consacrées à Dieu doivent éviter les contacts avec le monde extérieur. C'est pourquoi « le monastère si possible doit être ainsi construit que toutes les choses nécessaires, c'est-à-dire :

eau, moulin, jardin, ateliers divers, soient employées à l'intérieur du monastère, de sorte qu'il n'y ait pas besoin pour les moines d'aller courir au-dehors, car ce n'est pas du tout avantageux pour leurs âmes ».

L'administration du temporel est confiée au cellérier — à la cellérière — qui disposera des aides nécessaires. « Pour cellérier du monastère, on choisira parmi la communauté quelqu'un qui soit sage, mûr de caractère, sobre, pas gros mangeur, ni hautain, ni agité, ni malhonnête, ni lent ni prompt à dépenser, mais craignant Dieu, et qui soit pour toute la communauté comme un père. Il prendra soin de toutes choses ; il ne fera rien sans l'aide de l'abbé. Il observera ce qui est commandé ; il ne contristera pas les frères... Les malades, les enfants, les hôtes et les pauvres, il en prendra soin en toute sollicitude... Tous les objets du monastère et tous ses biens il les considérera comme s'ils étaient les vases sacrés de l'autel. Il n'y aura rien qu'il tienne pour négligeable. »

Certains biens sont affectés à des usages déterminés. L'aumônerie du Ronceray reçoit des moulins vers 1028-1030 dont l'un est destiné à la mouture du grain avec lequel le pain des aumônes sera fait, des jardins qui serviront à nourrir les pauvres, des coutumes exigibles sur les biens de l'abbaye situés dans les environs d'Angers.

L'abbesse et les officières ont la lourde tâche de diriger les religieuses dont le nombre varie en fonction de l'importance de l'établissement.

Ce nombre ne doit être ni trop grand ni trop restreint. C'est ainsi que Charles le Chauve, dans un capitulaire de 853, demande à ses envoyés de lui indiquer le nombre des chanoines, des moines et des moniales vivant dans les abbayes, afin de l'augmenter au cas où il serait insuffisant. La question est d'importance. Trop de moniales, et c'est la pauvreté qui risque d'engendrer un certain relâchement. Mais si les religieuses sont peu nombreuses, elles ne parviennent pas à s'acquitter de toutes les tâches matérielles. Hincmar, écrivant à Teutberge, abbesse d'Avenay, pour lui faire part des dispositions qu'il a prises de concert avec la reine Ermentrude en ce qui concerne le nombre des clercs et des moniales et les biens de ce monastère, lui signale que l'abbaye peut comporter vingt clercs et quarante nonnes. C'est dire que, si les considérations religieuses ne sont pas évacuées, les aspects économiques revêtent une importance particulière.

Les documents donnent l'impression que le nombre des moniales n'est pas très élevé. En 964, douze moniales souscrivent une charte à Sant Joan de les Abadesses. Vers l'An Mille, la communauté de Sant Pere de les Puelles comporte une douzaine de religieuses. Lors de l'élection de la première abbesse de Saint-Geniès-des-Mourgues, en 1025, quatorze femmes ont déjà consacré leur vie à Dieu ; en 1043, ce sont dix moniales qui placent Alimburge à la tête de cette maison. Une charte de 1028 notifie que vingt-six religieuses ont élu Léoburge abbesse du monastère de Notre-Dame du Ronceray d'Angers.

Les religieuses sont disposées selon un ordre hiérarchique. Les textes distinguent généralement les anciennes et les jeunes ; l'ancienneté ne s'applique pas forcément à l'âge, mais peut concerner le temps passé dans l'établissement. Les jeunes ne comprennent pas seulement les novices, mais aussi les nouvelles professes. L'ancienneté constitue une notion importante. Il faut respecter un certain ordre en toutes occasions. « Ils garderont leurs rangs dans le monastère selon le temps de vie religieuse, selon que détermine le mérite de la vie, et selon que l'abbé l'aura établi... Selon le rang que l'abbé a fixé ou qu'ont les frères, ils avanceront à la paix, à la communion pour entonner les psaumes et se placer au chœur. En aucun lieu absolument, l'âge ne déterminera les rangs... Donc, à l'exception de ceux que l'abbé a promus pour une raison supérieure ou qu'il a fait déchoir pour des motifs fondés, tous les autres se tiendront selon le rang de leur conversion... Quant aux enfants, dans tous les cas ils seront maintenus sous l'autorité de tous. » Les jeunes doivent honorer leurs anciens et les anciens aimer les jeunes.

Les religieuses effectuent elles-mêmes une grande partie des travaux, mais leur haute naissance les a habituées à un certain confort. Donat interdit, même à l'abbesse, d'avoir des servantes, permettant seulement, si la chose s'avère nécessaire, à une sœur d'avoir une des jeunes pour l'aider. Mais Benoît d'Aniane ne peut empêcher les chanoinesses de recourir à des domestiques. Il le fait avec quelque regret et insiste sur les problèmes qu'une telle situation suscite. « Puisqu'il est permis aux religieuses vivant à la manière canoniale d'avoir avec elles dans les monastères des servantes pour les servir, il faut faire attention à ce qu'elles cherchent le salut de l'âme plutôt que la commodité terrestre, car elles ont l'habitude sans frein et sans pudeur d'être fardées comme des prostituées, de glisser sans honte aux oreilles de leurs maîtresses des faits obscènes, qu'elles ont vus ou entendus en dehors, et d'éloigner l'esprit de celles-ci de la rigueur du service choisi. Aussi est-il nécessaire que les dames usent de modération pour recruter de telles personnes, pour qu'elles n'en prennent pas à leur service plus qu'il ne faut et, à leur égard, veillent à ce qu'elles ne causent pas leur ruine par leurs péchés. Si ces servantes, auprès des abbesses ou des religieuses, se comportent de façon non convenable dans le cloître, et après avoir été plusieurs fois averties et punies, ne se corrigent pas, on les jettera hors du monastère » (trad. Michel Parisse). On conçoit que les membres de la dynastie ottonienne retirés à Gandersheim ne puissent se passer d'aide dans leur vie quotidienne !

Une communauté de femmes ne peut toutefois vivre sans hommes, qu'il s'agisse de répondre à ses besoins spirituels ou de se charger de problèmes temporels mettant notamment en cause le monde extérieur.

La femme étant exclue du sacerdoce, il est nécessaire que des prêtres puissent venir dire la messe, administrer les sacrements. Point de problème lorsqu'il s'agit d'un monastère d'hommes. Il suffit qu'un ou plusieurs moines aient été ordonnés prêtres. Il n'en va pas de même chez les moniales. Au cours des siècles précédents, le nombre des clercs liés aux monastères de femmes est important. Mais les ecclésiastiques voient peu à peu leur nombre diminuer.

Les prêtres qui dans les monastères de femmes doivent célébrer la messe, stipule Benoît d'Aniane, auront une habitation et une église en dehors du monastère. Ils n'entreront dans l'établissement qu'à des moments déterminés et pour dire la messe ; ils partiront aussitôt après.

Selon la charte de fondation de Notre-Dame du Ronceray (1028), quatre prêtres dans l'église dédiée à la Sainte Vierge seront nuit et jour au service de Dieu et des moniales qui habitent à cet endroit ; ils auront leur maison, des vignes, des prés et le tiers de la dîme de la paroisse. Dans cette église ils assureront le service divin personnellement et avec assiduité. Ils garderont la moitié des offrandes reçues pour la célébration des messes, l'autre moitié allant aux moniales ; de même seront partagés entre eux et les religieuses un certain nombre de bénéfices. Les prêtres conserveront ce qui leur sera donné de façon déterminée. Lorsqu'un prêtre étranger au monastère célébrera la messe et recevra quelque don, il gardera ce que les moniales voudront bien lui laisser. Enfin le comte d'Anjou donne aux prêtres de l'abbaye une arche du pont sur la Maine.

Les abbayes de femmes possèdent en effet des domaines qui entraînent des charges dans le cadre féodal et qui nécessitent de l'entretien. Elles doivent, pour ce faire, recourir à des laïcs. Une lettre d'Hincmar indique

que Saint-Pierre d'Avenay possède onze cent cinquante manses. On peut estimer que l'abbaye de religieux et de religieuses de Notre-Dame de Morienval a reçu plus de deux cent cinquante manses, outre divers biens, de plusieurs personnes, dont Charles le Simple confirme les donations en 920. Certains monastères toutefois ne disposent que d'un temporel restreint et vivent misérablement.

L'immunité accordée à certaines abbayes les exempte de l'intervention des agents royaux, mais ne supprime pas pour autant leurs obligations envers le souverain. L'abbesse peut certes assister à des plaids : Hincmar prie l'archevêque de Sens Gauthier de faire savoir à Hildegarde de ne pas fournir comme prétexte l'ignorance pour éviter d'aller à un plaid ; elle doit au contraire s'empresser de s'y rendre au jour fixé. Mais elle ne peut conduire elle-même les soldats qu'elle est tenue de fournir. L'avoué est l'officier de l'immunité ecclésiastique, tout au moins au début. Mais dès la seconde moitié du IXe siècle, il devient le protecteur de l'abbaye qu'il représente, car il appartient maintenant en général à la haute aristocratie. Dans une charte non datée, mais souscrite certainement vers 969, l'abbesse de Sainte-Croix de Poitiers, Hermengarde, avec l'assentiment des religieuses, accorde deux exploitations au comte d'Anjou, Geoffroy Grisegonelle. Ceci afin de compenser les frais qu'il engagera pour défendre les terres de Sainte-Croix, celles qui se trouvent en son pouvoir, celles qui dépendent de la justice royale ou celles situées en tout autre lieu. Le comte d'Anjou devient ainsi l'avoué de l'abbaye. La crainte des Normands, en effet, n'a pas disparu. En l'absence de Guillaume Fier-à-Bras, comte de Poitou et duc d'Aquitaine, d'ailleurs battu peu auparavant par le comte d'Anjou, c'est ce dernier qui en quelque sorte le remplace. Il reçoit, pour ce faire, l'investiture de domaines situés en Poitou. Ce n'est plus le roi, mais un grand, qui assure la protection de l'abbaye, moyennant compensation. Au début du XIe siècle, on rencontre un Roger, prévôt de Jouarre ; il s'agit vraisemblablement du chef d'un chapitre de chanoines, chargé de veiller à la discipline que la prieure assure, mais s'occupant peut-être aussi de gérer et de défendre les biens de l'abbaye.

Geoffroy Martel et son épouse Agnès de Bourgogne, dans la charte de fondation de Notre-Dame de Saintes, en 1047, stipulent que l'abbesse est assistée notamment d'un prévôt qu'elle nomme et qui rend la justice en son nom, d'un forestier, de sergents chargés de la sécurité des personnes et de la garde des biens : elle a aussi à son service un veneur. Toutes ces personnes, auxquelles il faut ajouter des domestiques, des colons, constituent le personnel vivant du pain de l'abbaye.

Au XIe siècle, les privilèges d'exemption et de juridiction ecclésiastique se créent. Ainsi en Normandie. Au début du siècle, il s'agit de l'exemption qui permet à l'abbaye de se développer sans contrainte. Quelques années plus tard le privilège est différent, d'ordre territorial et féodal ; les monastères, chapitres et laïcs s'emparant de façon habituelle sur leurs domaines des coutumes épiscopales, ce qui leur permet d'exercer une juridiction ecclésiastique, le duc de Normandie, vers 1030, fait de cette usurpation un privilège. En effet, certaines abbayes de moniales aussi bien que des moines reçoivent le droit de juger ; la même chose s'observe dans les régions voisines en France et en Angleterre. Ainsi, le 13 janvier 1035, le duc Robert de Normandie accorde à l'abbaye de Montivilliers, qu'il restaure et dont il confie la direction à sa tante Béatrice, un diplôme aux termes duquel l'église Notre-Dame et douze autres églises sont déclarées libres de toute coutume épiscopale. L'évêque abandonne des droits pécuniaires dans un territoire déterminé ; il ne s'agit aucunement d'exemption. En restaurant le monastère, Robert fait œuvre pie, mais il fait également œuvre politique en lui accordant la juridiction ecclésiastique sur douze paroisses proches de l'estuaire, la surveillance du commerce, la police et la justice criminelle dans plusieurs endroits. En mettant sa tante Béatrice à la tête d'une abbaye aussi importante, il limite toutefois les dangers que son absence peut faire courir à ses Etats.

Les religieuses forment ainsi dans chaque abbaye une communauté, prenant en principe leurs repas au réfectoire, se reposant la nuit au dortoir.

En ce qui concerne le manger, saint Benoît tient compte sagement non seulement des besoins, mais aussi des goûts. Deux plats cuits suffisent pour le repas quotidien, « en sorte que celui qui, peut-être, n'aura pu manger de l'un se restaurera avec l'autre ». Si la chose est possible, on ajoutera des fruits ou des légumes frais. « Une livre de pain bon poids » suffit pour la journée, qu'il y ait un seul repas, ou dîner et souper. En cas de travail important, l'abbé peut ajouter quelque chose en évitant toutefois l'intempérance. Les enfants ont droit à une quantité moindre que les adultes. Tous s'abstiendront de la chair des quadrupèdes, sauf les malades très affaiblis. Quant à la boisson une hémine (un quart de litre) de vin par jour suffit. Il est préférable, quand on le peut, de s'en dispenser. Pour cause de travail important ou de chaleur estivale, le supérieur peut accorder une ration plus abondante en veillant à ce que ne s'introduisent pas la satiété et l'ivresse.

Benoît d'Aniane, à propos des chanoinesses, apparaît généreux, mais il ne faut pas oublier qu'il leur permet d'avoir des servantes. Toutes les religieuses doivent être traitées de la même façon — les abbesses elles-mêmes auront la même nourriture et les mêmes vêtements. Chacune d'elles doit recevoir quotidiennement trois livres de pain, et dans les régions viticoles trois livres de vin, si le temps le permet, sinon deux livres de vin et deux livres de bière, et s'il n'y a pas de vin trois de bière avec, si c'est possible, une livre de vin. Dans les monastères pauvres les rations seront moins copieuses. La nourriture sera meilleure les jours de fête. Les abbesses veilleront à ce que l'on fournisse aux religieuses selon les possibilités de la viande, du poisson, des légumes, du bois et tout ce qui est nécessaire. Elles leur donneront en outre chaque année la laine et le lin pour confectionner des vêtements, sauf aux infirmes et aux malades et à celles qui ne veulent posséder rien en propre. Un diplôme d'Otton, en 961, stipule que les chanoinesses mangent de la viande, du fromage et tout ce qu'elles souhaitent, c'est-à-dire une nourriture abondante et soignée, qu'elles ont des maisons particulières et portent des vêtements blancs. Donc un mode de vie bien éloigné de celui des moniales qui pratiquent l'abstinence, vivent en commun, s'habillent de noir.

La nourriture des chanoinesses est probablement en quantité et en qualité supérieure à celle des moniales. Un acte faux de Charles le Chauve indique que le monastère de Notre-Dame de Soissons comportera deux cent seize religieuses, quarante servantes employées dans la clôture, trente employées au-dehors et cent trente serviteurs, et que les prestations nécessaires à l'entretien de ces personnes seront les suivantes : 3 000 (?) muids de froment, 350 muids de légumes, 300 mesures de fromage, 30 sous par semaine pour l'achat de poisson et d'œufs, 100 muids de graisse, 200 muids de sel, 2 600 muids de vin et 10 muids de miel. Les domaines affectés à la nourriture et à la boisson des religieuses fourniront les volailles habituelles à Noël et à Pâques. De la viande légère sera donnée aux malades ayant besoin d'un régime alimentaire spécial.

Selon saint Benoît, de Pâques à la Pentecôte, on mange deux fois par jour : repas vers midi, souper le soir. A partir de la Pentecôte, durant tout l'été, en fonction des travaux et de la chaleur, l'abbé prend les dispositions nécessaires. Des ides de septembre au début du Carême, le repas a lieu vers 15 heures. En Carême, il est fixé à l'heure des vêpres avec abstinence de nourriture et de boisson. Ce qui importe avant tout, c'est d'éviter la gourmandise. La nourriture sera donc suffisante, mais peu recherchée.

Les vêtements, signe du paraître, seront simples et donnés « selon la nature des lieux et la température du climat ». Dans les régions tempérées, il suffit d'avoir « une coule [ample manteau à capuchon] et une tunique — coule épaisse en hiver, légère ou usagée en été — et un scapulaire [sorte de tablier] pour le travail, pour couvrir les pieds, des bas et des chaussures ». Deux tuniques et deux coules au total suffisent de façon à pouvoir les laver. Benoît d'Aniane interdit à la supérieure des couvents de chanoinesses de porter des vêtements de soie.

Les moines, stipule saint Benoît, dormiront chacun dans un lit dont la garniture consistera en une paillasse, un gros drap, une couverture et un oreiller. « Si possible, ils dormiront tous en un seul local, mais si leur grand nombre ne le permet pas, ils reposeront par dix ou par vingt avec des anciens qui veilleront sur eux. » La pièce sera constamment éclairée jusqu'au matin. « Ils dormiront vêtus, et ceints d'une courroie ou d'une corde. »

Benoît d'Aniane indique à propos des chanoinesses que le dortoir et le réfectoire sont communs. Mais les canons étant bien moins sévères que la règle monastique, elles ont leur maisonnette dans le monastère (chapitre 23).

Les renseignements manquent sur les réalités de la vie quotidienne des communautés monastiques féminines en l'An Mille. Tout concourt en principe à permettre aux religieuses de rendre grâces à Dieu. Mais l'absence de vocation pour un certain nombre, l'ennui ressenti par celles qui ne peuvent franchir la clôture, les tentations auxquelles sont exposées celles qui sortent du monastère font que la haute spiritualité de certaines voisine avec les errements plus ou moins graves de beaucoup.

DES ERREMENTS À LA SAINTETÉ

La religieuse a pour premier devoir de prier. Son existence est marquée par une grande régularité afin que, l'esprit libre de toute préoccupation temporelle, elle puisse élever son esprit vers Dieu.

Depuis le IXe siècle, le terme « heures » s'applique à des prières dites à des moments précis, essentiels de la journée, à savoir les première, troisième, sixième et neuvième heures, appelées prime, tierce, sexte et none.

Selon un mémorial du Xe siècle — analysé par Michel Parisse —, la religieuse se lève en pleine nuit, formule une brève prière, dit un psaume, se rend à l'oratoire, chante les sept psaumes de la pénitence, trois pour les religieuses défuntes, deux pour l'abbesse et la communauté, deux pour des personnes qu'elle choisit. Elle prie ensuite au chœur où l'on invoque les manquements à la règle. Saint Benoît fixe le lever en hiver à la huitième heure de la nuit, c'est-à-dire entre 2 et 3 heures du matin, pour la célébration des vigiles nocturnes ; ce qui reste de temps jusqu'aux matines sera employé à l'étude. Le reste de l'année, l'horaire est réglé de façon que les vigiles soient suivies immédiatement des matines. Revenons à notre mémorial. Lorsque le jour se lève, on célèbre les matines et les laudes. Bientôt arrive prime. L'assemblée du matin, ou chapitre, se tient ensuite dans une salle réservée à cet usage. Sont précisées alors les décisions qui engagent la communauté. Lors de cette assemblée on lit le martyrologe — les saints qu'il convient d'honorer plus spécialement ; un chapitre de la règle rappelle chaque jour les noms des sœurs défuntes.

C'est au cours de ce chapitre que les sœurs confessent leurs fautes. Il ne s'agit pas de la confession sacramentelle, mais de l'aveu des manquements qui risquent de gêner la bonne marche de l'établissement. « Celle qui est coupable doit demander pardon et recevoir une pénitence selon l'importance de la faute… toute sœur qui demande pardon pour une faute sera jugée avec d'autant plus de miséricorde et de bienveillance qu'elle s'humilie et se déclare coupable davantage, car il est nécessaire de juger toujours par une vraie confession, dans cette vie présente, toutes nos négligences, en pensée, en parole, en action, pour qu'elles ne causent pas notre condamnation après la mort. »

Après un temps de détente, durant lequel les religieuses peuvent converser, des lectures, des chants permettent d'arriver à tierce, puis à la messe. Un petit déjeuner est servi, fait de pain et de boisson, et les sœurs se mettent au travail. Tierce a lieu vers 9 heures. La célébration de sexte, vers midi, est suivie du repas, au cours duquel une lecture est faite. Parfois suit un temps de repos. De none vers 15 heures à vêpres, les religieuses reprennent le travail. La célébration de vêpres se déroule au coucher du soleil ; elle est suivie d'un léger repas. L'office de complies termine la journée. Il faut en effet se coucher tôt pour se lever la nuit sans trop de peine.

Les religieuses ont donc des journées bien remplies. Prières, psaumes qu'entrecoupent des travaux manuels ne laissent guère de loisirs.

Les auteurs qui reprennent la règle de saint Benoît pour l'appliquer aux femmes sont avant tout soucieux de la préservation de leur virginité — de continence à tout le moins, lorsqu'il s'agit de veuves. C'est que l'intégrité du corps de la femme consacrée apparaît primordial au Moyen Age. Une lettre adressée par Athanase, évêque d'Alexandrie, aux religieuses est citée par Benoît d'Aniane : « La vierge possède à la fois ce que les uns ont et ce que les autres n'ont pas puisqu'elle obtient une grâce commune et particulière et jouit d'un privilège de consécration pour ainsi dire propre. Car l'autorité de l'Eglise nous permet d'appeler les vierges épouses du Christ, puisqu'elle voile à la manière des épouses celles qu'elle consacre au Seigneur, montrant qu'elles auront un mariage spirituel, elles qui auront fui l'union charnelle. Il leur faut respecter les préceptes plus que ne le font les autres. Celles qui conservent leur pudeur et leur intégrité et qui espèrent leur récompense selon l'équité divine doivent respecter les mandements pour que la paix qu'imposent une chasteté et une continence glorieuse n'aboutisse pas au néant » (texte cité par Michel Parisse).

L'intégrité corporelle ne se réduit donc pas à la seule virginité. Il convient de préserver la pureté de l'esprit. Saint Augustin écrit d'ailleurs que « lorsque, malgré le silence, des cœurs impudiques se parlent et jouissent de leur ardeur mutuelle, avec un sentiment de concupiscence charnelle, le corps a beau rester pur, l'âme a perdu sa chasteté ».

Outre le vœu de chasteté, les nonnes font vœu d'obéissance. L'état religieux est essentiellement un état d'humilité. Or, « la première étape de l'humilité, c'est l'obéissance sans délai. Elle convient à ceux qui estiment qu'il n'y a rien de plus cher, pour eux, que le Christ », écrit saint Benoît. L'humilité à laquelle est consacré le plus long chapitre de sa règle, comporte douze degrés

— Se souvenir des commandements de Dieu.

— Ne pas aimer sa volonté propre.

— Faire la volonté de Dieu, donc obéir à ceux qui le représentent.

— Etre patient et tenir bon, même si l'on subit toutes sortes d'injustices.

— « Découvrir à son abbé, par un humble aveu, toutes les pensées mauvaises qui arrivent au cœur et tous les actes mauvais qu'on a faits en se cachant. »

— Etre content de tout, sauf de soi-même.

— Proclamer mais aussi croire qu'on est le dernier et le plus misérable de tous.

— Ne rien faire d'autre que ce que recommandent la règle et les exemples des supérieurs.

— Garder le silence, ne pas parler sans être interrogé.
— Rester sérieux, n'être pas enclin à rire.
— Parler peu, humblement et avec gravité.
— Manifester toujours de l'humilité, non seulement dans le cœur, mais aussi dans le corps.

Ayant gravi tous les degrés d'humilité, la religieuse parviendra à l'amour de Dieu. Ainsi tout ce qu'elle faisait auparavant non sans crainte, elle l'accomplira « comme naturellement… sous l'effet de la bonne habitude et de l'attrait des vertus ».

Obéir sans murmure et sur-le-champ à l'abbesse, aux plus anciennes, manifester en tout son humilité. Par exemple en se confessant fréquemment. Donat insiste sur le fait que les sœurs doivent se confesser à tout moment pour toute action, pensée, parole inutile ou mouvement de l'âme, ne rien cacher à la mère spirituelle, même leurs plus petites pensées.

La pauvreté enfin est prescrite. La veuve vendra ses biens avant d'entrer au monastère, fera don aux pauvres de l'argent reçu en compensation et ne gardera rien. La novice, dès sa majorité, devra également se défaire de ce dont elle disposera éventuellement. « Surtout, dit saint Benoît de Nursie, il faut retrancher du monastère ce vice jusqu'à la racine, en sorte que nul ne se permette de donner ou de recevoir quelque chose sans autorisation de l'abbé, ni d'avoir quelque chose en propre ; absolument aucun objet : ni livre, ni tablette, ni stylet, mais absolument rien, puisqu'il ne leur est pas permis d'avoir en leur propre vouloir ni leur corps ni leur volonté… Que tout soit commun à tous… en sorte que personne n'appelle sien et ne s'approprie quelque objet. »

Benoît d'Aniane accorde la libre disposition de biens personnels aux chanoinesses qui ne font, en effet, que des vœux de chasteté et d'obéissance.

Bien évidemment, nombre de manquements à la règle apparaissent tantôt légers, tantôt plus graves. « Si quelque frère, écrit saint Benoît, est trouvé rebelle, ou désobéissant, ou orgueilleux, ou murmurateur, ou en contradiction en quelque point avec la sainte Règle ou les ordres de ses anciens, et cela avec mépris, celui-là sera repris une ou deux fois par ses anciens, en particulier. S'il ne se corrige pas, il sera blâmé publiquement devant tous. Au cas où, même ainsi, il ne se corrigerait pas, il subira l'excommunication, s'il comprend la valeur de cette peine. Mais s'il est insensible, on lui infligera un châtiment corporel. »

Comment appliquer l'excommunication ? Le châtiment doit être déterminé en fonction de la gravité de la faute ; et l'appréciation revient au supérieur. Les fautes légères entraînent la privation de la table commune : le repas sera pris seul, trois heures après les autres. Ceci jusqu'à obtention du pardon.

Les fautes plus graves amènent l'exclusion à la fois de la table et de l'oratoire. Le travail sera effectué solitairement. Toutefois « l'abbé doit prendre soin, en toute sollicitude, des frères qui ont failli, parce que ce ne sont pas les bien-portants qui ont besoin du médecin, mais ceux qui vont mal ». Mais son devoir est d'exclure de son troupeau la brebis galeuse, « celle qui souvent reprise n'a pas voulu se corriger ».

Le pénitentiel de saint Colomban distingue les fautes majeures et celles de moindre gravité. Parmi les premières l'homicide, la sodomie et la fornication, l'abandon de l'état monacal et la rupture des vœux, le vol, le parjure, les coups avec effusion de sang, l'ivresse entraînant le vomissement, la masturbation : la peine consiste alors en un jeûne qui peut durer jusqu'à dix ans. Parmi les fautes légères les répliques vives et insolentes entraînent cinquante coups de bâton ; le fait de calomnier son frère ou d'écouter volontiers les calomniateurs est puni de trois jours de jeûne prolongés, de sept jours de jeûne s'il s'agit de son supérieur.

Il faut confesser ses fautes, mais comme chaque membre de la communauté est responsable de ses frères, il doit dénoncer leurs manquements lorsqu'ils ne sont pas avoués. Toutes les règles mentionnent cette obligation. Selon saint Benoît, « si quelqu'un, dans un travail quelconque… se rend fautif en quelque chose, brise ou perd quoi que ce soit, ou bien commet où que ce soit quelque autre transgression, et s'il ne vient pas aussitôt devant l'abbé et la communauté pour faire lui-même spontanément satisfaction et faire connaître sa faute, lorsque celle-ci sera connue par un autre, il sera soumis à une correction plus sévère ».

Les problèmes sont connus par des canons conciliaires, par des décisions épiscopales. Mais il s'agit de documents ayant pour but de dénoncer les fautes, de les sanctionner, d'éviter qu'elles ne se reproduisent. Les clercs, portés à stigmatiser le péché, n'ont guère l'habitude de louer les existences vertueuses que mènent maintes religieuses retirées dans des monastères sans histoire.

Manquements à la chasteté. Des précautions sont prises pour protéger les religieuses contre autrui et contre elles-mêmes. Les monastères généralement comportent une double fermeture : l'enceinte extérieure peut être franchie par quelques personnes, la clôture intérieure délimite l'espace réservé aux moniales. Benoît d'Aniane édicte que les couvents de femmes doivent être entourés de murs solides, pour que personne ne puisse entrer ou sortir, sinon par la porte. Il ne convient pas que des hommes y pénètrent, ni que des religieuses aient la possibilité de le quitter.

La clôture vers l'An Mille est rarement complète. Les moniales reçoivent la permission de leur évêque d'aller prier à la cathédrale ; elles participent à des processions, à des pèlerinages ; elles reviennent parfois dans leur famille. La sœur moniale de Luc le Jeune, en Phocide, au Xe siècle, se rend régulièrement auprès de son frère ermite pour lui apporter à manger. Par ailleurs des intrus pénètrent facilement dans les monastères féminins. La présence de reliques ou le fait qu'ils contiennent à Byzance des sépultures — Romain Lécapène convertit en monastère de femmes la maison impériale du Myrélaion quand il y enterre son épouse qu'il rejoindra après sa mort — entraîne la venue de pèlerins.

Jusqu'au XIe siècle, la question de la clôture est réglée par des décisions épiscopales ou conciliaires. La législation est ensuite d'origine monastique. Ainsi le concile de Rouen, tenu probablement vers 879, rappelle les prescriptions des conciles précédents insistant sur le rôle de l'évêque qui doit rendre de fréquentes visites aux abbayes pour mettre fin aux abus éventuels. Les quinze chapitres du concile de Trosly tenu en 909 dressent un sombre tableau de la situation de l'Eglise. Le roi et les puissants du monde doivent respecter les nonnes. Des monastères ont été détruits, d'autres dépouillés de leurs biens ; lorsque des vestiges subsistent, les abbayes ne possèdent plus leurs propres supérieurs. La clôture a disparu. Pour qu'une telle situation change, les abbés et les abbesses doivent être régulièrement élus ; les laïcs n'ont pas le droit d'exercer un pouvoir sur les choses d'Eglise. Il faut que l'ordre soit rétabli, le faste et la toilette supprimés. Les mariages avec des moniales, vierges ou veuves consacrées à Dieu, sont vigoureusement condamnés. Et les évêques insistent sur l'obligation de chasteté.

L'archevêque de Sens Gautier prend en 923 d'importantes dispositions, à cause de graves scandales dus aux religieuses. Il interdit aux moniales noires de recevoir des dépôts dans leurs maisons sans le consentement de l'évêque. Toutes les religieuses doivent ensemble manger dans le réfectoire et dormir dans le dortoir, à moins que, pour une raison juste et nécessaire, avec la permission spéciale de l'abbesse, on n'agisse autrement. Elles n'auront plus de chambre particulière, sauf autorisation de l'évêque. Il ne leur sera pas permis d'aller dehors la nuit, sinon pour une raison importante et rarement. Il est interdit à l'abbesse d'autoriser d'autres sorties ; si par hasard elle accorde à juste titre une telle permission, elle ordonnera à la moniale de revenir sans retard. Les entrées suspectes et superflues seront obstruées. Que les évêques y veillent avec soin, eux-mêmes et leurs prêtres ; que par leur vigilance ils fassent disparaître les scandales actuels !

Il faut attendre le XIIe siècle pour que la clôture se renforce véritablement. Selon Pierre le Vénérable, élu abbé de Cluny en 1122, lors d'un incendie, les moniales de Marcigny refusent de quitter le cloître malgré les ordres du légat !

Les efforts des évêques se heurtent à des résistances. Pour pallier la décadence de l'abbaye d'Homblières, l'archevêque de Reims envoie une sainte veuve, Berthe, moniale de Saint-Pierre de Reims ; mais les religieuses ne changent pas. Alors, en 949, le comte Albert de Vermandois, son vassal Ybert et Hersent, épouse de ce dernier, demandent au roi Louis IV l'autorisation d'expulser les sœurs, ce qui est accordé. Les moniales de Marchiennes mènent une vie séculière et prodiguent les biens monastiques ; elles sont chassées, et Léduin, en 1024, est chargé d'installer des moines. Les ravages, une trop grande pauvreté entraînant une profonde décadence du monastère de Denain, les moniales le quittent — seuls quelques chanoines y restent —, mais elles reviennent ultérieurement.

Selon une bulle de Benoît VIII ordonnant en 1017 l'expulsion des religieuses de Sant Joan de les Abadesses, « tous disaient que l'abbesse était la plus criminelle de ces néfastes prostituées de Vénus ». De hauts personnages s'étaient rendus à Rome pour signaler les fautes des moniales qui allaient de l'incontinence au parricide. Le pape demanda à l'abbesse de venir s'expliquer, mais elle refusa. Des chanoines réguliers remplacèrent les moniales.

Pour la période antérieure au XIIe siècle, les renseignements sur la spiritualité des moniales font défaut. Notons toutefois que le *Regularis Concordia* de la nation anglaise recommande la communion quotidienne.

D'autre part, en ce siècle de l'An Mille, à côté des monastères de moniales fondés, nous l'avons vu, en Allemagne près des abbayes de chanoinesses, ce qui manifeste le désir d'une plus grande austérité, se mettent déjà en place des réformes, limitées toutefois à quelques régions.

Certes, le nombre de femmes considérées comme saintes est relativement faible par rapport aux époques antérieures : 17 de 950 à 999, 15 de 1000 à 1049, alors qu'il s'élève jusqu'à 73 pour la seconde moitié du VIIe siècle. Le pourcentage des saintes par rapport aux saints varie dans de moindres proportions : 16,2 % de 950 à 999, 11,4 % de 1000 à 1049 — 20 % de 650 à 699.

Il n'empêche ! L'humilité est une des principales caractéristiques de la personne qui se consacre à Dieu. Dans le secret des monastères, des femmes fidèles à la règle vivent probablement sans faire parler d'elles.

Guibert de Nogent décrit le comportement de sa mère lorsqu'elle embrasse la vie religieuse. Arrivant auprès du monastère de Saint-Germer de Fly auquel elle a décidé de se donner, elle y trouve une femme âgée, vivant sous l'habit religieux, d'extérieur très pieux ; aussi la contraint-elle à venir habiter avec elle. Elle partage ses austérités : « Imitant sa frugalité, sa recherche d'aliments très humbles et, pour le sommeil, rejetant les luxueux montants de son lit habituel, on la vit se contenter d'un drap et d'une paillasse. Bien qu'elle fût encore d'une éclatante beauté et ne manifestât aucun signe de vieillissement, elle s'employa à paraître, sous les rides d'une vieille femme, avoir atteint l'âge de la décrépitude. Les flots de sa chevelure (élément habituellement essentiel du charme féminin) tombèrent sous les multiples coups de ciseaux ; son vêtement sombre, déployé en une ampleur inaccoutumée, agrémenté d'innombrables ravaudages, prouvait assez, avec un méchant petit manteau non teint et des chaussures irrémédiablement percées, combien tout demeurait intérieur pour quelqu'un qui ne cherchait à plaire qu'à travers si peu d'apprêts.

« Renouvelant presque quotidiennement la confession de ses anciens péchés — car elle savait que de là dérive tout bien —, elle appliqua continuellement sa pensée à analyser ses actes passés… Ainsi l'auriez-vous vue prier au milieu de tant de lamentations, se consommer en une si intense angoisse spirituelle que, même lorsqu'elle travaillait, elle ne cessait pour ainsi dire jamais de prononcer des paroles de supplication accompagnées de cruels sanglots. Auprès de la vieille femme de qui j'ai parlé, elle avait appris les sept psaumes de la pénitence, non en les lisant, mais en les écoutant ; elle les ruminait, si j'ose dire, nuit et jour y trouvant tant de saveur que jamais, mon Dieu, sa psalmodie résonnant suavement à Tes oreilles, ne manquait d'être accompagnée de soupirs et de gémissements…

« Seigneur, Tu le sais, dans la mesure où j'ai pu apprécier le contenu de sa pensée, jamais je n'ai vu s'atténuer en son âme ni la crainte de la damnation, ni son amour à Ton égard. »

Le voile sacré, la mère de Guibert de Nogent le garde presque trois ans. Malgré son épuisement elle continue à faire oraison. Une maladie de poitrine lui fait perdre le sommeil et, cent fois par nuit, elle invoque le Seigneur Jésus ; finalement elle doit garder le lit. Alors qu'elle est sur le point de mourir, le maître de Guibert déclare bien regrettable l'absence de ses fils. Mais le foudroyant du regard, elle lui répond : « Même s'ils habitaient comme autrefois le monastère voisin, Dieu m'est témoin que je ne souhaiterais voir assister à mon trépas, ni eux, ni personne de ma parenté. Il n'y a qu'un seul être que, de toute mon ardeur intérieure, j'attends ; oh ! combien je souhaite qu'Il soit seul à m'assister. »

A des milliers de kilomètres, à Byzance, la mère de Psellos mène une vie similaire. Elle a pour souci essentiel de refréner les désirs corporels, « d'asservir la bête » écrit son fils, de chasser de son esprit toute vaine pensée, de vivre tout entière tendue vers Dieu. Elle couche sur la terre nue, jeûne, ne boit que de l'eau. Elle prie durant de longues heures, et Psellos nous la montre alors immobile comme en extase.

Après la mort de son époux, lui aussi réfugié dans un monastère, sa dévotion augmente encore. Elle supprime même le nécessaire, malgré les objurgations des siens. Lorsqu'elle cède et demande un repas un peu plus substantiel, elle s'en repent aussitôt et envoie chercher quelque pauvresse pour qu'elle mange à sa place la nourriture. Un tel régime évidemment l'affaiblit, de sorte que deux servantes doivent l'aider lorsqu'elle souhaite se rendre à l'église ou se tenir debout durant l'office.

Elle n'a pourtant pas encore revêtu l'habit des religieuses, s'estimant indigne de cet honneur. Mais un songe la décide. Une de ses amies du couvent rêve qu'elle se trouve dans la loge impériale, à l'Hippodrome. Là, autour d'un trône d'or, sont rangés d'autres trônes d'or et d'ivoire. Un peu à l'écart, l'un d'eux est constitué d'une matière sombre et brillante. Une voix déclare qu'il est destiné à Théodote qui doit venir prochainement s'y asseoir. Celle-ci, à la surprise générale, le jour de sa consécration, s'avance sans aide vers l'autel et pendant tout l'office se tient debout. Elle reçoit du prêtre l'anneau d'or, les sandales, la croix, puis communie. Brusquement elle se sent mal et s'évanouit. Revenue à elle un moment, elle meurt doucement.

Etrange contradiction. Par la consécration, par une existence vouée à l'humilité, les religieuses doivent mourir au siècle. Et pourtant certaines d'entre elles, grâce à cet état, ont pu jouer un rôle essentiel dans la société aux côtés des laïcs.

QUATRIÈME PARTIE : ACTIVES

Les femmes d'origine aristocratique ont la possibilité de jouer un rôle sur le plan politique ou culturel. En revanche les femmes de toutes conditions interviennent dans le domaine économique.

1

ÉCONOMIE

C'est par l'intermédiaire de deux éléments ou de l'un d'entre eux que la femme se manifeste : le travail, les biens.

LE TRAVAIL

Seules les aristocrates et les femmes consacrées à Dieu, nous l'avons constaté, intéressent les auteurs. Et comme il s'agit de clercs, ils s'abaissent rarement à parler, sinon dans des textes particuliers comme les règles monastiques, de problèmes domestiques. Or la population est constituée presque exclusivement de paysans. La plupart sont mariés. La femme, il ne peut en être autrement, joue un rôle fondamental au sein du foyer.

L'archéologie fournit heureusement des objets d'usage culinaire, des pelotes de laine, des fuseaux. Elle permet ainsi de connaître le cadre de vie des femmes, là où elles préparent les aliments, confectionnent les vêtements.

Le site de Colletière, à Charavines, dans les eaux du lac de Paladru [1], fournit de précieux renseignements pour

1. Sur le site de Colletière, voir Michel Colardelle et Eric Verdel, *Chevaliers-paysans de l'An Mil.*

notre période dans la mesure où, fondé en 1003, il est abandonné vers 1035. Les colons qui s'installent en ce lieu au début du XIe siècle, probablement jeunes, sont riches. Chevaliers-paysans, ils vivent dans trois fermes à l'intérieur d'un quadrilatère fortifié d'une superficie de 1 140 mètres carrés environ. Le bâtiment central, haut de 14 mètres, comporte une grande pièce carrée de 10,5 mètres de côté, pourvue d'une grande cheminée centrale de chêne à hotte. Au-dessus, un étage, probablement deux. Le deuxième bâtiment, moins haut (10 mètres), est d'abord utilisé comme étable et bergerie, puis sert de demeure avec des dépendances pour l'agriculture. Le troisième doit remplir les mêmes fonctions.

A Baillet-en-France, des constructions correspondent selon toute vraisemblance à des manses dont l'occupation, à en juger par le mobilier céramique, date du Xe et du début du XIe siècle. Au centre de l'un de ces manses se trouve une grande bâtisse longue de 10 mètres et large de 5 mètres à 5,5 mètres, avec des annexes. Un autre manse situé à 65 mètres environ comporte un bâtiment, maison ou grenier, large de 5 mètres et long de 6 mètres au minimum.

Le battage et le vannage des céréales a lieu apparemment à l'intérieur des fermes à en juger par la présence de restes d'épis, ainsi que l'élimination des mauvaises herbes. Le grain broyé sur des meules plates donne une farine grossière qui permet de confectionner des galettes, des pains. Des bouillies sont cuites dans des poteries pouvant contenir un ou deux litres et capables d'aller au feu ; mais l'on préfère mettre dans ces bouillies des pierres passées au feu auparavant. Des poêles de fer munies de longs manches et de becs verseurs ont été également retrouvées. Quant aux galettes et aux pains, ils cuisent dans des fours domestiques où ils ont été placés grâce à des pelles de bois. Les viandes, dont certaines sont conservées par salaison dans de grands récipients ou séchées dans les hottes des cheminées, sont presque toujours bouillies. De la sorte elles fournissent à la fois la viande et un bouillon gras qui permet d'apprêter les légumes fournis par les jardins.

Ce sont les foyers intérieurs qui, outre leur fonction de chauffage, permettent de préparer les aliments. Les foyers extérieurs servent, quant à eux, à l'artisanat.

Se nourrir mais aussi se vêtir. Les fouilles de Colletière attestent non seulement la pratique du filage et du tissage mais encore ont permis de mettre à jour des outils nombreux et variés. Fibres végétales (lin, chanvre) et animales (moutons) sont cardées à l'aide de peignes de bois aux dents de fer. Puis les écheveaux sont mis sur des quenouilles. Malgré l'absence de métiers à tisser sur le site, les femmes ont dû en utiliser car deux navettes ont été retrouvées. Des boules de verre permettent de lisser le tissu ainsi obtenu.

Revenons sur ce travail féminin du filage et du tissage. Le filage est une opération qui consiste à étirer les fibres, donc à les amincir, et à les tordre afin de produire un fil. Ce filage se fait soit au sec, fournissant des fils plutôt grossiers et irréguliers, soit au mouillé, donnant des fils fins et réguliers. Pour ce faire, la filasse attachée à un petit bâton léger, la quenouille, est dévidée par les femmes au moyen du fuseau, baguette de bois d'une quarantaine de centimètres, effilée à ses extrémités et comportant à la base une fusaiole (anneau, disque en terre cuite, bois, pierre) qui permet d'entretenir sa rotation.

A Baillet-en-France, les cabanes constituent probablement des ateliers de tissage ; elles sont construites sur des excavations, afin de maintenir une certaine humidité.

A l'époque carolingienne, les femmes utilisent le métier à deux barres. Un cadre de bois comporte deux montants verticaux fixes et deux barres horizontales bien calées dans ces montants pour obtenir un ensemble rigide. La barre inférieure peut être montée et descendue à volonté selon que l'on veut plus ou moins tendre la chaîne. La barre supérieure reste fixe. De petites tiges horizontales mobiles séparent les fils verticaux (fils de chaîne) ; une baguette permet de passer les fils de trame à travers la chaîne. La broche en bois dur ou en os abaisse et presse les fils de trame.

Dans le capitulaire *De villis* (« des domaines royaux ») (800-813), Charlemagne ordonne aux intendants de fournir à temps aux gynécées de l'ouvrage, c'est-à-dire lin, laine, guède, vermillon, garance, peignes à laine, carde, savon, oint, petits pots et autres menues choses qui y sont nécessaires.

L'*Admonitio* générale de 789 indique de façon négative les travaux des femmes : le dimanche celles-ci ne doivent pas tailler des vêtements, coudre, carder la laine ou battre le lin, laver dans un endroit public, tondre les brebis. Donc des activités liées avant tout au travail textile. Le polyptyque [1] de l'abbaye de Saint-Germain-des-Prés, rédigé entre 825 et 829, indique que les étoffes fabriquées sont principalement des pièces de toile ou de serge.

Vers l'An Mille, les aristocrates, ainsi que les abbesses, filent et tissent. Mais elles se consacrent probablement, comme à l'époque carolingienne, à des travaux de luxe destinés aux seigneurs ou aux églises. Adélaïde, femme d'Hugues Capet, fait, selon Helgaud de Fleury, auteur d'une vie du roi Robert le Pieux, « pour le saint pontife Martin une chasuble brodée d'or fin... Elle fit pour le même bienheureux confesseur une chape entièrement tissée d'or, et deux d'argent. Et à celui qu'après le Seigneur elle chérissait entre tous, à saint Denis, elle donna également une chasuble d'un travail admirable ». Une pièce de vers conservée dans un manuscrit de la Bibliothèque vaticane datant du Xe siècle montre plusieurs femmes en train de faire un vêtement qui sera offert à Saint-Pierre de Rome.

1. Description de biens immobiliers.

L'emploi du temps des religieuses fait une place au travail manuel dont saint Benoît se borne à fixer les moments au cours de la journée. « L'oisiveté est l'ennemie de l'âme. C'est pourquoi, aux moments fixés, les frères doivent s'occuper au travail des mains... De Pâques aux calendes d'octobre, on sortira dans le matin pour faire le travail nécessaire, depuis la 1re heure jusqu'à la 4e environ... On dira none plus tôt, au milieu de la 8e heure ; et de nouveau on travaillera à ce qu'il faut faire jusqu'à vêpres. Si les nécessités du lieu ou la pauvreté exigent qu'ils s'emploient aux récoltes, ils ne s'en contristeront pas... »

Le travail manuel ne concerne pas seulement la tenue de la maison.

L'agriculture, rudimentaire, a besoin de bras ; aussi l'aide de tous est-elle nécessaire. L'homme seul peut labourer, battre le blé avec le fléau, ou tailler la vigne et les arbres. Travaux pénibles certes, mais la répartition des tâches a également valeur symbolique. La terre est femme, c'est à l'homme de la féconder. La vie de saint Géraud d'Aurillac, attribuée à l'abbé Odon de Cluny, rapporte l'anecdote suivante : au cours d'un voyage, saint Géraud, apercevant une paysanne qui conduit une charrue dans un petit champ, ordonne à son serviteur de lui donner de l'argent pour qu'elle embauche un agriculteur en remplacement de son mari malade. Il ne convient pas, en effet, qu'une femme exécute un travail viril.

Au printemps et au début de l'été, les paysannes aident leur mari à tondre les moutons.

En juin, ou en juillet dans le nord de l'Empire, elles prennent part à la fenaison. Pendant que les hommes fauchent, elles mettent l'herbe en tas. Une enquête de la fin du IXe siècle décrivant un groupe seigneurial qui relève d'une abbaye de Basse-Rhénanie indique qu'au printemps le manse doit labourer un journal de corvée : « Sur le journal de corvée, la femme doit lier les gerbes, les rassembler et les empiler en cinq gerbiers. Elle prend quatre gerbes pour elle. Son mari rentre deux des gerbiers à la grange domaniale. Le reste, la cour s'en occupe elle-même. »

Fin juillet, en août, les faucheurs des deux sexes, à l'aide de faucilles, coupent le blé. Les femmes lient en gerbes.

En septembre et octobre, avant que le froid et la pluie n'aient compromis la qualité du raisin, hommes et femmes procèdent gaiement à la vendange, celles-ci se chargeant de couper les grappes. Puis des hommes vident les paniers dans des hottes placées sur des bêtes de somme ou dans de grandes cuves de bois mises sur des charrettes.

Lorsque arrivent l'hiver et le moment de tuer le porc, il appartient au mari de maîtriser l'animal et de le tuer et à l'épouse de recueillir le sang.

La femme surveille aussi le troupeau varié de la ferme.

Au total une quasi-inconnue des textes, dont on devine cependant qu'elle tient une place essentielle sur le plan domestique.

LES BIENS

Les aristocrates peuvent détenir de nombreux domaines. Certaines paysannes ne sont pas entièrement démunies.

Alors que le testament disparaît brusquement dans de nombreuses régions françaises au VIIIe siècle, une partie du domaine méridional constitue une exception : la pratique testamentaire se poursuit dans la région toulousaine, en Rouergue, en Septimanie, non seulement pour les seigneurs, mais également pour les gens d'humble condition. Deux exemples, une laïque, une moniale.

La vicomtesse de Narbonne, Adélaïde, après avoir

rédigé un premier testament en 978, en fait un autre le 29 mars 990.

« Moi, Adélaïde, vicomtesse, bien que j'aie le ferme espoir de vivre, je crains la chute de l'humaine fragilité et que la mort me prenne inopinément. J'ai donc réfléchi en moi-même, par amour pour Dieu, comment je devais disposer de mes biens propres et de ma fortune. Et voici ce que j'en fais…

« Au monastère de Saint-Chinian, je donne toutes les salines que j'ai à Escales et que j'ai achetées, à l'exception de celles qui ont été à Framald. Et dans le terroir de Capestang, les salines que j'ai achetées à l'évêque de Béziers, Bernard, et le manse qui est dans le domaine de Selmes avec toutes les terres que j'y ai achetées et tout l'alleu que j'ai acquis en justice ou que j'ai acheté dans le domaine de Coutelle d'une femme nommée Sposia : il y a quatre manses avec cours, près de l'église, un pressoir, des jardins, autant que j'en ai. A la condition que les moines qui servent Dieu tiennent tous ces biens collectivement. Et si l'abbé du lieu veut leur enlever ces biens, que l'un de mes proches ait le droit de tout racheter et d'en donner le prix aux moines…

« Au vicomte Raimond, mon fils, je donne la vicomté de Narbonne et du Narbonnais, avec cens et droit de ban et l'honneur qui revient au vicomte avec les fiscs... » (trad. M. Bourin-Derruau).

Extraits d'un long testament montrant quelles peuvent être les possessions d'une aristocrate méridionale. Adélaïde est à la tête d'une fortune foncière considérable située dans un rayon d'une vingtaine de kilomètres autour de Narbonne. Cette fortune, elle l'a développée grâce à une gestion très efficace. Le terme « j'ai acheté » revient à maintes reprises.

Outre les établissements religieux, des membres de la famille, des fidèles reçoivent des legs, certains sans limite de temps, d'autres pour leur vie ou celle de leurs enfants.

Bien entendu, l'honneur attaché à la fonction vicomtale dont Adélaïde a hérité passe à son fils. Le premier testament de 978 signale qu'elle possède en outre une importante fortune mobilière constituée en particulier de troupeaux.

Le testament d'Aurucia, probablement une moniale de Sant Pere de les Puelles, atteste que la richesse n'est pas l'apanage des seules grandes dames (5 février 992).

« Au nom de Dieu. Moi Aurucia, consacrée à Dieu, gisant dans mon lit en proie à la maladie, j'espère en la miséricorde divine et redoute que, par suite de ma fatigue, ne survienne brutalement la brutale échéance de ma mort…

« J'ordonne de donner à Eldefred et son épouse Sinnulo les maisons et l'exploitation que je possède à Barcelone, à la condition cependant qu'ils fassent donner deux *pensas* pour le repos de mon âme… les terres et les vignes, les bâtiments et les exploitations, les jardins avec les arbres fruitiers et le puits, les cuves et les tonneaux, ce que je possède à la Gavarra, intégralement… le jardin que je possède devant la porte de la cité de Barcelone… l'alleu que j'ai acheté du seigneur Borrell, comte…

« J'ordonne de vendre à Gelmir l'alleu que je possède à Megoria, à la condition qu'il fasse racheter cinq captifs pour le repos de mon âme. Je prescris de céder à Grudelle, consacrée à Dieu, l'échoppe que je possède devant la porte de Barcelone, ainsi que deux modies de vigne… et un vase, une étoffe de soie, deux couvertures, des coffrets, une pelisse d'Espagne et deux cuves. J'ordonne de donner pour mon fils Recosind qui se trouve en captivité deux *pensas*. J'ordonne de donner à Sinnelo, femme d'Eldefred, une pelisse d'agneau d'Espagne, un voile [?] et une couverture. Je lègue à Joan appelé Bovet une cape, une chemise et une paire de braies… Je concède à Falcucio, fils de feu Constantin, la vigne que je tiens de son père en gage. Eldefred me doit dix onces d'or ;

faites-les réclamer et donner pour le repos de mon âme selon ce qui vous paraîtra préférable… Ce que vous pourrez découvrir encore, alleux, terres, vignes, zones cultivées ou espaces en friche, provenant tant de mon héritage que de mes achats ou de mes prises de gages, faites-le saisir et vendre et faites-en donner le prix pour le salut de mon âme… » (trad. M. Zimmermann).

Ainsi Aurucia lègue de nombreux alleux situés à Barcelone ou aux environs ainsi que de l'or et de l'argent, des produits agricoles, du matériel vinicole, des vêtements. Les attributaires sont la cathédrale et diverses églises de Barcelone, des monastères proches, des particuliers. Elle ordonne aussi à ses exécuteurs testamentaires de recouvrer ses créances, de vendre des biens et d'en affecter le montant à des aumônes.

Aurucia est aisée. Les vêtements qu'elle mentionne dans son testament attestent un certain confort. Elle gère activement ses biens, achète des terres — un alleu lui a été vendu par des Juifs —, fait du commerce, pratique le prêt à intérêt. Le vœu de pauvreté ne semble guère respecté : elle lègue d'ailleurs à une autre religieuse l'échoppe qu'elle détient sur le marché à la porte de Barcelone. Il s'agit sans doute d'une veuve — son fils Recosind est prisonnier des musulmans — qui s'est retirée au monastère pour assurer sa sécurité.

Les chartes de l'abbaye de Cluny permettent de voir comment se constitue peu à peu le patrimoine de certaines femmes de condition relativement humble.

La clunisoise Dominique, originaire probablement de Confrançon car elle y est propriétaire d'une exploitation, épouse en premières noces Engelard : ce dernier a des biens dans un village proche, Varanges, où sa femme acquiert par son douaire ou par des acquêts communs au moins trois vignes et, par acquêt personnel, un champ. Dominique se remarie avec David, lequel est propriétaire d'une exploitation à Munet, à deux lieues de Varanges, et obtient, à titre de douaire, un tiers de cette propriété. Voici donc trois exploitations d'origine différente. En outre David procède à toute une série d'achats entre 979 et 1005. A l'exception du premier acquêt situé près de Munet, les autres sont concentrés à Varanges. Les deux époux achètent ainsi 2 curtils de 78 perches carrées, 7 champs dont 5 mesurés de 127 perches carrées, 4 vignes dont 3 mesurées de 82 3/4 perches carrées, un pré de 12 perches carrées, au total 14 parcelles dont 11 mesurées de 5 526 mètres carrés. L'ensemble évidemment n'est nullement comparable aux domaines d'Adélaïde, vicomtesse de Narbonne. Mais une politique active d'achats effectués par le couple est manifeste.

Utilisant le fait que les scribes, pour identifier les pièces de terre, donnent souvent le nom de propriétaires voisins, et d'autre part que les actes indiquent les donateurs et vendeurs, un historien américain, David Herlihy, a essayé de déterminer l'importance du rôle économique des femmes. Selon lui, celles-ci représentent dans le nord de la France au IXe siècle 7 % des propriétaires voisins, au Xe siècle 4 %, dans la première moitié du XIe siècle 0 % ; dans le sud de la France au IXe siècle 8 %, au Xe siècle 9 %, dans la première moitié du XIe siècle 10 %. Un certain nombre de ces terres ne constituent pas toutefois des propriétés uniquement féminines, mais appartiennent à des femmes et à leurs enfants mineurs. D'autre part des épouses peuvent administrer les biens du ménage pendant l'absence de leur mari. Les femmes principales aliénatrices de terres représenteraient dans la France septentrionale au IXe siècle 7 % du total des donateurs ou vendeurs, au Xe siècle 11 %, dans la première moitié du XIe siècle 11 % ; dans le sud de la France au IXe siècle 8 %, au Xe siècle 13 %, dans la première moitié du XIe siècle 11,5 %. Cette manière de procéder, novatrice, a été vivement critiquée. En effet les pourcentages sont obtenus parfois à partir d'actes trop peu nombreux, en tout cas fort différents et mis sur le même plan. Il n'en reste pas moins que l'influence féminine apparaît plus grande dans la France méridionale et la Catalogne que dans la France septentrionale — phénomène d'ailleurs corroboré par les textes.

Nous avons vu que la gestion des biens durant la vie conjugale relève du mari. Toutefois, vers l'An Mille, la femme se montre souvent plus attentive à cette gestion que précédemment en apposant par exemple sa signature au bas d'actes de donation de son époux, signifiant ainsi qu'elle accorde son approbation. Mais comment se comporte-t-elle, une fois dégagée de l'emprise masculine ?

Sur le plan économique, la veuve devient autonome, mais elle doit trouver un défenseur pour s'occuper de ses intérêts. Le comte Arnoul II est l'avoué de la reine Gerberge pour ses biens lotharingiens. Lorsque le comte Eudes Ier décède, son épouse Berthe choisit, comme avoué, en 996, le roi de France Robert.

Certaines aristocrates défendent énergiquement leurs possessions. Ainsi Gerberge, veuve de Giselbert de Lotharingie, remariée avec le roi de France Louis IV. Richer raconte comment elle réagit lorsque le comte de Hainaut, Regnier au Long Col, s'empare des domaines faisant partie du douaire que lui a laissé Giselbert et qui doivent revenir à Regnier après sa mort. « C'est ainsi qu'il [Regnier] eut l'audace criminelle de faire main basse sur les palais et les domaines royaux que possédait en Belgique la reine Gerberge. Mais la reine s'empressa de consulter dans l'intimité ses fidèles sur les moyens de les reprendre. Mon père étant l'un de ceux qui paraissaient les plus désignés pour l'opération, c'est à lui qu'on demanda de la diriger. Il se chargea en personne des dispositions à prendre. » Le père de Richer envoie quelques hommes aguerris à Mons où demeure l'épouse de Regnier avec deux fils en bas âge, afin de rendre compte de la disposition des lieux, de l'importance de la garnison, de la vigilance des sentinelles. A la faveur de travaux de fortifications, deux d'entre eux, déguisés, pénètrent dans la place. Après avoir tout espionné, ils reviennent et rapportent ce qu'ils ont vu. Le père de Richer se rend alors, d'accord avec la reine, avec deux compagnies à la place forte où il entre de nuit. Pénétrant dans la chambre de la dame, il enlève la mère et les deux enfants. La place incendiée, il retourne avec eux auprès de la reine Gerberge. « A cette nouvelle, Regnier, dans sa détresse, demande à Brunon, frère de la reine, de lui fixer sans tarder une entrevue, là où il plaira à la reine, afin de rentrer en possession de sa femme et de ses enfants, tandis que la reine recouvrera ses palais et ses domaines. L'entrevue eut lieu à la date convenue et, après les explications des deux parties, la reine recouvra ses domaines sur l'usurpateur et celui-ci ramena chez lui sa femme, ses enfants et la garnison. »

La veuve toutefois, au xe siècle, ne peut disposer de ses biens sans contrôle, comme l'atteste une donation qu'effectue la même Gerberge au profit de Saint-Remi de Reims. Son premier mari lui a accordé en douaire le monastère Saint-Pierre de Meersen avec ses dépendances. Ce douaire, Gerberge le conserve après son remariage. En 968, elle décide de l'attribuer à Saint-Remi de Reims, les moines devant prier pour elle, pour Giselbert et les parents de celui-ci. Elle ne demande pas l'accord des deux fils qu'elle a eus de Giselbert, mais son frère Otton et son fils cadet Charles, fils de Louis IV, acceptent la donation. Le coup de force du neveu de Giselbert montre que le sort des douaires suscite des contestations au sein de la parentèle.

A la fin du xe siècle, le consentement des fils devient même nécessaire pour que les veuves puissent se séparer de leurs biens propres. En 978, Ledgarde, veuve de Thibaud le Tricheur, comte de Blois, Chartres et Tours, donne à Saint-Père de Chartres, avec l'accord de ses fils, des domaines dans le Vexin qui proviennent de son héritage paternel. L'acte comporte la « signature » de son fils, le comte Eudes Ier, et de sa fille Emma, comtesse de Poitiers. Vers 987-995, c'est en accord avec son fils Walker que Gisèle fait don de son alleu de Bourbourg à Saint-Pierre de Gand. A plus forte raison pour se séparer de leur douaire, les veuves ont besoin de l'accord de leur fils. Lorsqu'en 1015 Gonnor offre son douaire au Mont-Saint-Michel, elle fait approuver la donation par ses fils, le duc Richard de Normandie et l'archevêque de Rouen Robert. Ainsi l'influence du lignage s'accentue-t-elle, afin de garantir l'héritage familial et d'empêcher la dispersion du patrimoine.

En revanche les veuves disposent d'un droit de regard sur l'héritage marital. Un fils ne peut guère disposer des biens de son père sans le consentement de sa mère. En 978, Ledgarde, veuve de Thibaud le Tricheur, l'évêque Hugues et le comte Eudes ses fils donnent à Saint-Martin de Tours un domaine situé dans le comté de Troyes et propriété du comte Thibaud.

Lorsque la veuve n'a comme héritiers que des parents assez éloignés, elle jouit d'une plus grande liberté. Marcswidis, issue d'une noble famille de Westphalie, veuve sans enfants, voit ses biens convoités par deux cousins germains. Mais ils ne peuvent l'empêcher de léguer à l'Eglise toute sa fortune, non seulement les biens reçus de ses parents, mais aussi ceux donnés par son mari. Néanmoins les cousins ne renoncent pas. Après la mort de Marcswidis en 960, l'un d'eux tente de récupérer les biens légués à l'abbaye de Schildesche qu'elle a fondée. Mal lui en prend. La vengeance divine le punit, lui occasionnant une chute mortelle de cheval !

En Catalogne où les femmes jouissent pourtant d'un statut privilégié, les comtes insistent sur le caractère viager de la possession du douaire. La comtesse Ermessende déclare à propos de l'héritage que lui a légué son mari qu'elle a reçu ces biens « à titre viager, tant que je vivrai ». Pour que des domaines puissent sortir du patrimoine familial, il faut qu'ils soient légués à une fille nubile ou donnés à un gendre à titre de dot.

Mais le douaire, au XIe siècle, est de plus en plus versé en espèces. Les comtesses, dans leur testament, remettent des dettes, ordonnent de rendre les gages qu'elles détiennent à leurs débiteurs. Un moindre contrôle s'exerce sur le douaire ainsi monétarisé. Chaque conjoint dispose maintenant de biens plus nettement différenciés.

En tout cas, et la chose est évidente en Catalogne, vers l'An Mille, la femme, à la mort de son mari, reçoit l'usufruit de ses biens qui s'ajoutent à ses propres. Elle gère seule le patrimoine familial tout en exerçant la tutelle des enfants mineurs. Sa place éminente est attestée par le fait que les nobles, dans les serments de fidélité, ne mentionnent que la filiation maternelle.

Les femmes célibataires peuvent disposer librement de leurs alleux, qu'ils soient reçus de leurs parents, qu'elles les aient achetés ou obtenus d'une autre manière (prise de gage). La femme catalane n'est nullement inférieure à l'homme sur le plan économique, ainsi que l'atteste cet acte du 10 juin 993.

« Au nom du Seigneur. Moi Ermengarde, femme, dite *Bona Domna*, et moi Ellregodo, femme, nous sommes donatrices à Dieu et Sant Cugat. Il est en effet manifeste que nous avons décidé dans nos cœurs et que nous décidons, sous la pression d'aucune contrainte ni la suggestion d'aucune persuasion, mais que nous avons choisi avec l'aide de Dieu, de notre propre et libre volonté, de faire une charte de donation audit Sant Cugat, ainsi que nous l'avons fait, donation portant sur nos terres propres qui nous advinrent, à moi Ermengarde, de mon père, décédé, ou par toute voie, et à moi Ellregodo à la suite d'un achat, ou par toute autre voie... Et c'est manifeste : nous donnons et transférons de notre droit au monastère de Sant Cugat, dans sa propriété, ces terres avec les arbres plantés à l'intérieur, ainsi que ce jardin, intégralement afin que Sant Cugat en soit honoré à perpétuité » (trad. M. Zimmermann).

Ermengarde et Ellregodo se bornent, pour se situer sur le plan social, à décliner avec fierté leur qualité de femme.

Peut-être est-il possible de parler, ainsi que le fait Martin Aurell à propos de la Provence des années 970-1030, d'un statut privilégié de la femme aristocratique vers l'An Mille.

2

POLITIQUE

Il est peu d'époque où d'aussi nombreuses femmes ont occupé le devant de la scène politique. Certaines ont eu une influence désastreuse, la plupart se sont révélées énergiques et capables de redresser des situations apparemment catastrophiques. Nombre d'aristocrates ont joué un rôle dans un cadre plus ou moins large. Mais comme il n'est pas question de les étudier toutes, nous nous bornerons à quelques exemples, particulièrement significatifs, avant d'aborder les causes d'une telle situation.

PORTRAITS

Deux impératrices allemandes

Adélaïde

Adélaïde, fille du roi de Bourgogne Rodolphe II, est née en 931. Dès l'âge de six ans son existence est liée à l'Italie. Son père étant mort en 937, le roi d'Italie Hugues d'Arles épouse sa mère, la reine Berthe, et la fiance à son fils Lothaire. Il espère ainsi s'emparer du royaume de Bourgogne, mais échoue car Otton Ier intervient en faveur de Conrad le Pacifique, frère d'Adélaïde. Celle-ci néanmoins gagne l'Italie où elle se marie, en 947, à Lothaire qui succède à son père cette même année.

Lothaire étant mort en 950, le puissant Bérenger d'Ivrée se fait proclamer roi. Un parti prend fait et cause pour la jeune reine et la pousse à se remarier car, selon l'ancienne coutume lombarde, la reine veuve peut transmettre la couronne à son nouveau mari. Pour écarter cette possibilité, Bérenger emprisonne Adélaïde dans la forteresse de Côme, près du lac de Garde. Les partisans de la jeune femme s'adressent alors à Otton Ier qui s'empare de Pavie le 23 septembre 951 et prend le titre de roi des Lombards. Adélaïde cependant a pu s'enfuir et trouver refuge chez l'évêque de Reggio. Otton, devenu roi d'Italie, l'épouse peu après. Elle a vingt ans.

Désormais Adélaïde, jusqu'à sa mort en 999, va occuper une place importante auprès de son royal, puis impérial époux, et, de nouveau veuve, auprès de son fils Otton II, puis de son petit-fils Otton III.

Belle, intelligente, cultivée, Adélaïde exerce une réelle influence sur son mari à qui elle donne quatre enfants. Deux d'entre eux survivent, Otton, le futur empereur, et Mathilde, plus tard abbesse de Quedlinburg. Adélaïde intervient fréquemment : de 952 à 961, dix-sept diplômes mentionnent sa participation ; elle exhorte, demande ou conseille. Elle invite Otton à descendre en Italie pour s'y faire couronner empereur. Chose faite le 2 février 962. Adélaïde devient impératrice. Odilon de Cluny, auteur d'une *Epitaphe d'Adélaïde* rédigée probablement en 1002, n'hésite pas à écrire qu'elle mit Otton à la tête de Rome. Plus qu'une telle affirmation, les titres de la nouvelle impératrice attestent son importance ; elle est dite *auguste, très auguste, corégente du royaume, corégente de l'empire*. De 962 à 972, près de la moitié des diplômes relatifs tant à la Germanie qu'à l'Italie manifestent son influence.

Après la mort d'Otton Ier en 973, Adélaïde joue un rôle encore plus décisif. La première année de son veuvage elle intervient dans vingt-huit actes faits au nom du nouvel empereur. Régente, elle gouverne avec lui. Mais de méchantes gens, dit Odilon, mettent la brouille entre la mère et le fils. La raison en est d'ordre financier. Adélaïde possède des biens importants. Les uns provenant de son père et de son premier époux se trouvent en Italie. Les autres sont composés du douaire que lui a constitué Otton Ier, ainsi que d'une seconde donation du même. Alors qu'elle a le droit de disposer librement de ses possessions italiennes, il n'en va pas de même pour celles qui se situent en Allemagne. Il s'ensuit un conflit entre la reine mère et Otton II qui vient d'épouser Théophano. Le fait se remarque par la quasi-disparition de son nom dans les actes des années suivantes. En fin de compte, l'abbé de Cluny Mayeul réussit à réconcilier la mère et le fils en 980. Résultat : le nom d'Adélaïde apparaît neuf fois en 983 en Italie, lors des derniers mois de l'existence d'Otton II.

Adélaïde va devoir faire face à de grosses difficultés. Son petit-fils, le jeune Otton III, âgé de trois ans à peine, est élu roi d'Italie. A peine est-il couronné à Aix-la-Chapelle que parvient la nouvelle de la mort de son père, le 7 décembre 983. Le duc de Bavière, Henri le Querelleur, cousin germain d'Otton II, le retient et réclame la régence, puis la royauté. Adélaïde, rappelée d'Italie, rentre en compagnie de Théophano, et les deux femmes, avec l'aide de l'archichancelier Willigis, parviennent en 984 à faire libérer le jeune enfant. Toutefois elles ne s'entendent guère. Elles se jalousent, et Théophano veut priver sa belle-mère de son douaire. Adélaïde se retire alors en Italie pour y maintenir l'influence impériale, cependant que Théophano détient le pouvoir comme tutrice d'Otton III.

Lorsque le roi de France Lothaire décède, sa veuve Emma s'adresse, au printemps 986, à sa mère, Adélaïde, qui l'a eue d'un premier lit. Elle souhaite lui présenter son fils Louis V et lui demande conseil. « O quand vous verrai-je, quand pourrai-je vous parler ? Les nôtres, bien sûr, veulent que le 11 mai, mon fils et moi-même venions dans les parages de Remiremont, nous présenter à vous-même et au roi Conrad. Là, en effet, se jouxtent vos royaumes. Mais ce délai vaut pour moi mille années. Sachez, en attendant, que les Grands de France ont par serment confirmé tout à la fois leur fidélité envers moi et mon fils. Sur ce point, comme sur le reste, pour la conduite à suivre, comme pour celle à éviter, nous userons de vos conseils, si bien que l'on vous dira, non seulement la mère de la reine Emma, mais encore de tous les royaumes [1]. »

Fin 986, début 987, c'est encore à sa mère que s'adresse Emma pour se plaindre de la conduite de son fils et des ragots dont elle est victime. Elle implore son aide.

« O madame, ô ce doux nom de mère, ma douleur s'est alourdie. Quand je perdis mon époux [le roi de France Lothaire], mon fils [Louis V] fut mon espoir. Il est devenu mon adversaire. Mes si doux amis d'autrefois se sont écartés de moi. Pour me déshonorer ainsi que toute ma famille, ils ont inventé des abominations à l'encontre de l'évêque de Laon... Attachez-moi les grands de votre royaume [l'Italie] ; cette union avec moi leur sera profitable. Les très puissants comtes Eudes et Herbert me rejoindront dans votre conseil. Si faire se peut, dégagez-vous des soucis, pour que nous nous plaisions à converser ensemble. Sinon, ressaisissez dans sa totalité votre vieille sagesse. Préparez des obstacles là où les Francs ne les attendent pas. Ainsi leurs assauts qui se déchaînent avec violence contre vous seront battus en brèche. D'ici là, par écrit ou par un messager très fidèle, faites-nous savoir

1. Les citations des lettres de Gerbert sont données d'après la traduction de P. Riché et de J.P. Callu.

comment nous devons agir. » Gerbert, qui a rédigé cette lettre secrète, écrit de nouveau à l'impératrice fin août 988, probablement au nom d'Adalbéron de Laon. « Il est évident que jusqu'à ce jour vous avez été la très noble souveraine, la mère des royaumes, et nous continuons à croire que, partout où fondra le danger, vous voudrez nous secourir, et à plus forte raison celle qui fut votre fille bien-aimée. Avec ou sans pouvoir, ne pas aider une fille est affligeant. Cependant nous vous engageons à faire sonder Charles [de Lorraine] par des émissaires de valeur, pour voir s'il veut vous la rendre ou bien la confier en gage. »

Adélaïde doit participer à une conférence générale sur la paix, mais, en avril 987, Gerbert informe l'archevêque de Cologne Everger du report de la conférence. au mois de mai

En 991, Théophano meurt. Adélaïde reprend en quelque sorte le pouvoir, assistée par l'archichancelier Willigis. De 991 à 994, il n'est guère de diplôme où elle n'intervienne. Elle est même fréquemment seule à demander. Les grandes lignes de la politique à laquelle le roi participe encore assez peu sont fixées en sa présence lors de la diète de Grone près de Göttingen, à l'Epiphanie 992. Cette assemblée réunit auprès d'elle, outre Willigis et Hildibald de Worms, Mathilde de Quedlinburg, sa fille et conseillère, et tous les grands.

Mais Otton III échappe à sa grand-mère. Il s'entoure de jeunes que l'entourage de son aïeule voit d'un mauvais œil et accuse de corruption, ce qui, à entendre ces personnes, ne peut qu'avoir une néfaste influence sur le souverain. Adélaïde alors préfère quitter la scène politique afin de se préparer à une mort prochaine dans un monastère qu'elle protège ou a fondé, tel celui de Selz. Le décès de son frère Conrad de Bourgogne, en octobre 993, contribue à ce désir d'éloignement des affaires. Si elle intervient dans quelques actes, c'est avant tout afin de venir en aide à de pieuses entreprises. Au cours de l'hiver 994-995, elle demeure de préférence à Augsbourg où elle s'occupe de l'œuvre de la cathédrale.

Néanmoins Otton III, couronné empereur le 21 mai 996, comprenant ce qu'il doit à son aïeule, lui exprime sa reconnaissance par l'intermédiaire de Gerbert. « A Madame l'impératrice Adélaïde à jamais Auguste, Otton, empereur Auguste par la grâce de Dieu. Puisque, selon vos vœux et désirs, la Divinité nous a, par une heureuse succession, conféré les droits à l'Empire, nous adorons la Divinité tout en nous acquittant de la reconnaissance que nous vous devons. Nous connaissons, en effet, et comprenons vos sentiments maternels, votre zèle, votre piété, et c'est pourquoi nous ne pouvons manquer d'être votre serviteur. Dès lors, parce que notre élévation exalte votre grandeur, nous multiplions prières et souhaits pour que vous éleviez la République et que, l'ayant élevée, vous la dirigiez heureusement en l'état qui est le sien. » Cette dernière phrase n'a pas évidemment à cette date de signification politique, mais exprime seulement l'affection.

Gerbert connaissait aussi la place tenue par Adélaïde. Au printemps 984 il déclare regretter son attitude à son égard et lui confirme qu'il reste son fidèle. « Voici donc ma décision : la fidélité que j'ai gardée au fils de ma souveraine Adélaïde, je la garderai à sa mère, si je ne le peux en sa présence, du moins loin d'elle par des paroles, des vœux, des prières chaque fois conformes au bien. » En même temps il demande à Eceman, moine de la chapelle de l'impératrice à Pavie, de lui servir d'intermédiaire. « Et la Maison de cette femme admirable ne voudrait pas pour toi d'autre illustration. Tu te chargeras donc du fardeau d'un ami, en suggérant des paroles de bonté. » C'est encore à Adélaïde qu'à l'automne 996 il demande aide et conseils. « Vers vous donc, comme vers le propice temple de la miséricorde, je me réfugie en suppliant, et j'invoque vos conseils et votre aide qui toujours me furent salutaires… Je vous prie donc et vous adjure pour que, sous votre empire, vos royaumes en reviennent à plus de douceur. Partout et en totalité vôtre, j'attends de vous jugement et encouragement. Cela est la seule certitude : nous entendons nous ranger à ce qui sera prouvé avoir été votre décision. »

C'est à la fin de l'été et durant l'automne de 999 que l'impératrice Adélaïde effectue son ultime voyage dans le royaume de Bourgogne. Bien que pressentant sa mort prochaine, elle l'entreprend pour essayer de rétablir la paix entre les vassaux de son neveu Rodolphe III de Bourgogne. « Parvenue à sa dernière année, alors même que ne lui échappait pas, je crois, qu'elle allait quitter ce monde, amie comme toujours de la paix, elle gagna le pays de ses pères animée du désir de la paix et de la charité. Les fidèles de son neveu le roi Rodolphe s'y combattaient entre eux ; ceux qu'elle put, elle les accorda dans des liens de paix », écrit Odilon (trad. P. Corbet). Des conversations, en effet, se déroulent à Orbe, dernière étape avant Selz où elle meurt en décembre 999.

A en croire son biographe Odilon, Adélaïde fut une véritable souveraine, et non pas une simple associée à la couronne. A la suite de la mort d'Otton Ier, elle « gouverne » l'Empire romain. Mais son rôle n'est pas lié aux seules régences. Ainsi que le fait remarquer Patrick Corbet, ses souffrances, en dehors des avanies que lui inflige Bérenger, proviennent de la privation par deux fois de son pouvoir impérial : lors de sa mésentente avec son fils et de sa compétition avec sa belle-fille. Elle règne avec bonheur ; c'est grâce à elle que l'Empire se maintient en 973 et qu'Otton III peut accéder au pouvoir en 996. Elle symbolise tout à la fois la permanence — Gerbert la qualifie de « mère des royaumes » — et la légitimité de l'empire.

Théophano

Adélaïde de Bourgogne à différentes reprises doit tenir compte de sa belle-fille Théophano, voire composer avec elle. Otton Ier a envoyé le Vénitien Dominique demander pour son fils le futur Otton II la main d'une princesse porphyrogénète. Mais Nicéphore Phocas qui détient alors le pouvoir à Byzance n'accède pas à la demande. Son successeur, Jean Tzimiscès, à la suite d'une autre ambassade, accorde la main de Théophano qui serait non point la fille de Romain II Lécapène, mais l'une de ses parentes. Otton II l'épouse à Rome le 14 avril 972.

Otton, jeune et débile, subit l'influence de sa femme. Il tente en vain de s'assurer le contrôle de l'Italie où il se rend en 980 avec elle et leur jeune fils, le futur Otton III. Lorsqu'il marche contre les Sarrasins en juin 982, il laisse sa femme avec celui-ci à Rossano. Après sa défaite près du golfe de Squillace, la famille se regroupe. A la suite de la défaite de Henri de Bavière et de sa mort, Otton, qui a juste quatre ans, est confié à Théophano, peu de temps après la diète tenue à Rohrheim à la fin juin 984.

Théophano se préoccupe de susciter chez son fils l'amour de la culture. Elle entretient d'excellentes relations avec Willigis, habile politique. Elle se montre si avisée que Thietmar de Mersebourg écrit à son propos : « Malgré la faiblesse de son sexe, elle montra une assurance pleine de modération, et ce qui est rare chez les Grecs, eut une conduite excellente : elle surveillait à la manière d'un homme le royaume de son fils. »

Adélaïde quitte bientôt la cour impériale pour l'Italie car, nous l'avons vu, les caractères fort accusés de la veuve d'Otton Ier et de sa belle-fille ne peuvent s'accorder bien longtemps. Les actes passés par Otton sur l'intervention de « notre aïeule Adélaïde » et de « notre très chère mère Théophano » ne marquent pas l'affection plus prononcée pour l'une que pour l'autre d'un jeune enfant de cinq ans, mais plutôt les égards de Willigis, l'archichancelier, envers Théophano, alors qu'il n'éprouve qu'une relative sympathie pour Adélaïde. En tout cas la présence constante de la mère auprès du jeune empereur ne reste sans doute pas sans conséquence politique.

Cette influence de Théophano s'observe à travers les lettres de Gerbert qu'Otton II a fait abbé de Bobbio. Avant la diète de Rohrheim, dans une lettre à un conseiller aulique, il se rappelle au bon souvenir de l'impératrice : « Tu feras aussi se souvenir de moi Madame Théophano. Je souhaite qu'elle se porte toujours bien et règne heureusement avec son fils. Comme il est normal, je me la rappelle souvent, et la Gaule est témoin que par mes appels solennels j'ai, comme tu le sais, stimulé le plus grand nombre possible à lui venir en aide. » Que doit-il faire ? Rester en France « comme un soldat de réserve devant le camp de César » ou se rendre à la Cour « prêt à en courir tous les dangers » ? Un an plus tard, en avril 985, Gerbert explique à Théophano pourquoi il n'a pu venir la trouver. En effet, « une lettre sacrée de notre Dame l'impératrice Théophano, toujours Auguste, toujours à aimer, toujours à respecter » lui avait été adressée pour le convoquer. « Ce n'est pas pour rien que la Divinité s'est opposée à mon désir de venir vous voir selon vos commandements. » Gerbert a défendu la cause de l'impératrice. « Je me suis trouvé au milieu des bataillons ennemis, le seul de vos partisans auxquels ils [deux comtes en prison] puissent en toute sécurité confier leur sentiment sur l'état de votre empire. » Il proteste de sa fidélité à son égard. « Toujours nous serons prêt à vous obéir. » Peu après Gerbert envoie un rapport à l'impératrice sur la situation politique : conspiration contre Otton III, réconciliation entre Lothaire et Hugues, libération de Sigefroy, paix entre Eudes, Herbert et l'archevêque de Reims Adalbéron. Il demande des nouvelles de l'assemblée qui se tient à Francfort du 20 juin au 2 juillet

985 au cours de laquelle une paix définitive est conclue entre Théophano et Henri de Bavière.

Il semble que l'impératrice ait participé avec son fils à l'été 985 à une expédition guerrière contre la Bohême et les Slaves de l'Est.

Cependant l'empire, grâce à Théophano, s'affermit. Le roi de France Lothaire, puis son jeune fils Louis V, meurent respectivement en 986 et 987. Pour se tenir au courant de la situation, la cour impériale séjourne près de la Lorraine. A la mi-janvier 987, se tient une importante assemblée à Andernach. L'archevêque de Reims Adalbéron, à l'été 986, proteste de sa fidélité à l'égard de Théophano. « Quoique jusqu'à ce jour je vous ai honorée comme ma souveraine, en raison des mérites de votre époux, le très éminent Auguste d'impérissable mémoire, les bienfaits particuliers que présentement, vous et votre fils m'accordez, font que, envers vous et les vôtres, l'affection passée ne s'interrompt pas mais qu'au contraire notre fidélité augmente à l'extrême. »

Alors que Théophano et son fils résident durant le printemps à Allsted, en Saxe, Hugues Capet devient roi de France, mais il ne constitue pas un adversaire dangereux. A l'est, le duc polonais constitue un appui fidèle. Théophano voit sa politique couronnée de succès. C'est peut-être à elle qu'est due la pacification du côté de la France. En tout cas, Gerbert informant l'archevêque de Cologne du report d'une conférence générale sur la paix souhaite y voir associée Théophano (avril 987). « Mais puisque cela avait lieu, sans que le sût Madame l'impératrice Théophano, Auguste à jamais, nous-mêmes, comprenant qu'il y avait là-dessous une machination, nous avons conseillé de faire la paix, en passant plutôt par son entremise et au préalable, par votre entremise, à vous, de l'instruire des conditions de cette paix. Ceci a été loué et on vous a nommé des compagnons de voyage. Il vous faut vous présenter, le 18 mai, à une conférence avec les

Francs. Et là, si notre seigneur conclut la paix avec le roi, il œuvrera beaucoup pour la paix entre les royaumes. » Cette réunion n'eut pas lieu en raison de la mort de Louis V.

Une lettre d'Adalbéron de juin 987 montre combien Théophano, qui assiège la place forte de Chevremont située près de Liège et appartenant à Charles de Lorraine, est impliquée dans la vie politique. « Allez-vous priver l'Eglise à jamais de ses domaines de l'évêché de Verdun… Allez-vous sur les mêmes terres souffrir la construction de forteresses, pour satisfaire ceux qui maintenant dans le secret rassemblent en foule des soldats d'élite, afin de vous attaquer, si vous êtes près de Chevremont ?… En pleine fidélité, je suis prêt à exécuter tout ce que vous m'avez signifié par l'intermédiaire de Gerbert qui vous est très fidèle. »

Comme Otton III vient d'atteindre ses sept ans, Théophano lui choisit un précepteur. Il s'agit de Bernward, futur évêque d'Hildesheim, sans doute sur le conseil de Willigis qui l'a formé.

Mais Théophano bientôt connaît des ennuis de santé. Une diète consacrée à l'Italie se tient à Constance en octobre 988, car elle ne peut se rendre dans ce pays ; ce sont au contraire les représentants du pouvoir impérial qui doivent se déplacer. Certes l'impératrice semble recouvrer bientôt la santé. Comme l'Italie exige une attention extrême et qu'elle ne veut pas la laisser aux mains de sa belle-mère, elle prend la route dès la fin de 989. Elle a d'ailleurs reçu à Ingelheim, en juillet de la même année, une délégation pontificale venue sans doute demander son aide. Willigis étant chargé des affaires du royaume, Théophano s'installe à Rome. Il est remarquable de constater qu'à Ravenne, puis peu de temps après à Pavie, elle est qualifiée d'« empereur auguste par la grâce divine ». Otton n'a encore droit qu'au seul titre de « roi ». Grâce à une titulature masculine, Théophano souhaite probablement rassurer ses partisans d'Italie.

L'été suivant elle a regagné Francfort, mais son voyage italien l'a probablement épuisée. Peu de temps après le terme d'une somptueuse diète pascale à Quedlinburg qui marque l'apogée de sa vie politique, elle décède subitement en son douaire de Nimègue le 15 juin 991. Elle n'a que trente-cinq ans. Fut-elle victime d'une épidémie ? L'annaliste de Saint-Gall écrit : « En la neuvième année de son veuvage, elle mourut, ainsi que nombre de nobles de son royaume. »

Deux impératrices qui tiennent une place éminente sur l'échiquier politique. Mais l'Allemagne ottonienne des années mille laisse entrevoir l'influence de bien d'autres femmes appartenant tant à la société laïque que religieuse.

Des laïques. Ainsi Béatrice, sœur de Hugues Capet, duchesse de Haute-Lorraine par son mariage avec le duc Frédéric, et qui devenue veuve exerce la régence car son fils Thierry n'a sans doute guère alors plus de dix ans. A la fin de l'année 983, elle obtient l'évêché de Verdun pour son autre fils Adalbéron, puis embrasse la cause des impératrices Adélaïde et Théophano qui défendent le trône du jeune Otton III contre les visées du duc de Bavière Henri le Querelleur. Durant deux ans elle est la seule à jouer un grand rôle en Lotharingie car les évêques de Lorraine, pour des raisons diverses, n'ont guère la possibilité de se manifester. « Une conférence des Dames » doit se tenir à Metz, à son instigation, ainsi que l'attestent des lettres que Gerbert lui adresse. Il lui écrit en juin-juillet 985 : « Je crois percevoir la supériorité de votre finesse : la paix est confirmée entre les grands [à Francfort], l'Etat est heureusement en ordre et, grâce à vous, changé en mieux. Il reste une seule affaire qui en émeut plus d'un : l'archevêque de Trèves, en faisant tant d'effort pour retarder le sacre [d'Adalbéron de Verdun], ou bien veut se livrer aux mains des Francs avec le duc [sans doute Thierry, fils de Béatrice] et le royaume lorrain, et cela sans vous le révéler, ce que rend vraisemblable l'entrevue prévue à Verdun, ou bien il veut machiner encore davantage... A votre sagesse de veiller en conséquence. Cherchez où penche le poids de si grands intérêts et inquiétez-vous de savoir si le duc Henri a l'intention de vous conserver sa foi. » Et Gerbert de signaler en avril 987 que « le 29 mars, Madame la duchesse Béatrice, venue au palais de Compiègne, avait fait en sorte que le 25 mai, à Montfaucon, le roi Louis, la reine Emma, le duc Hugues se rencontrassent avec Madame l'impératrice Adélaïde et le duc C[onrad] pour parachever la paix ».

En 987, bien que le jeune duc Thierry ait l'âge requis pour diriger ses Etats, sa mère garde le pouvoir. Thietmar de Mersebourg signale en 1003 qu'il est duc seulement de nom et qu'il ne l'est pas de fait. Les diplômes marquent nettement la qualité ducale de Béatrice et non celle d'épouse d'un duc.

Au printemps 990, Hugues Capet écrit à sa sœur pour lui demander de servir d'intermédiaire entre lui et Otton. « Et maintenant dans la paix, comme alors aussi dans l'angoisse, nous nous offrons, nous et nos biens, à votre service, pour que si, recourant à la force ou à l'ingéniosité, vous tentez quelque grande entreprise apte à servir votre mémoire, vous profitiez de notre peine, de notre zèle, de nos conseils, de notre ingéniosité, de nos forces. »

Des religieuses. Lorsque Otton III se rend en Italie en 997 en raison de la situation inquiétante de ce pays, il confie le gouvernement de l'Allemagne à sa tante Mathilde. L'annaliste d'Hildesheim écrit : « L'empereur se rendit en Italie pour y nettoyer cette sentine qu'était Rome, après avoir délégué le pouvoir suprême à madame Mathilde, sa tante, abbesse de Quedlinburg, en qui brillait une sagesse remarquable, peu commune en son sexe. »

Des femmes tiennent une place de premier plan d'ailleurs au sein des clans de la cour impériale. Depuis l'été 994, Sophie, sœur d'Otton III, chanoinesse, ne quitte guère son frère, célibataire, essayant de tenir le rôle d'une reine. Elle trouve un protecteur dans la personne de l'archichancelier Willigis : lorsqu'en 995 l'abbesse Gerberge lui ordonne de regagner Gandersheim, Willigis lui permet rapidement de revenir.

Face à cette princesse dont certains critiquent la manière de vivre, se dressent Bernard, l'évêque d'Hildesheim, ainsi que sa grande amie Mathilde de Quedlinburg. Ainsi, lorsqu'il faut désigner l'évêque de Cambrai en 995, l'un des deux candidats est soutenu par l'abbesse de Quedlinburg, l'autre par Sophie qui aurait été achetée. Même si le premier est choisi, Sophie reste en faveur pendant deux ans encore. Mais ses séjours continus hors de son abbaye suscitent des rumeurs et elle ne peut être du second voyage en Italie.

Alors qu'il se trouve en Pouille, Otton apprend la mort de Mathilde. Il décide que sa sœur Adélaïde succédera à l'abbesse de Quedlinburg.

Fin 999, l'empereur s'apprête à regagner l'Allemagne. En Haute-Bavière, il est accueilli notamment par ses deux sœurs, Adélaïde et Sophie qui espère peut-être reprendre de l'influence au détriment de sa cadette. Après s'être rendu en Pologne à Gniezno qu'il érige en métropole, Otton tient une grande assemblée pascale le 31 mars de l'an 1000, à l'abbaye de Quedlinburg. Il y rencontre sa sœur Adélaïde que bientôt il quittera et ne reverra plus, de même que Sophie.

Mathilde, abbesse de Quedlinburg, Sophie, abbesse de Gandersheim, ont sans conteste marqué la vie politique de l'Allemagne ottonienne, tout comme ont pu le faire d'autres femmes restées dans le siècle.

Les reines de France, face à ces personnalités hors du commun, tiennent une place plus modeste quoique non négligeable, à l'exception de l'une d'entre elles, appartenant d'ailleurs par ses origines à la famille ottonienne : Gerberge, femme de Louis IV d'Outremer.

Une reine de France

Née vers 913 ou 914, Gerberge, fille du roi d'Allemagne Henri Ier l'Oiseleur, et par conséquent sœur d'Otton roi d'Allemagne en 936, empereur en 962, de Brunon archevêque de Cologne en 953, d'Hadwige, femme d'Hugues le Grand, devient duchesse de Lorraine en épousant Giselbert. Celui-ci étant décédé, elle se remarie en 939 avec le roi de France Louis IV d'Outremer.

Tout au long de sa vie conjugale, elle apporte une aide précieuse à son époux qui doit faire face à une difficile situation politique. De nombreux diplômes royaux sont souscrits à sa demande. Plus encore, elle assiste Louis dans toutes les occasions, aussi bien militaires que pacifiques. En 941, la défense de Laon lui est confiée. Elle voyage en compagnie du roi en 944 en Aquitaine, en 949 en Bourgogne. Mais elle déploie surtout une grande activité pendant sa captivité.

En effet Louis, en 945, est fait prisonnier à Rouen par les Normands. Hugues le Grand, duc de France, se rend auprès d'eux pour leur demander de le lui confier. Les Normands répondent que si le duc veut recevoir le roi, il faut qu'ils reçoivent de leur côté tous les fils du roi comme otages. Hugues, sans faire allusion à la captivité de Louis et sous prétexte de régler la situation, envoie des députés à Gerberge pour qu'elle lui confie ses fils. A cette date, elle n'a mis au monde que Lothaire, et Charles, encore au berceau et qui mourra tout jeune. Naîtront ensuite : Louis, puis Charles et Henri, jumeaux. « Cependant la reine, qui était au courant de l'événement, leur confia le cadet sous la foi du serment ; mais il fut impossible de la décider à envoyer l'aîné », écrit l'historien Richer.

Les Normands ayant relâché le roi, le duc Hugues, au lieu de le ramener chez lui, le retient prisonnier. « Aussitôt la reine envoie des députés éloquents à Edmond, roi d'Angleterre, et à Otton, roi des pays transrhénans, pour leur faire le récit des événements et leur adresser par lettre des plaintes amères. Otton, touché des malheurs du roi et de sa sœur, expédie immédiatement à Hugues un message plein de réclamations et contenant même quelques menaces pour l'inviter à relâcher Louis.

« De son côté, le roi Edmond, ému des infortunes de son cousin, envoie exprimer au duc sa profonde indignation… »

Cependant Louis IV, après avoir concédé Laon à Hugues, est délivré. Il se rend alors à Compiègne où se trouve Gerberge. Il charge des messagers de révéler sa situation au roi Otton son beau-frère, et de lui demander son aide. Louis, Otton et Conrad de Bourgogne s'emparent de Reims. « Aussitôt après, les trois rois chargent la reine Gerberge, ainsi que quelques grands personnages, de la garde de la ville et marchent avec leur armée contre le duc Hugues. »

Quelques années plus tard, en 949, Hugues dévastant le Rémois, c'est Gerberge que Louis adresse à Otton pour qu'il vienne à son secours. « Le roi Louis envoie la reine Gerberge chez Otton, son frère, pour que ce dernier lui dépêche des troupes. La reine part à l'approche des fêtes pascales et célèbre la sainte pâque au palais d'Aix-la-Chapelle avec son frère Otton… Après avoir délibéré avec son frère et obtenu de lui la promesse d'un secours, la reine revient auprès du roi Louis, l'esprit rassuré. » Gerberge voit également Conrad de Lorraine qui lui promet d'intervenir dans l'affaire opposant Louis IV et Hugues le Grand. Ce dernier reconnaît l'influence de Gerberge, puisqu'il lui demande une entrevue, lors d'une tentative pour se rapprocher du roi, au commencement de l'année 953 ; la reine y consent, va le trouver et, après avoir été reçue avec de grands honneurs, revient à Reims.

L'influence de Gerberge se fait sentir encore davantage au cours des années qui suivent la mort de Louis en 954, car Lothaire né à la fin de 941 n'a que douze ans. Gerberge, selon Richer, envoie aussitôt des messagers à ses frères Otton et Brunon, ainsi qu'à Hugues pour leur demander d'assurer à son fils la succession paternelle. Flodoard ne parle pas d'Otton qui se trouve alors en Bavière occupé à soumettre son fils révolté Liudolf. En tout cas Gerberge ne reste sans doute pas inactive. Et Lothaire est sacré roi. En 955, écrit Flodoard, « Hugues le duc ayant accueilli respectueusement à Paris la reine Gerberge et son fils, le roi Lothaire, pour Pâques [15 avril], les hébergea chez lui avec des égards pendant plusieurs jours ; puis il partit avec le roi en Aquitaine ».

Bien qu'elle n'exerce pas une tutelle réelle, Gerberge est d'un grand secours pour Lothaire. Elle l'assiste dans toutes les circonstances. En 958, elle participe à un plaid tenu en Bourgogne contre le comte de Poitou Guillaume Tête d'Etoupe. En 959, a lieu à Compiègne une entrevue entre Brunon, sa sœur Gerberge et ses neveux en désaccord au sujet de certains châteaux que le roi Lothaire a repris sur la Bourgogne. Pour maintenir les liens avec l'Allemagne, Gerberge célèbre à Cologne avec Lothaire et Otton les fêtes de Pâques 959. On retrouve la reine en Bourgogne en 960, à Laon en 965. La même année, le 2 juin, elle assiste à Cologne à une grande assemblée à laquelle participent ses frères Brunon et Otton. Entretemps elle est intervenue pour agréer Odelric qui est ensuite élu archevêque de Reims.

Les diplômes de Lothaire attestent l'influence de sa mère. C'est à sa demande ou plutôt sur son ordre, *maternis cum jussionibus rogans*, que le roi souscrit un certain nombre d'actes. Gerberge meurt le 5 mai 969 après avoir sauvé par deux fois la dynastie carolingienne, en tirant son mari des mains des Normands et de Hugues le Grand, et en plaçant Lothaire sous la protection de Brunon et de Hugues.

Le rôle de Gerberge est exceptionnel. Selon Richer, Emma, femme de Lothaire, alors que Hugues le Grand tente de détacher Otton du parti français, écrit à sa mère l'impératrice Adélaïde afin que l'on procède à l'arrestation du duc de France dont elle fournit une description détaillée. En 985 le roi lui confie la garde de Verdun. A la mort de Lothaire, elle reçoit le serment de fidélité des Grands et paraît tout d'abord jouir d'une certaine influence sous le règne de son fils Louis V, encore jeune et faible. Elle se rapproche de l'empire et fait relâcher les princes lorrains prisonniers ; elle rend sa faveur à l'archevêque de Reims. Une entrevue qui doit amener la paix entre l'Allemagne et la France est prévue ; Emma parle évidemment à la place du jeune Louis V. Mais celui-ci se détache bientôt d'elle et la force à se réfugier auprès de Hugues Capet. La fin de sa vie est misérable, à en juger d'après les lettres de Gerbert.

La reine capétienne se mêle également aux affaires politiques, tout au moins au début de la dynastie. Hugues Capet, qui a épousé Adélaïde d'Aquitaine, la charge en 988 d'une importante mission diplomatique : elle doit avoir un entretien avec l'impératrice Théophano, et Hugues s'engage à accepter les décisions prises par les deux femmes. « Adélaïde, la codétentrice d'une royauté à laquelle nous l'avons associée, ira le 22 août vous rencontrer dans le domaine de Stenay. Ainsi maintiendrons-nous à jamais, sans ruse ni fraude, entre nous-même et votre fils, les bonnes et équitables dispositions que, toutes deux, vous aurez prises entre vous. » Adélaïde écrit au transfuge Gerbert pour lui ordonner de rentrer rapidement, le menaçant, s'il dédaigne ses avis, d'user des biens et des conseils de ses vassaux sans tenir compte de ses réclamations. Au début de son veuvage, elle intervient dans les affaires du royaume avec le comte du Palais, Hugues de Beauvais, prenant une part importante au mariage du roi Robert et au retour d'Arnoul sur le siège archiépiscopal de Reims. Mais le nom d'Adélaïde n'apparaît plus dans les chartes après quelques années, et c'est sa belle-fille qui aide le roi. La reine mère est désormais surtout préoccupée de bonnes œuvres, selon l'usage de l'époque.

Deux aristocrates méridionales

Agnès de Bourgogne [1]

Celle qui pendant près de quarante ans va jouer un rôle essentiel dans la vie politique de l'Aquitaine apparaît sur le devant de la scène en 1019 lorsqu'elle épouse Guillaume le Grand, comte de Poitou et duc d'Aquitaine. Agnès est la fille d'Otte Guillaume, duc de Bourgogne, et par lui la petite-fille d'Adalbert, un moment roi d'Italie ; sa mère Ermentrude est, quant à elle, la petite-fille du roi de France Louis IV d'Outremer. Beau mariage qui voit s'allier Aquitaine et Bourgogne, mais union disproportionnée. L'épouse est toute jeune. Guillaume, qui a la cinquantaine, a déjà été marié deux fois, avec Aumode, veuve d'un comte de Périgord, dont il a un fils, Guillaume, puis avec Brisque, sœur du duc de Gascogne Sanche-Guillaume, qui lui a donné deux fils, Eudes et Thibault, ce dernier mort jeune. Agnès risque fort d'être reléguée au second plan.

Toutefois, dès mars 1025, elle assiste à un plaid solennel tenu à Poitiers par Guillaume qui vient de refuser pour lui-même la couronne d'Italie, mais s'informe avant de l'accepter éventuellement pour son fils. Les années passant, Agnès est devenue une jeune femme, ambitieuse — sa conduite ultérieure le prouve —, impatiente d'exercer quelque pouvoir. Elle occupe le premier rang, mais le

1. Sur Agnès, voir notamment Alfred Richard, *Histoire des comtes de Poitou,* t. 1.

perdra à la mort de Guillaume, beaucoup plus âgé qu'elle, et devra céder la prééminence à la nouvelle duchesse d'Aquitaine. Guillaume, le fils d'Aumode, déjà âgé, devenu duc, se mariera sans doute rapidement. Aussi entreprend-elle une lutte sourde contre lui, essayant, à l'instar de la reine Constance à la même époque, de l'évincer au profit de l'aîné de ses fils, Pierre, à qui tout enfant elle fait prendre le nom de Guillaume réservé aux aînés des comtes de Poitou. Ce fait attesté par une charte de l'abbaye de Nouaillé où se trouvent les souscriptions des membres de la famille ducale montre les ambitions de la jeune femme. Mais son mari n'est pas homme à se prêter à de telles manœuvres. Et il tient à ce que son premier fils dont il n'a pu faire un roi d'Italie devienne duc d'Aquitaine. Sans doute pour assurer sa succession et éviter qu'Agnès ne profite de son décès pour ourdir des intrigues, il cède la place, de son vivant, au fils d'Aumode, en se retirant à l'abbaye de Maillezais où il meurt peu de temps après, le 31 janvier 1030. Une première étape de la vie d'Agnès vient de s'achever. Désormais elle va s'employer à satisfaire son goût du pouvoir tant directement que par l'intermédiaire des enfants qu'elle a donnés à son époux, deux fils, Pierre et Guy, et une fille, Ala.

Le nouveau duc Guillaume le Gros a vingt-six ans environ lors de son accession au pouvoir. Peu après il épouse Eustachie qui assiste avec lui à un plaid, alors que le roi de France Robert vit encore. On ignore l'origine de la nouvelle duchesse, ce qui pourrait la faire supposer modeste. Agnès ne peut qu'en être davantage mortifiée. Non seulement elle n'a pas pu obtenir une situation pour ses enfants, mais encore elle perd le premier rang à la cour ducale, peut-être au profit d'une personne d'une condition inférieure. Elle se remarie alors avec Geoffroy Martel, fils du comte d'Anjou Foulque Nerra. Cette fois, elle est plus âgée que son époux qui n'a que vingt-six ans. Et en droit canonique le mariage est incestueux dans la mesure où Geoffroy Martel est cousin du premier époux d'Agnès.

Celle-ci n'a pas renoncé à ses vues sur l'Aquitaine. Peut-être a-t-elle réussi à se constituer un parti. En effet, parmi les personnages qui figurent aux plaids tenus par Guillaume le Gros, n'apparaissent jamais les vicomtes de Thouars et des seigneurs du Bas-Poitou. Geoffroy Martel, bientôt, poussé sans doute par son épouse, déclare la guerre au comte de Poitou, on ne sait pour quel motif. Peut-être Guillaume ne veut-il pas rendre Ala demeurée avec lui et dont le nom figure en bas des chartes avec celui d'Eustachie. C'est en tout cas Geoffroy qui déclenche les hostilités. Quittant le Saumurois, il se dirige vers Poitiers. Guillaume parti à sa rencontre est battu et fait prisonnier au pied du Mont-Couer, près de Saint-Jouin de Marnes, le 20 septembre 1033, puis remis en liberté trois ans plus tard. Mais il meurt sans enfants en 1038, et son frère Eudes, fils de Brisque de Gascogne, lui succède.

Agnès, pour la seconde fois, réussit à soulever les seigneurs poitevins contre leur nouveau suzerain. Peut-être même leur fournit-elle un motif puisque dans une charte, vraisemblablement de 1039, il est dit que la comtesse Agnès tient avec son fils Guillaume le comté de Poitou. Eudes est blessé mortellement en tentant de s'emparer de la place de Mauzé le 10 mars 1039. La route est libre pour Agnès, car Eudes ne paraît pas avoir été marié ; en tout cas il ne laisse pas d'enfants.

Le fils aîné d'Agnès, Pierre, dès lors connu sous le nom de Guillaume-Aigret, devient duc d'Aquitaine. Autour de lui prédominent désormais les seigneurs partisans de sa mère qui détient la réalité du pouvoir. En effet, le nouveau duc n'ayant que seize ans, Agnès gouverne le Poitou. Selon un document de 1041, le comte Guillaume et son frère possèdent le Poitou, mais c'est leur mère qui administre avec sagesse le pays des Gaules, c'est-à-dire le duché d'Aquitaine. Il semble même qu'elle ait tenu à l'écart son mari Geoffroy Martel. Celui-ci, en effet, n'apparaît à ses côtés que dans des documents comme les fondations religieuses. En outre, dans les actes passés en Anjou, où par conséquent Geoffroy parle le premier, il qualifie Agnès de très chère, très noble et très sage. Elle est parfois sur le même plan que son mari ; un moine de Saint-Florent écrit vers 1040 que le comte Geoffroy et la comtesse Agnès gouvernent le Poitou, l'Anjou et la Touraine.

Une charte de l'abbaye de Saint-Maixent, du 21 août 1044, décrit ainsi l'état du Poitou sur le plan politique : « En ce temps Guillaume, fils du duc Guillaume et son frère nommé Guy, ainsi que leur mère la comtesse Agnès possédaient le pays de Poitou, et avec l'aide de Geoffroy, beau-père des jeunes comtes, le gouvernaient avec une vigueur et un zèle extrêmes. » D'autres chartes de la même abbaye évacuent même le comte d'Anjou. « Au temps où la comtesse Agnès était à la tête du pays du Poitou avec ses fils Guillaume et Geoffroy et administrait vigoureusement le duché, autant qu'il était en son pouvoir » ou « Alors que régnaient en Poitou le comte Guillaume, son frère Guy et la vénérable comtesse Agnès, leur mère [1] ». Peut-être Agnès veut-elle garder la haute main sur le pouvoir en ne signifiant pas quelle part doit revenir à chacun de ses fils. Geoffroy Martel, vers 1049, qualifie d'ailleurs les deux enfants de sa femme de « comtes de Poitou ».

Agnès fait élire abbé de Saint-Maixent Archembaud, fils d'un de ces seigneurs de Gâtine qui l'ont soutenue ; Archembaud deviendra archevêque de Bordeaux et sera toute sa vie un conseiller apprécié. En retour, il abandonne à la comtesse des biens dont elle gratifie ses partisans, Agnès ayant l'habitude de récompenser ceux

1. Tous ces textes sont cités par Alfred Richard, *op. cit.*

qui la soutiennent grâce aux dons qu'elle a obtenus d'autres personnes ou établissements. Lors de la dédicace de l'abbaye de la Trinité de Vendôme qu'elle fonde en 1040, les prélats viennent bien plus du Poitou que de l'Anjou. Le fait n'est pas étonnant dans la mesure où le Poitou dispose d'un comte encore mineur, donc perméable à l'influence maternelle, alors que l'Anjou est dirigé par un homme de caractère sur lequel l'emprise d'Agnès commence peut-être à s'estomper.

Mais en 1044 Guillaume se marie et atteint sa majorité. Agnès ne voulant pas être éclipsée par sa future belle-fille a choisi sans doute quelqu'un qui ne peut lui inspirer de l'inquiétude. De fait la nouvelle comtesse Hermensende n'est connue que par l'affection qu'elle porte à son mari et, comme nul texte ne parle de sa famille, elle doit être d'une origine assez modeste. Par ailleurs, Guillaume atteignant ses vingt et un ans en 1044, Agnès comprend que la situation qui dure depuis cinq ans ne subsistera plus telle quelle bien longtemps. Elle ne peut continuer à exercer la régence, de même que le pouvoir ne peut rester indivis entre ses deux fils. Elle convoque donc à Poitiers un plaid auquel participent tous les vassaux du duché. « En ce temps-là, écrit l'auteur de la *Chronique de Saint-Maixent*, Agnès venant à Poitiers avec ses deux fils Pierre et Geoffroy, et accompagnée de Geoffroy Martel leur père nourricier et son mari, tint un plaid en présence de tous les nobles du Poitou. Ensuite l'un d'eux, Pierre [Guillaume Aigret], fut reconnu duc des Poitevins et l'autre envoyé en Gascogne avec le titre de comte, et tous deux accomplirent des actions grandes et courageuses. »

Guillaume toutefois, bien que majeur, subit toujours l'ascendant de sa mère. En effet, vers cette époque, un chevalier Hélie de Vouvant se trouve en conflit avec son suzerain. Or la charte qui mentionne le fait rapporte que c'est Agnès qui envoie contre lui des combattants et que « selon son habitude » elle prend Vouvant d'où elle expulse Hélie et dont elle confie la garde au fils d'un ancien détenteur. Comme un litige s'élève entre celui-ci et l'abbaye de Saint-Maixent, l'abbé Archembaud porte l'affaire devant le comte qui séjourne justement à Saint-Maixent avec son épouse et sa mère. Le rédacteur qui se borne à signaler la présence d'Hermensende écrit que le duc Guillaume et sa mère Agnès administrent alors l'Aquitaine.

Agnès a une fille qu'il lui faut marier. Recherchant pour elle un brillant parti, elle parvient à lui faire épouser Henri le Noir, empereur d'Allemagne, dont la femme Marguerite, fille d'un roi d'Angleterre, est décédée en 1038 sans lui laisser de fils. Henri est donc pratiquement tenu de se remarier. Ala est une jeune fille instruite et belle. Il est probable que son absence dans les actes souscrits par sa mère et ses fils de 1040 à 1043 indique qu'elle ne vit pas alors en Poitou mais réside en Bourgogne auprès de son oncle Renaud. Elle peut ainsi entrer en relation avec l'empereur qu'elle épouse à Besançon le 21 octobre 1043. C'est à son retour, en 1044, qu'Agnès tient le plaid où le sort de ses fils est réglé.

Comme Geoffroy Martel a vaincu en Anjou ses adversaires, Agnès décide de se rendre en Allemagne où elle pense probablement pouvoir intervenir dans la vie publique par l'intermédiaire de sa fille. Peut-être n'est-elle pas étrangère à la décision de l'empereur, en 1046, de descendre en Italie pour y rétablir l'ordre. Le 20 décembre 1046, elle assiste au concile de Sutri qui élit pape Clément II. Henri et son épouse, la fille d'Agnès, sont couronnés le jour de Noël. Agnès ne pouvant rester inactive accompagne son gendre au mont Gargan où il négocie avec les Normands. Mais la situation se détériore, l'empereur regagne Rome avant de retourner en Allemagne.

Revenue en Anjou, Agnès connaît maintenant des heures difficiles. Elle n'a pas donné d'enfants à son second mari, Geoffroy Martel, devenu puissant et redouté. Aussi n'hésite-t-il pas à la répudier. La parenté entre les deux époux suffit d'ailleurs pour faire annuler le mariage.

Que va faire Agnès ? Elle peut se retirer à Notre-Dame de Saintes, ou dans un des domaines qui constituent son douaire. Mais c'est se couper de la scène politique. Elle préfère se rendre à Poitiers où Guillaume lui reste dévoué et sensible à son influence. Selon une charte de l'abbaye de Saint-Maixent datée de 1051, le duc Guillaume, son frère Geoffroy et leur mère la comtesse Agnès continuent à gouverner le Poitou. La situation paraît ressembler à celle qui existait une dizaine d'années auparavant.

La répudiation d'Agnès cependant a entraîné une brouille entre ses fils et leur ancien beau-père. Avant que les premiers n'attaquent, Geoffroy Martel marche sur Poitiers. Guillaume est contraint de demander la paix. Comme Agnès ne participe plus aux actes passés par lui, Geoffroy Martel a peut-être exigé son éloignement. Un certain nombre d'éléments manifestent la baisse de son influence. Agnès avait, pour le récompenser de son appui, accordé certains droits à Guillaume, fondateur de la dynastie des sires de Talmond. Guillaume étant mort vers 1049, Agnès les lui reprend, mais ils ont été concédés à l'abbaye de Sainte-Croix de Poitiers. Aussi longtemps que dure la puissance de la comtesse, les moines n'osent protester. Mais, en 1058, ils viennent se plaindre auprès du comte Guillaume. Au cours d'un plaid il est indiqué que la comtesse s'est emparée injustement de biens appartenant à Sainte-Croix, et Guillaume ordonne que l'abbaye les recouvre.

Cependant, Geoffroy Martel ayant attribué à une nouvelle épouse, Adélaïde la Teutonne, le douaire qu'il a accordé longtemps auparavant à Agnès, celle-ci ne peut accepter de se voir dépouiller. Elle réussit à faire prendre les armes à ses fils. Geoffroy, assiégé par Guillaume à

Saumur, va succomber, lorsque le comte de Poitou tombe malade de la dysenterie et se retire, décédant peu après à l'âge de trente-cinq ans. Comme il n'a pas d'enfant, son frère Guy-Geoffroy devient duc d'Aquitaine et comte de Poitou.

Le second fils d'Agnès qui a reçu le nom de Guy lors de son baptême porte très tôt en même temps celui de Geoffroy. Peut-être Agnès voulait-elle en faire le successeur de Geoffroy Martel ? A son instigation, Guy Geoffroy a pris pour épouse une fille d'Audebert II, comte de Périgord. Or l'un de ses premiers actes consiste à rompre son mariage resté stérile et à épouser Mathéode. En même temps il fait déposer Archembaud, archevêque de Bordeaux et conseiller écouté d'Agnès, et le remplace par Joscelin, fils de Guillaume de Parthenay et trésorier de Saint-Hilaire le Grand.

Agnès se retire dans l'abbaye de Notre-Dame de Saintes. Toutefois elle ne vit pas en recluse et rencontre à plusieurs reprises son fils Guy-Geoffroy ; ainsi à Saint-Maixent en 1061, peut-être dans un but politique, surtout pour lui demander d'intervenir en faveur d'établissements religieux. Elle entretient des relations avec la cour de Rome par l'intermédiaire de sa fille.

Ermessende de Barcelone [1]

Les comtesses de Barcelone, tout au long des Xe et XIe siècles, participent aux activités politiques de leurs maris. Ermessende l'atteste expressément. Elle tient cependant un rôle encore plus déterminant au cours d'une longue viduité.

Née vers 975, Ermessende est la fille de Roger Ier, comte de Carcassonne, et d'Adélaïde. C'est en janvier 993 que son nom apparaît pour la première fois dans les textes catalans, en compagnie de son mari, le comte de

1. Sur Ermessende, voir surtout les travaux de Martin Aurell.

Barcelone Raimond Borrell (992-1017). La « comtesse par la grâce de Dieu », ainsi que la qualifient les chartes, intervient à maintes reprises. La faiblesse de la dynastie capétienne, l'éloignement du comte de Barcelone assurent à ce dernier une réelle indépendance. La comtesse peut administrer conjointement avec son mari l'ancien fief royal. Le couple contrôle les évêchés et les abbayes situés sur leurs domaines, accordant par exemple l'évêché de Gérone à un frère cadet d'Ermessende. Bien plus, celle-ci intervient sur le plan militaire. En 1016, alors que les seigneurs chrétiens luttent avec succès dans les guerres qui mettent aux prises les différents partis du califat, elle participe avec son époux à l'expédition de Cordoue. Lors du décès de Raimond Borrell, en 1017, elle a acquis assez d'expérience pour exercer le pouvoir au nom de son fils, puis de son petit-fils.

Principal exécuteur testamentaire, elle veille à l'application des dernières volontés de son défunt mari, manifestant qu'elle dirige les comtés de Barcelone, Gérone et Vic. Voici en quels termes le comte de Cerdagne Guifred lui prête serment (1018-1023). « Moi Guifred, comte, fils de feu la comtesse Ermengarde, à partir de cette heure et à l'avenir, je ne causerai aucun dommage à la comtesse Ermessende, fille de la comtesse Adalez, ni dans sa vie ni dans ses membres, ni dans ses biens, à savoir la cité de Barcelone, le comté dit de Barcelone, les châteaux et les citadelles, les monts et les sommets, les zones de culture et les friches qui se trouvent à l'intérieur des limites ou dans les limites dudit comté de Barcelone, la cité de Gérone, les citadelles dites de Finestie, le comté dit de Gérone… »

Les chartes comtales, entre 1017 et 1021, mentionnent son nom avant celui de son fils Béranger Raimond Ier, né vers 1005, donc mineur. C'est elle qui préside le plaid comtal, rend la justice et reçoit le serment des fidèles. Elle fait édifier une tour à Gérone et favorise la construction de l'enceinte de la ville frontalière de Manresa détruite par les musulmans en 1003.

Mais Béranger Raimond devenu majeur en 1021 souhaite assumer personnellement le gouvernement des comtés paternels. Ermessende n'étant guère disposée à le lui laisser, une brouille s'ensuit entre la mère et le fils. Les seigneurs barcelonais prennent le parti de ce dernier, mais la comtesse douairière obtient le soutien des comtes de Cerdagne et de Besalù. Béranger Raimond, dans un acte daté de 1023, parle de « l'affaire qui s'interposait entre moi et ma mère » et, un peu plus loin, de « cette querelle apaisée ». En effet, à la fin de l'année 1023, Ermessende et son fils se rapprochent et échangent des châteaux tenus ou édifiés afin de se combattre. Elle se rend à Gérone dont elle garde la fonction comtale, mais apparaît encore dans de nombreux actes passés par son fils.

En 1035 ce dernier décède, laissant une veuve, sa seconde femme Guisla de Lluçà, et quatre jeunes garçons. Comme Guisla se remarie, Ermessende, son petit-fils Raimond Béranger Ier, né au plus tôt en 1022, étant encore mineur, exerce de nouveau pleinement la fonction comtale. A cette époque elle a une soixantaine d'années. Elle se comporte de la même manière que lors de la minorité de son fils, rendant la justice, procédant à des donations en faveur d'établissements religieux. Mais en avril 1039, Raimond Béranger Ier épouse Elisabeth de Barcelone.

Le conflit entre Ermessende et les jeunes époux éclate en 1041. Les conventions féodales conclues à cette époque l'attestent sans ambages : « Dorénavant et jusqu'à ce que vous preniez le comté de Gérone, je n'aurai aucun pacte ni trêve avec la comtesse Ermessende, votre grand-mère, ni aucune société avec elle qui puisse lui servir et vous nuire. Je vous aiderai contre elle sans vous tromper. » Ce n'est que deux ans plus tard qu'Oliba de Vic réussit à instaurer la paix entre les protagonistes. Ermessende doit prêter, bon gré, mal gré serment de fidélité à Raimond Béranger Ier. Elle ne participe plus aux affaires publiques, car elle n'apparaît plus dans les actes.

Mais brusquement elle resurgit sur la scène politique. Vers 1054, elle s'oppose de nouveau à son petit-fils en raison de sa liaison avec Almodis de la Marche, femme de Pons II de Toulouse, à qui il l'a enlevée après avoir répudié sa seconde épouse. Elle obtient l'excommunication du couple, mais le comte de Barcelone se concilie le haut clergé catalan. Le pape Victor II annule, pour consanguinité, ses précédentes unions et déclare légale celle contractée avec Almodis. Sous la pression probablement de ses anciens fidèles, Ermessende abandonne la partie. En juin 1057, elle vend tous ses droits sur le patrimoine comtal à son petit-fils et à Almodis en échange de mille onces d'or. Elle prête également serment de fidélité à Almodis. Elle décède le 1er mars 1058 à plus de quatre-vingts ans.

Si la dame méridionale possède vers l'An Mille une situation privilégiée qui se détériore au cours des siècles ultérieurs, Ermessende ne dispose pas d'un pouvoir absolu. Certes elle participe du vivant de son mari au gouvernement du comté et fréquente les grands, généralement des seigneurs auxquels le comte a confié ses châteaux les plus importants. Elle doit donc compter avec eux au cours des minorités. Lors des brouilles, leur intervention s'avère décisive. Il semble par exemple que le passage, vers 1040, de Seniofred de Lluçà du camp de la comtesse à celui de son petit-fils ait été déterminant.

En revanche certains nobles restent fidèles à Ermessende, tels le viguier Gombal de Besora ou d'autres châtelains qui ont largement profité de sa générosité. La comtesse trouve de l'aide surtout parmi les membres du haut clergé catalan, tels Oliba de Vic, Pere de Gérone et Guislabert de Barcelone, évêques de ces cités. Toutefois ces seigneurs prêtent avant tout attention aux intérêts de leur lignage, et comme ceux-ci divergent fréquemment, ils s'opposent entre eux, tout comme Ermessende et ses descendants.

Une évolution évidemment se manifeste au cours d'un aussi long veuvage. En 1018, peu après le décès de Raimond Borrell, les grands admettent le pouvoir judiciaire de la comtesse. C'est ainsi qu'ils siègent en grand nombre au plaid qu'elle convoque et préside pour juger un conflit mettant aux prises l'abbé de Sant Cugat et Seniofred de Rubi. L'énergie d'Ermessende se manifeste l'année suivante à l'occasion d'un différend qui l'oppose à Hug Ier, comte d'Ampurias. Un alleu vendu par ce dernier à Raimond Borrell en bas âge ayant été donné par la comtesse et son fils à l'église de Gérone, Hug le réclame sous le prétexte que la minorité du comte de Barcelone annule la transaction. Comme Ermessende demande justice, Hug déclare qu'il préfère un duel judiciaire à un procès. Ermessende refuse en invoquant la loi des Goths et le fait que son adversaire envahit la terre en question. Elle en appelle à une assemblée qui, au nom du droit wisigothique, déboute Hug.

Vers cette époque c'est Ermessende qui préside le tribunal comtal. Ainsi, en juin 1024, elle rend un verdict défavorable au vicomte de Roussillon. A la fin de la même année, elle gagne le comté d'Urgel où elle siège en compagnie d'Ermengol II qui donne raison à l'évêque de sa ville contre l'abbé de Santa Cecilia d'Elins. Cette présidence n'est pas sans importance. C'est elle qui entraîne le conflit entre Ermessende et son fils, empêchant Oliba de Vic d'obtenir justice en 1021. Mais bientôt la force de l'aristocratie va se substituer à la justice du comte.

Ermessende intervient également dans la stratégie matrimoniale barcelonaise en utilisant sa fille Estefania pour conforter sa politique.

Elle scelle ses propres diplômes, et la cathédrale de Gérone possède encore la pierre de son anneau sigillaire.

La puissance d'Ermessende dépend en partie de ses possessions. Lorsqu'elle se marie, en 993, elle reçoit le comté de Vic et le dixième des biens, propres et acquêts, de son mari. En 1017, la mort de Raimond Borrell place ces biens sous son contrôle direct. Bien plus, le comte lui a sans doute confirmé dans son testament la possession de ses trois comtés ; du moins l'affirme-t-elle en 1056 en s'adressant à son petit-fils Raimond Béranger Ier : « Ces comtés et ces évêchés étaient la propriété de ton grand-père, le comte Raimond [Borrell], mon mari, qui me les laissa à sa mort par une charte de testament à titre viager, tant que je vivrais. » En 1023, après l'émancipation de son fils, elle garde en échange de Vic le comté de Gérone qui correspond au diocèse de son frère cadet. En 1035, lors du décès de son fils, elle récupère les trois comtés. Mais l'émancipation de son petit-fils réduit de nouveau son domaine, en 1041, au comté de Gérone. Et à partir de 1051 ses terres et ses revenus dans cette région se sont fortement réduits. La vente de 1056 constitue une renonciation à tous ses droits et domaines. En revanche elle possède une fortune monétaire considérable.

Les domaines d'Ermessende se situent au nord de la Catalogne, c'est-à-dire à la périphérie. Relativement secondaires, ils ne lui permettent pas de s'imposer vraiment face à ses descendants et aux nobles.

Finalement, constate Martin Aurell, le bilan de son gouvernement apparaît négatif. Certes elle sait se faire respecter de la noblesse. Mais ses décisions ne prennent effet, pour une grande part, que dans la mesure où elles reçoivent l'aval des seigneurs laïcs et ecclésiastiques. En raison de la crise châtelaine, Ermessende transmet à ses descendants un pouvoir comtal diminué.

Deux impératrices byzantines

Si en Occident les grandes dames que nous venons d'étudier ont un rôle sinon toujours bénéfique, du moins honorable, il n'en va pas de même en Orient où d'ailleurs en l'An Mille lors du règne de Basile II, elles n'ont aucune influence. Par contre, au cours du siècle qui va de 950 à 1050, avant cet empereur et après lui, elles interviennent de façon néfaste dans l'histoire byzantine.

Théophano [1]

C'est à la fin de l'année 956 que Théophano épouse Romain, fils unique du basileus Constantin VII. Ses origines restent obscures. Selon les chroniqueurs favorables à la Cour, elle appartient à une famille très ancienne et très noble. En réalité, elle semble d'une extraction beaucoup plus modeste. Son père tient un cabaret dans la capitale. Elle s'appelle Anastaso, mais prend pour nom d'impératrice celui de Théophano. Les chroniqueurs s'accordent pour reconnaître sa beauté. Romain, quant à lui, aime à s'amuser et goûte fort les plaisirs de toute nature. Peu après le mariage, en 958, Théophano met au monde un fils, le futur Basile II, ce qui consolide sa position à la Cour. Lorsqu'en octobre 959 Constantin VII décède, Romain II lui succède et Théophano devient impératrice. Il a vingt et un ans, elle en a dix-huit.

Ambitieuse, aimant le pouvoir, capable de tout pour le garder, Théophano apparaît au cours de son existence dénuée de scrupules. Quand elle monte sur le trône, elle exerce une grande influence sur son mari, et, pour ne pas trouver d'opposants, écarte les familiers de Constantin, change les hauts fonctionnaires et avant tout éloigne sa belle-mère, Hélène, et ses cinq belles-sœurs. Ces princesses avaient participé aux affaires publiques. Ainsi

1. Voir notamment Charles Diehl, *Figures byzantines, op. cit.*

Agathe servait-elle parfois de secrétaire à son père. Théophano obtient donc de Romain II que ses sœurs entrent au monastère. Malgré leurs supplications et celles de leur mère, elles doivent obéir. Seule la basilissa Hélène peut rester au palais où elle décède quelques mois plus tard.

« La plupart des gens soupçonnent, écrit un contemporain Léon le Diacre, à propos de la mort de Romain II, que du poison lui fut versé au gynécée. » La chose paraît peu vraisemblable. Une telle accusation permet néanmoins de constater de quels forfaits les gens de cette époque jugent l'impératrice capable. Il semble plutôt que Romain II soit mort de ses excès. Théophano d'ailleurs, toute-puissante, qui s'entend avec son mari à qui en six ans et demi elle a donné quatre enfants, deux garçons et deux filles, n'a pas intérêt à le faire disparaître. Elle risque, en effet, une fois seule, de perdre ce pouvoir si cher.

A la mort de son mari, Théophano est âgée de vingt-deux ans. Aussitôt elle prend la régence au nom des deux jeunes porphyrogénètes, Basile qui a cinq ans et Constantin qui en a deux. Bien entendu elle se trouve dans une situation extrêmement délicate. Joseph Bringas, qui a dirigé les affaires sous Romain, peut être tenté de l'écarter pour conserver seul le pouvoir durant la minorité des deux jeunes princes. D'autre part, l'armée d'Asie est commandée par un général victorieux, Nicéphore Phocas, qui risque également d'avoir des visées sur le gouvernement. Fort populaire, très riche, il semble le seul capable d'assurer la défense de l'empire. Ajoutons toutefois que le personnage pour une jeune et jolie femme, n'a rien de séduisant. Agé de cinquante et un ans, il est petit et assez gros. Liutprand, évêque de Crémone, qui vient en ambassade à sa cour — au demeurant une fort méchante langue —, le dit fort laid et affirme qu'il est « noir de peau comme un nègre, à ce point qu'il ferait peur à qui le rencontrerait la nuit ». En outre austère, taciturne, mélancolique, menant une vie d'ascète depuis la mort de sa femme et de son fils unique, fréquentant assidûment les moines.

Théophano se rend compte que seul Nicéphore Phocas peut neutraliser le tout-puissant Bringas. A son initiative il est appelé dans la capitale. Le sévère général se laisse-t-il séduire par la séduisante jeune femme ? Signalons que durant son séjour à Constantinople il prend conscience de la haine que lui porte Joseph Bringas. Celui-ci projetant de lui faire crever les yeux, il se réfugie à Sainte-Sophie. Le patriarche Polyeucte se rend aussitôt au palais, exige la convocation du Sénat et fait si bien que Nicéphore est confirmé dans son commandement de l'armée d'Asie. Théophano n'intervient pas au cours des événements, mais soutient sans doute l'action du patriarche.

Selon Yahya d'Antioche († 1066), historien arabe auteur d'une précieuse chronique, la reine jugea nécessaire que Nicéphore dirigeât les affaires de l'empire à cause de sa justice, de ses talents d'administrateur et de ses victoires. Se présentant avec ses deux fils à l'église, elle les lui confia devant Polyeucte, patriarche de Constantinople, et devant tous les assistants. Puis elle lui enjoignit de régir ses deux fils et leur empire.

Cependant, comme Bringas se fait de plus en plus menaçant, Nicéphore se laisse proclamer empereur par ses troupes, le 3 juillet 963, à Césarée en Cappadoce. En août, à Constantinople, une émeute éclate contre Bringas. Le 16 août, Nicéphore Phocas entre dans la capitale ; il est couronné à Sainte-Sophie par le patriarche Polyeucte. Le 20 septembre suivant il épouse Théophano. Il est probable que l'impératrice n'était pas restée inactive. Yahya d'Antioche rapporte que Nicéphore, après son mariage avec Théophano, « s'empara de ses deux fils Basile et Constantin et fut proclamé avec eux empereur. Il nomma son père césar et lui ordonna de séjourner à

Constantinople pour y maintenir l'ordre et d'avoir des égards pour sa femme et ses deux fils ; et il fit son frère Léon curopalate. L'administration de l'empire par Théophano et le parakimomène [Basile, bâtard de Romain Lécapène] dura depuis la mort de l'empereur Romain jusqu'à l'avènement au trône de Nicéphore pendant cinq mois ».

Théophano n'apparaît guère sur le devant de la scène au cours des années suivantes, mais elle joue dans les coulisses un rôle indéniable. Selon l'historien Léon le Diacre, Nicéphore faisait pour elle « plus qu'il n'était convenable », la comblant de richesses. Pour ne pas la quitter, lorsqu'il regagne son armée en 964, il l'emmène avec lui. Mais bientôt, soldat avant tout, il la laisse à Constantinople quand il va combattre les ennemis. Le peuple murmure, accablé d'impôts.

Nicéphore a un neveu, Jean Tzimiscès, âgé de quarante-cinq ans, fort séduisant, dont Théophano devient la maîtresse. Comme Tzimiscès disgracié vit retiré sur ses terres, elle trouve un subterfuge pour le faire rappeler à la Cour. Elle représente à Nicéphore combien il est dommage de se priver de ses services, et, pour endormir sa méfiance, propose de le marier avec l'une de ses parentes. Théophano et Jean revenu à Constantinople préparent l'assassinat du basileus.

Léon le Diacre a rapporté les détails du drame. Le meurtre est prévu pour la nuit du 10 au 11 décembre. Le jour précédent, plusieurs hommes armés, portant des habits de femmes, sont introduits dans les appartements de l'impératrice. Nicéphore, informé d'un complot, ordonne de fouiller le quartier des femmes — en vain. La nuit tombe. Les conspirateurs brusquement se demandent si l'empereur ne va pas s'enfermer dans sa chambre. Il faudra la forcer, faire du bruit, ce qui risque de tout faire échouer. Théophano alors se rend auprès de Nicéphore, converse quelque temps avec lui puis, sous prétexte d'une courte visite à des jeunes femmes bulgares qui résident dans le palais, sort en affirmant qu'elle va rapidement revenir et en demandant à son mari de laisser la porte ouverte ; elle la fermera à son retour. Nicéphore, après avoir prié, s'endort.

Il est alors 11 heures du soir. La tempête fait rage dehors. Dans une barque, Jean Tzimiscès arrive sous les murailles du château fort que Nicéphore a fait édifier. Les conjurés le hissent dans un panier à l'aide d'une corde, et tous ensemble ils se rendent dans la chambre impériale. Surprise : le lit est vide. Mais un eunuque du gynécée qui connaît bien les habitudes de l'empereur le montre dans un coin de la pièce dormant sur une peau de panthère. Blessé, il est traîné aux pieds de Tzimiscès qui l'injurie, lui donne un grand coup d'épée sur la tête. Il est finalement massacré. Alertés par le bruit, les soldats de la garde accourent, mais trop tard. Le rôle de l'impératrice dans cet attentat est indéniable. Yahya d'Antioche écrit qu'« elle fit monter pendant la nuit le fils de Tzimiscès et un de ses serviteurs par la fenêtre dans le palais, qui se trouvait au bord de la mer, et les laissa entrer à minuit auprès de l'empereur, qui était dans son lit. Puis ils le tuèrent… ».

Théophano pensait profiter de l'assassinat. Mais le patriarche Polyeucte refuse à Jean l'entrée de Sainte-Sophie lorsque celui-ci y vient pour ceindre la couronne impériale, lui signifiant qu'il n'y peut pénétrer tant que les assassins n'auront pas été châtiés et Théophano expulsée du palais. Tzimiscès n'hésite pas. Il nie avoir participé au crime, donne le nom de ses complices et envoie Théophano en exil à Proti.

Celle-ci cependant, toujours énergique et encore jeune — elle n'a que vingt-neuf ans —, s'évade quelques mois plus tard et se réfugie à Sainte-Sophie. Mais le parakimomène Basile, sans se soucier du caractère sacré du lieu, l'en fait arracher et l'envoie beaucoup plus loin, en Arménie.

Elle reste durant six ans dans ce lointain pays, jusqu'à la mort de Tzimiscès. Alors, en 976, elle revient à Constantinople où ses fils exercent le pouvoir. Il est possible que le parakimomène Basile, demeuré fort influent, ait mis comme condition à son retour qu'elle ne joue plus aucun rôle dans les affaires publiques. En tout cas, elle mène une vie retirée et meurt on ne sait à quelle date.

Zoé

Au règne de Basile II (976-1025), fils de Théophano, qui marque l'apogée de l'Empire byzantin, succède celui de son frère Constantin VIII qui a longtemps vécu dans son ombre et qui abandonnera à d'autres le souci des affaires de l'Etat. A sa mort en 1028 la succession au trône pose problème car il ne laisse pas de fils. En revanche il a trois filles : Eudocie, Zoé et Théodora.

L'aînée, Eudocie, d'intelligence et de beauté moyennes, défigurée tout enfant par la petite vérole, se retire très tôt dans un monastère et ne fait dès lors plus parler d'elle. Ses deux sœurs ont grandi dans le gynécée. Ni leur oncle Basile qui reste célibataire, ni leur père ne se sont souciés de leur trouver un mari. Et, en 1028, Zoé a cinquante ans, Théodora est presque aussi âgée. Certes la légitimité de la dynastie macédonienne est suffisamment forte pour que les Byzantins ne s'opposent pas à l'accession au trône de ces deux princesses, mais Constantin se rend compte que dans un contexte politique difficile un homme est nécessaire pour tenir les rênes de l'Etat. Il cherche donc pour Zoé qui lui semble mieux adaptée au pouvoir que sa sœur, un époux qui puisse administrer l'empire. Il songe d'abord à un noble Arménien, Constantin Dalassène, mais celui-ci réside loin de la capitale, et le temps presse. Il a recours alors au préfet de la ville, Romain Argyre, de noble famille, de belle prestance, malgré ses soixante ans ;

mais il est marié et s'entend fort bien avec son épouse. Qu'importe ! Constantin offre à Romain le choix entre le divorce et la perte de ses yeux, et, pour arriver plus rapidement à ses fins, il ordonne de procéder à son arrestation. La femme de Romain, désireuse de sauver son mari, entre au couvent, et celui-ci peut épouser Zoé. Trois jours plus tard, Constantin décède.

Zoé, qui va se trouver à la tête de l'empire durant près d'un quart de siècle, nous est bien connue grâce à Michel Psellos. Intellectuel brillant, Psellos est notamment l'auteur d'une *Chronographie* [1] ou histoire d'un siècle de Byzance (976-1077). Parlant des deux impératrices, Zoé et Théodora, en 1042, il en dresse le portrait suivant : « L'aînée Zoé avait l'âme plus prompte à la conception, mais la langue plus lente à l'exposition ; Théodora était le contraire d'un côté comme de l'autre : elle ne montrait pas vite la pensée de son âme, mais une fois lancée dans le discours, elle bavardait d'une voix experte et vive. Et Zoé se portait impatiemment vers l'objet de ses désirs et elle avait la main prête à deux choses avec la même promptitude, je veux dire la mort et la vie, semblable en cela aux vagues de la mer, qui soulèvent le navire et le jettent de nouveau dans les profondeurs. Mais de tels traits n'appartiennent certes pas à Théodora, dont l'esprit était égal à lui-même et, pour ainsi dire, émoussé d'un côté. Et l'une avait la main prodigue et capable d'épuiser le jour même une mer épaisse de poudre d'or ; l'autre comptait bien l'argent quand elle en donnait, parce qu'elle n'avait pas de ressources où puiser sans ménagement et qu'elle avait reçu de la nature une âme plus maîtresse d'elle-même sur ce point.

« Et pour parler sans rien cacher, parce que je m'applique présentement non pas à composer un éloge,

1. Les extraits de cet ouvrage sont cités d'après la traduction d'Emile Renauld.

mais à établir une histoire vraie, ni l'une ni l'autre n'avait la vigueur de pensée nécessaire au pouvoir. Elles ne savaient ni administrer, ni raisonner avec solidité sur les affaires de l'Etat ; la plupart du temps, elles mêlaient les bagatelles de gynécée aux choses sérieuses de la royauté...

« Ainsi les deux sœurs étaient différentes de caractère. Elles l'étaient encore plus de figure. L'aînée était plus grassouillette de nature que sa sœur, mais pas très grande de taille ; elle avait l'œil bien fendu sous un sourcil imposant ; son nez tombait aquilin, mais sans exagération de courbure ; elle avait les cheveux blonds, et tout son corps éclatait de blancheur. Peu d'indices révélaient son âge ; qui eût observé exactement l'harmonie de ses membres sans savoir qui elle était, eût juré une jeune fille, car aucune partie de son corps ne portait de rides, mais toute sa chair était lisse, ferme et tendue, et nulle part un pli ne s'y creusait. Quant à Théodora, elle était plus grande de taille et plus maigre de corps, avec un visage peu symétrique comparativement au reste du corps ; mais elle était plus prompte que sa sœur à la parole et au mouvement ; elle n'avait pas le regard dur, mais aimable et elle était rieuse et cherchait les occasions de parler. »

Commence alors et dure pendant trente ans le règne des princes époux ou adoptés. Mais tandis qu'au Xe siècle ceux-ci (Nicéphore Phocas, Jean Tzimiscès) se révèlent des hommes de premier plan, au XIe siècle ils n'ont aucune qualité pour gouverner, à l'exception peut-être de Romain Argyre, encore que les prétentions de celui-ci dépassent de loin ses possibilités. Romain, après avoir tenté en vain d'avoir un héritier, se consacre aux affaires. Son court règne est traversé d'intrigues où trempe Théodora qui est enfermée au monastère de Patrios et forcée par sa sœur qui la déteste à prononcer ses vœux monastiques. Délaissée par Romain qui de plus veut freiner ses dépenses, Zoé cherche à se consoler. Elle accorde ses faveurs au grand panetier Constantin, puis à un autre Constantin de l'illustre famille des Monomaque. Mais bientôt son choix se tourne vers Michel, le frère d'un familier de Romain III, l'eunuque Jean. Comme selon Psellos elle est incapable de gouverner ses désirs, elle réussit à en faire son amant. Le matin du jeudi saint (12 avril 1034), alors que Romain prend un bain dans la piscine du palais, quelques serviteurs stipendiés par la basilissa lui plongent la tête dans l'eau et la lui maintiennent de façon à l'asphyxier.

Zoé ne songe plus dès lors qu'à assurer l'empire à son amant. Dans la nuit même du jeudi au vendredi saint, elle le fait monter au palais, et après lui avoir fait revêtir les habits impériaux et placer la couronne sur sa tête, l'installe à ses côtés sur le trône. Au patriarche Alexis venu en toute hâte, elle enjoint de célébrer leur mariage.

C'est l'eunuque Jean qui dans le nouveau gouvernement va assumer le rôle essentiel. Sous son influence, Michel, d'abord docile aux volontés de Zoé, change bientôt d'attitude. Il prend en main le pouvoir, tient enfermée dans le gynécée l'impératrice à qui il interdit de paraître désormais dans les cérémonies officielles. En outre il remplace ses femmes et ses serviteurs fidèles par des dames de sa parenté chargées de la surveiller. Zoé n'a même plus le droit de quitter son appartement, de se rendre au bain sans une autorisation expresse de l'empereur. Indignée, mais ne pouvant rien faire, elle supporte sans récriminer toutes ces humiliations. Michel ne veut même plus la voir. D'ailleurs, dans ce monde corrompu, il semble avoir été le seul honnête homme et, bourré de remords, il vit dans la société des moines. De plus, atteint d'épilepsie, il voit les crises se multiplier.

Zoé ne peut plus supporter sa situation. Elle connaît sa popularité ; elle est l'héritière légitime et sa générosité lui a gagné des partisans. Mais elle ne réussit pas à se libérer et sa situation s'aggrave. Finalement, Michel, le

10 décembre 1041, décède dans un couvent qu'il a fondé, après avoir revêtu la robe monastique.

Face à cet événement, la mort de Michel IV, qui rend à Zoé tous ses pouvoirs, l'eunuque Jean s'est prémuni. Il a proposé à ses frères d'associer à l'empire l'un de leurs neveux nommé également Michel, et, pour donner une apparence légitime à cette démarche, de faire adopter ce neveu par Zoé. Bien que Michel soit de modeste extraction — son père ayant exercé la profession de calfat sur le port, les habitants de la capitale le surnomment Michel le Calfat — et qu'il ait de multiples défauts, la succession se déroule sans difficulté.

C'est l'impératrice la source du pouvoir. L'eunuque Jean qui le sait engage ses frères et son neveu « à ne rien faire sans l'impératrice, mais bien à asseoir sur elle les fondements de leur puissance et de leur vie et à faire tout ce qu'ils verraient capables de la séduire.

« Sur-le-champ… ils mettent le jeune homme sous la protection de sa mère et de sa souveraine, et le jettent à ses pieds ; en même temps, ils lui débitent tout un chapelet de noms flatteurs appropriés à la circonstance ; ils la convainquent que leur neveu n'aura de la royauté que le nom tandis qu'elle aura, elle, outre le nom, le pouvoir héréditaire ; si elle le veut, elle administrera l'Etat en personne ; si non elle lui donnera ses ordres et lui formulera ses prescriptions comme à un esclave ; ils lui font les serments les plus solennels et, lui engageant leur foi sur les reliques, ils s'emparent d'elle tout entière immédiatement… »

Le nouvel empereur ne tarde pas à évincer son oncle Jean et à le remplacer par un autre de ses oncles, Constantin. Quant à Zoé, après lui avoir manifesté beaucoup d'égards, il se met à la haïr. « Contre l'impératrice, contre celle qui contrairement à toute convenance et raison était devenue sa mère, il était ivre de fureur, et ce sentiment datait de loin, du jour où il avait obtenu d'elle le pouvoir ; et parce qu'il l'avait une fois appelée sa souveraine, il eût voulu se couper la langue avec les dents et cracher cet organe avec horreur.

« Et, quand dans les acclamations publiques, il entendait prononcer le nom de l'impératrice avant le sien, il ne pouvait même plus se contenir. Aussi, pour commencer, il la repoussait et s'en écartait, ne lui communiquant aucune de ses pensées, ne lui donnant aucune part des trésors impériaux, mais la méprisant totalement, et, pour dire le mot, faisant d'elle un objet de risée, la tenant prisonnière comme son ennemi et l'astreignant à la réclusion la plus ignominieuse, contrôlant jusqu'à ses femmes, fouillant le gynécée, sans nul égard pour ce qui avait été convenu avec elle. Puis, comme cela ne le satisfaisait pas encore, il lui inflige le suprême malheur et il veut la chasser du palais… »

Zoé, accusée d'avoir fomenté l'empoisonnement de l'empereur, est arrêtée et envoyée dans l'île de Prinkipo. Là, placée dans un couvent, elle doit revêtir l'habit monastique. Se croyant désormais le maître, Michel rassemble le sénat et déclare l'impératrice déchue. Mais le peuple est attaché à la dynastie macédonienne. Apprenant l'exil de sa souveraine, il s'agite ; en particulier les femmes se montrent fort excitées. Le préfet de la ville est conspué lorsqu'il vient lire le message impérial, et ce n'est qu'une clameur : « Mort au Calfat ! »

La révolte a maintenant envahi la capitale. Les émeutiers assiègent le palais. Michel V envoie tirer Zoé de son couvent et, sans avoir le temps de changer de vêtements, elle est amenée dans la loge impériale. A la vue de sa souveraine en habit de religieuse, la colère du peuple s'accroît. Michel rentre au palais avec son ex-épouse, résolu d'abord à fuir, puis, sur les conseils de son oncle Constantin, décidant de résister.

Mais pendant ce temps, Théodora, qui a été exilée dans le monastère du Petrion et dont on a coupé les cheveux, se voit offrir l'empire par d'habiles politiques qui craignent la versatilité de Zoé et un retournement de sa part en faveur de Michel. Enlevée du monastère presque de force, Théodora est revêtue de l'habit impérial et menée à Sainte-Sophie où l'attend le patriarche pour la proclamer impératrice. Le palais est forcé et Michel n'a que le temps de gagner par la mer le monastère du Stoudion. Mais le préfet de la ville, sur l'ordre de Théodora, l'arrache du sanctuaire et lui fait crever les yeux avant de l'exiler.

Les sénateurs sont indécis. « Celle qui était dans le palais, ils la respectaient parce qu'elle était l'aînée, et celle qui était dans l'église, parce que c'était grâce à elle que la tyrannie avait pris fin… » Finalement Zoé se réconcilie avec sa sœur, partage avec elle le pouvoir, Théodora acceptant l'empire à condition de lui laisser la première place. Psellos décrit de quelle façon sont administrées les affaires publiques. « Donc l'empire passe aux mains des deux sœurs et alors pour la première fois notre époque a vu le gynécée transformé en salle de conseil impérial. L'élément civil et le militaire étaient tombés d'accord pour se soumettre à des femmes, leurs souveraines, et ils leur obéissaient mieux que si un prince lointain eût siégé devant eux et leur eût donné des ordres d'une manière plus arrogante.

« Les deux sœurs donc, voulant pour le moment exercer seules le pouvoir, ne constituèrent pas l'administration avec des ministres nouveaux et elles n'entreprirent pas de changer d'une façon soudaine l'état des choses existant ; mais, après avoir éloigné ceux-là seulement qui étaient de la famille du tyran, les autres, personnages très sûrs, qui leur gardaient un attachement héréditaire, elles les employèrent pour les charges publiques. Et ceux-là, craignant d'être un jour accusés soit d'une révolution politique, soit de décisions étourdies, soit d'actions illégales, étaient très attentifs à toutes les affaires, tant civiles que militaires, et autant que possible ils rendaient à l'une et à l'autre les devoirs qui leur convenaient.

« L'appareil du pouvoir pour les deux sœurs, ils le réglaient conformément à celui qui était en usage pour les empereurs antérieurs : elles siégeaient toutes deux en avant de la tribune impériale, comme sur une même ligne légèrement infléchie du côté de Théodora... Sur ce, on s'occupait des affaires : solution de procès, contestation d'intérêts publics, ou contributions, réceptions d'ambassadeurs, controverses ou accords, tout ce qui d'ordinaire remplit la charge du pouvoir. La plupart des discours se faisait par ceux qui disposaient de l'autorité ; si besoin était, les impératrices aussi donnaient des ordres d'une voix tranquille, ou bien elles répondaient, tantôt instruites par des hommes compétents et prenant conseil de leur expérience, tantôt se contentant de leur propre jugement. »

Mais les deux femmes se révèlent incapables de gouverner. Zoé dilapide le trésor. La présence d'un homme qui puisse conduire fermement les affaires se révèle indispensable. La Cour se divise en deux clans favorables à l'une ou l'autre des deux princesses. Zoé décide alors de se remarier une troisième fois ; elle a soixante-quatre ans. Après plusieurs tentatives infructueuses, elle porte son choix sur Constantin Monomaque, lequel entre solennellement à Constantinople le 11 juin 1042 ; le mariage est célébré au palais. Homme séduisant, sympathique, mais généreux jusqu'à la prodigalité, aimant avant tout le plaisir et par conséquent peu soucieux des affaires publiques. « Ce couronnement marqua, pour les impératrices, la fin de la possibilité d'agir de leur propre autorité et de tenir la direction suprême des affaires, et, pour Constantin Monomaque, le premier établissement de la souveraineté. Elles quittent donc le pouvoir après avoir l'exercé en commun pendant trois mois. »

Intervient alors une affaire qui manifeste le manque de caractère de Zoé. Constantin s'était épris d'une nièce de sa seconde femme, nommée Sklérène, dont Psellos trace un portrait enchanteur. Elle l'avait suivi lors de son exil et avait vécu durant sept ans avec lui à Lesbos. Devenu empereur, Constantin, malgré la jalousie de l'impératrice et les conseils de ses amis, la rappelle à Constantinople, lui fait construire un palais magnifique et passe de longs moments avec elle. La liaison est bientôt de notoriété publique. Zoé accepte la situation. « Tant il y a qu'elle [Zoé] embrassait souvent avec effusion celle qui partageait l'empire avec elle, et toutes deux assistaient l'empereur et s'entretenaient avec lui des mêmes affaires. Quant à lui, tenant la balance égale entre les deux femmes, il pesait leurs avis, et parfois donnait l'avantage à la seconde impératrice. »

Zoé, qui s'est toujours abstenue des travaux féminins, néglige les parures impériales. Elle s'applique à confectionner des parfums, et surtout s'adonne à la dévotion.

Le peuple cependant ne cautionne guère l'étrange association, et un jour, alors que Constantin sort du palais, la foule s'écrie qu'elle ne veut pas de Sklérène comme impératrice. Une bagarre s'ensuit, et seule l'intervention de Zoé et de Théodora permet de rétablir le calme.

En 1050, âgée de soixante-douze ans, Zoé décède. Constantin meurt cinq ans plus tard.

Alors, Théodora réapparaît. Depuis le mariage de Zoé elle vit au palais, mais ne joue qu'un rôle très effacé. La mort de son beau-frère réveille en elle l'énergie de la dynastie macédonienne. « Cette princesse se mit au vu et su de tous à gouverner l'empire, faisant franchement figure d'homme, sans nul besoin d'un voile. Effectivement et particulièrement, on la voyait procéder au choix des dignitaires, rendre la justice du haut de son trône avec une voix grave et fière, donner son suffrage, trancher des procès et prononcer des arrêts, tantôt par lettre et tantôt oralement, tantôt lançant des prescriptions avec douceur et tantôt des ordres d'une façon plus tranchante…

« Donc qu'il semblât à tous inconvenant que l'empire des Romains, au sortie d'une volonté virile se fût féminisé même s'ils n'avaient pas cette pensée, voilà du moins ce qui paraissait être. Mais si l'on fait abstraction de cette unique considération, on voit que, pour le reste, l'empire marcha droit et majestueux, et il ne se trouva absolument personne pour comploter contre le pouvoir ou pour mépriser les paroles et les décisions qui en venaient… »

Au surplus, l'impératrice se porte bien. Malgré sa haute taille elle n'est pas voûtée, et elle possède un esprit clair. Elle prend connaissance à l'avance de certaines affaires alors qu'elle parle d'autres questions sans étude préalable. Elle se laisse d'ailleurs guider par un bon ministre.

Toutefois le peuple commence à se lasser d'un aussi long gouvernement de femmes. Et Psellos d'écrire : « Pour ne vouloir ni mettre un homme à la tête du pouvoir, ni assurer à l'empire la meilleure succession qui pourrait affranchir l'impératrice et son entourage du reproche de la sottise la plus achevée et la plus honteuse ? » Le même auteur ajoute d'ailleurs que « l'amour du pouvoir absolu l'incitait à transgresser la loi ». Et le patriarche Cérulaire ne voit pas d'un bon œil les affaires romaines gouvernées par une femme. Théodora meurt à temps le 31 août 1056.

LES CAUSES

Il convient de distinguer l'Orient et l'Occident. C'est leur appartenance à la dynastie macédonienne qui permet à Zoé et Théodora de posséder la légitimité, d'exercer le pouvoir et de le transmettre à leur mari. Michel V perd son trône pour avoir évincé Zoé, Constantin Monomaque manque connaître le même sort en favorisant trop ouvertement Sklérène. La compétition est ouverte du fait qu'elles ne peuvent pas avoir d'héritier. Mais durant leur vie il faut respecter leurs droits et passer par le mariage ou l'adoption pour devenir le souverain légitime.

Plusieurs passages de Psellos manifestent ce rôle des femmes, sinon pour exercer elles-mêmes le pouvoir, du moins pour le rendre légal. Lorsque l'eunuque Jean veut faire adopter son neveu Michel par Zoé, il s'adresse ainsi à son frère l'empereur Michel IV : « Tu sais, dit-il, empereur, que l'empire appartient par voie d'héritage à l'impératrice, et tout le monde lui est plus favorable [qu'à toi] en tant que femme et héritière du pouvoir, elle qui, par la prodigalité de ses largesses, a capté les âmes du peuple entier. »

Lorsque Zoé exilée dans l'île de Prinkipo est embarquée sur un navire, elle évoque la mémoire de son père et de ses ancêtres : « O mon oncle, dit-elle, toi l'empereur [Basile II], c'est toi qui me paras, à peine née, des langes impériaux, qui m'as aimée et honorée plus que mes sœurs, parce que je te ressemblais, comme je l'ai souvent entendu dire à ceux qui m'avaient vue. C'est toi qui, tout en m'embrassant et en me serrant sur ton cœur, me disais : " Puisses-tu vivre, enfant, puisses-tu avoir de longs jours, pour faire l'ornement radieux de notre race et la parure divine de l'empire ! " C'est toi encore qui, en m'élevant et me développant ainsi, prévoyais en moi pour l'empire de grandes destinées… »

Sa mise à l'écart entraîne une révolte, des femmes en particulier, qui clament : « Où peut-elle être, la seule libre entre toutes les femmes, la souveraine de toute la famille, celle en qui toute légitimité avait le lot du pouvoir, celle dont le père était empereur, et empereur aussi le père de celui-ci, et empereur encore celui qui a engendré ce dernier ?… »

Et Psellos à propos de Théodora indique bien que le pouvoir légitime provient d'elle-même, quoique femme. « Sachant qu'il n'est point d'homme plus exigeant que celui qui a reçu d'un autre la royauté et que cette ingratitude se manifeste, de préférence, à l'égard du bienfaiteur — sur ce point, elle tirait et d'elle-même, et de l'empereur précédent, et des exemples de sa sœur, de quoi la confirmer dans son opinion —, elle ne voulait asseoir absolument aucun homme sur le trône impérial ; mais, présidant elle-même à toutes choses, elle conserva pardevers elle tout le pouvoir, sans partage. »

Il en va tout autrement en Occident. Les impératrices et les reines ne sont que les épouses des empereurs et des rois. La situation des aristocrates offre toutefois des traits spécifiques.

Les souverains épousent des femmes de la haute aristocratie, voire s'allient aux familles royales. Gerberge, femme de Louis IV d'Outremer, est la fille du roi de Germanie Henri Ier l'Oiseleur, par conséquent la sœur d'Otton Ier, roi de Germanie après Henri, puis empereur. Hugues Capet épouse Adélaïde, fille du puissant comte de Poitou et duc d'Aquitaine, Guillaume Tête d'Etoupe.

Une preuve *a contrario*. Lorsqu'en mai 987 meurt le roi carolingien Louis V, deux candidats se présentent pour lui succéder. L'un, Hugues Capet, détient le pouvoir réel. Mais l'autre, Charles de Lorraine, est l'oncle du roi défunt et le frère de Lothaire. Selon Richer, Adalbéron, archevêque de Reims et archichancelier, parvient grâce à un discours à faire élire non pas l'héritier légitime, mais le Capétien, reprochant au Carolingien d'être devenu le vassal de l'Empire germanique et d'avoir épousé une femme de condition inférieure : « Mais quelle dignité peut-on conférer à Charles, que l'honneur ne guide pas, que l'indolence engourdit et qui s'est enfin abaissé et dégradé au point de servir sans rougir sous les ordres d'un prince étranger et de se mésallier à une femme appartenant à la classe des vassaux ? Comment le grand duc pourrait-il souffrir qu'une femme prise parmi ses vassaux devienne reine et exerce sur lui sa domination ? Comment accepterait-il d'être subordonné à une personne de qui les égaux et même les supérieurs s'agenouillent devant lui et placent les mains sous ses pieds ? » Adélaïde, l'épouse de Charles, est issue d'une famille honorable, mais qui ne fait pas partie de la haute noblesse. Sous les premiers Carolingiens, une telle union ne poserait pas problème. Elle apparaît maintenant comme une mésalliance, car l'épouse est devenue une garantie de noblesse ; l'origine de la mère doit conforter la puissance du père.

Outre l'appui dû à ces alliances — nous avons vu combien est précieux le soutien d'Otton Ier et de son frère Brunon lors de la captivité de Louis IV et de la minorité de son fils Lothaire —, il existe des traits spécifiques à la maison ottonienne ; les femmes y tiennent une place particulière sur le plan religieux et spirituel, en particulier les mères devenues veuves. Liutprand de Crémone écrit que « la vénérable épouse d'Henri, qui régna avec lui, était nommée Mathilde et appartenait à la même nation. Plus qu'aucune femme que j'ai vue ou dont j'ai entendu parler, elle ne cessa jamais de faire célébrer des messes de funérailles et d'offrir à Dieu la vivante hostie pour l'expiation des péchés ». Les reines sont considérées être à l'origine des succès terrestres de leur époux, puis de leurs fils. Lorsque Otton entreprend son expédition en Italie en 961-962, Mathilde fonde un monastère féminin à Nordhausen. A son retour, Otton déclare devoir sa victoire aux mérites de sa mère. Quand Adélaïde de Bourgogne, sa seconde épouse, tente d'éliminer Liudolf qu'il a eu d'un premier lit, au profit de son fils à elle, un contemporain déclare que la faiblesse de Liudolf vient du fait qu'il est démuni d'appui maternel. Ce ne sont d'ailleurs pas seulement les reines, mais aussi toutes les aristocrates qui par leurs mérites suscitent la protection divine pour leur conjoint et leur progéniture.

En outre, la longévité féminine s'ajoutant à la différence d'âge, face aux décès relativement précoces des représentants mâles de la maison ottonienne, permet aux impératrices de constituer l'unique lien vivant avec le passé de la dynastie. Mathilde survit trente-deux ans à son mari. Adélaïde trente-six ans au sien.

Il n'en va pas de même en France, de sorte que l'influence politique des reines s'atténue fortement après Robert le Pieux, c'est-à-dire après les années 1030. La personnalité d'Henri Ier, des rapports plus distants avec les traditions ottoniennes, les changements institutionnels et religieux expliquent le phénomène.

Si nous quittons les reines, pour examiner la catégorie bien plus large des aristocrates, d'autres considérations interviennent. Les femmes, à l'origine, sont probablement incapables de posséder des fiefs. En effet, elles ne peuvent pas en remplir les charges, en particulier le service d'ost. Tant que les fiefs sont des concessions temporaires ou à vie cette habitude persiste. Mais lorsqu'ils deviennent héréditaires, le service d'ost est considéré comme attaché à la jouissance et non pas au domaine ; la femme peut donc devenir possesseur d'un domaine féodal.

En France méridionale et en Catalogne notamment, la nature du pouvoir comtal se transforme. Les comtes, dont la charge devient privée et héréditaire, finissent par considérer leur autorité comme une propriété familiale, par conséquent soumise aux partages successoraux. Les femmes jouent alors un nouveau rôle dans le gouvernement de la France du Sud. Lorsqu'elles possédaient auparavant d'importantes propriétés, elles paraissaient subordonnées à leurs maris ou à leurs fils dans le domaine de la vie politique. Il en va tout autrement à partir du moment où la charge de comte devient en quelque sorte une propriété privée. Les femmes au Xe siècle dans la France du Midi sont pour un certain nombre maintenant les égales de leurs époux.

En ce qui concerne les prestations pécuniaires (aides féodales, profits de mutation), il n'y a aucune difficulté pour la dame de fief ; la femme vaut l'homme lorsqu'il s'agit seulement de payer. Quant au service d'ost, si la dame de fief est mariée, son mari la remplace. Dans le cas contraire, son suzerain lui sert de tuteur. Ce tuteur qui a la jouissance du fief de sa pupille abandonne parfois son droit à un chevalier qui en retour est tenu de remplir les devoirs militaires à la place de la femme. Du droit de choisir un *advocatus* pour sa vassale s'ensuit pour le seigneur le droit de lui choisir un époux, qu'il s'agisse d'une fille non encore mariée ou d'une veuve.

Le privilège de masculinité permet cependant aux mâles d'exclure les femmes de la succession dans certains cas. Vers la fin du Xe siècle, Adèle, épouse d'Elbodon, origine des seigneurs d'Ardres, a deux filles d'un premier mariage. A sa mort ses petits-fils demandent à partager ses alleux avec le fils issu du second mariage : leur requête est repoussée. Il leur est répondu que leurs mères ne peuvent plus hériter d'Adèle depuis que celle-ci a transformé ses alleux en fiefs. Le droit de masculinité ne l'emporte pas toujours facilement ; il y a des guerres, des procès. A la fin du Xe siècle, des femmes gouvernent des fiefs, plus fréquemment d'ailleurs dans le midi de la France que dans le nord. Cette évolution est favorisée par l'Eglise.

Dès la seconde moitié du IXe siècle, la femme participe au titre en France du Sud et en Catalogne. En 865, on trouve en Languedoc la première mention d'une veuve participant au titre et à l'honneur si ce n'est à la fonction et citée avant son fils. A partir de 885, les épouses des comtes de Barcelone sont comtesses, et continuent de l'être une fois devenues veuves. Bien plus, Béatrice, fille d'Hugues le Grand, mariée à un duc de Haute-Lotharingie, assume à tel point le pouvoir, après le décès de son mari, qu'elle est appelée « duc ». Ajoutons que la femme d'un prince héréditaire occupe une place supérieure à celle de tous les vassaux de son époux dont elle est la

« dame ». Ainsi une noble extraction, une forte personnalité, les circonstances permettent à un certain nombre de femmes de jouer en l'An Mille un rôle politique déterminant, généralement durant la minorité de leurs fils, parfois même au cours de leur vie conjugale. Il n'est pas étonnant dans ces conditions que la transmission de la noblesse passe par les femmes, voire que celles-ci puissent apporter par leur origine du prestige à la maison de leur mari.

3

CULTURE ET RELIGION

Si la culture reste l'apanage d'une élite, laïque et surtout cléricale, la religion est l'affaire de tous.

DES ARISTOCRATES CULTIVÉES

La cour ottonienne

Le Xe siècle, entre la « renaissance » carolingienne et le renouveau des XIe-XIIe siècles, semble une période quelque peu déficiente sur le plan intellectuel. Un examen plus attentif des sources, une relecture des textes montrent qu'il convient de nuancer ce jugement. Mais les renseignements relatifs à la culture féminine apparaissent indigents.

Les abbayes constituent des centres d'éducation. Mathilde, épouse de Henri Ier, roi de Germanie, est placée à Herford auprès de sa grand-mère, abbesse de cet établissement, non pour être comptée parmi les religieuses, mais pour s'adonner à l'étude des lettres et à toutes sortes de travaux. Toutefois c'est seulement après le décès de son époux qu'elle s'initie vraiment aux sciences dans le monastère de Quedlinburg qui devient, sous son égide, un centre d'éducation pour les filles de la bonne société.

Adélaïde, seconde épouse d'Otton Ier, est dite « très lettrée » par Ekkehard II qui l'a connue à la Cour. Mathilde et Gerberge, fille et nièce de cet empereur, sont élevées dans l'amour des lettres ; la première devient abbesse de Quedlinburg, la seconde de Gandersheim. Alors que Mathilde n'a que douze ans, Widukind de Corvey lui dédie un ouvrage où il célèbre les hauts faits de la maison ottonienne. Gerberge étudie les auteurs anciens à Gandersheim sous la férule de maîtres très savants.

C'est sur la demande de la reine de France Gerberge — mais elle est la sœur d'Otton Ier — qu'Adson de Montier-en-Der compose sous forme de lettre, entre 949 et 954, son *Traité de l'Antéchrist.*

Par ailleurs Otton II épouse une princesse grecque, Théophano. Sa cousine Hadwige de Bavière, sœur de l'abbesse Gerberge de Gandersheim, devant de son côté se marier avec un prince byzantin, apprend certainement le grec. Elle l'enseigne en effet au moine Burchard lorsque, après la mort de son mari, le duc Burchard de Souabe, elle se retire dans son château de Hohentwiel où, sous la conduite du moine Ekkehard de Saint-Gall, elle s'initie aux auteurs classiques.

Une telle culture toutefois n'est pas largement répandue. Dans une charte de 989, une moniale catalane indique qu'elle connaît les lettres, qu'elle lit mais ne sait pas écrire. Tel n'est pas le cas de Hrosvitha.

... et Hrosvitha [1]

Cette chanoinesse est née probablement vers 935, car dans l'une de ses préfaces elle écrit que l'abbesse

1. Sur Hrosvitha, voir notamment les travaux de Ferrucio Bertini et de Monique Goullet.

Gerberge II — née vers 940 — est plus cultivée qu'elle, tout en étant sa cadette. D'autre part elle mentionne dans l'une de ses œuvres le décès d'Otton Ier ; elle vit donc encore en 973. On ignore la date de son décès.

La plus grande partie de son existence se déroule à l'abbaye de Gandersheim pourvue d'une riche bibliothèque. L'abbesse Gerberge a de bons rapports avec la Cour, et particulièrement avec son oncle Brunon, frère cadet d'Otton et archevêque de Cologne, qui connaît le latin, le grec, la philosophie, les mathématiques et apprécie les classiques avec une prédilection pour Térence.

Hrosvitha, dont on ignore la date d'entrée en religion, est éduquée d'abord, nous apprend-elle, par l'abbesse Richarde qui lui enseigne sans doute les arts du *quadrivium*, c'est-à-dire l'arithmétique, la géométrie, la musique et l'astronomie. Gerberge, avant son abbatiat, l'initie ensuite à ceux du *trivium*, à savoir la grammaire, la dialectique et la rhétorique. Sous sa conduite notre chanoinesse lit les auteurs classiques de la bibliothèque abbatiale, Virgile, Lucain, Horace, Ovide, Térence, peut-être Plaute, ainsi que les écrivains chrétiens, Prudence, Sédulius, Fortunat, Marianus Capella et Boèce. Connaît-elle le grec ? La chose n'est pas impossible, puisque l'arrivée de Théophano en Germanie a peut-être eu des répercussions sur la vie intellectuelle de Gandersheim.

Après la lecture, l'écriture. A « l'insu de tous, pour ainsi dire, en secret, je travaillai seule ; parfois je composais, parfois je détruisais ce que j'avais écrit avec application, mais qui, pourtant, était mauvais ».

Le premier livre de ses œuvres, terminé avant 962, est formé de huit légendes saintes en hexamètres léonins, c'est-à-dire avec une rime au milieu et à la fin des vers, sauf le *Gandolfe* écrit en distiques.

Le premier poème consacré à Marie comporte environ neuf cents vers. Les Evangiles canoniques ne satisfaisant pas la curiosité de la chanoinesse, elle se sert d'un apocryphe, le Protévangile de saint Jacques. Elle insiste sur l'incrédulité de la sage-femme Salomé qui perd l'usage de sa main droite pour avoir voulu s'assurer de la virginité de Marie après l'accouchement ; mais Jésus, effectuant son premier miracle, la guérit.

Un poème de cent cinquante vers sur l'Ascension du Christ rapporte conformément aux Evangiles canoniques les paroles qu'il adresse à ses disciples, mais ensuite, ainsi que l'indique un texte apocryphe, il promet à sa mère de venir chercher lui-même son âme.

Ces deux premières œuvres, en quelque sorte des essais, qui mettent l'accent sur la virginité de Marie, sont suivies par six légendes. Gandolfe, guerrier bourguignon à l'époque du roi Pépin, bon chrétien, est assassiné par son épouse et l'amant de celle-ci. — Vers 925, Pélage, fils du roi de Galice, otage du calife, repousse ses avances. Précipité du haut des murailles de Cordoue, il n'a aucun mal. Il est alors décapité et sa tête jetée dans un fleuve. Des pêcheurs la recueillent. Après avoir subi victorieusement l'épreuve du feu, elle est solennellement inhumée. Hrosvitha tient probablement ce récit d'un membre d'une des deux ambassades envoyées par Abd al-Rahman III en Germanie en 950 et 955-956. — Le diacre Théophile conclut un pacte avec le diable, mais le document est restitué à la suite d'une intervention de la Vierge. — Le poème *Basile* reprend, de façon plus brève, le thème du pacte avec Satan que passe un jeune esclave, amoureux de sa maîtresse, pourtant vouée à Dieu. Grâce à son repentir, l'évêque Basile parvient à le sauver. — Dans *Denys*, le corps décapité du martyr se remet debout, prend sa tête et l'emmène jusqu'à la colline de Montmartre pour y être dignement enseveli. — Le dernier poème glorifie Agnès, noble jeune fille romaine, qui subit le martyre à l'époque de Dioclétien pour n'avoir pas voulu épouser le fils du préfet de la ville, puis devenir vestale. Placée d'abord dans une maison de prostitution, puis jetée au milieu des flammes, Agnès sort intacte de ces épreuves. Comme elle désire rejoindre rapidement le Seigneur, son vœu est exaucé puisqu'elle a la gorge transpercée par une épée. Ce dernier texte contient tous les thèmes essentiels du premier livre : conversion des pécheurs, grâce et justice divines, sainteté, martyre, montée au ciel.

Après les deux premiers poèmes proches de leurs sources, Hrosvitha manifeste une autonomie de plus en plus grande. Toutefois elle a conscience de ses limites — « bien que la composition métrique paraisse difficile et ardue pour une faible femme » — et fait appel à des vers imparfaits qui imposent des mots inutiles quant au fond, mais nécessaires sur le plan de la métrique. Notons qu'elle défend ses écrits. Si on lui objecte, dit-elle, qu'une partie de ses œuvres est tirée des apocryphes, il s'agit d'une erreur due à l'ignorance. Lorsqu'elle commence à écrire son recueil, elle ne sait pas que sont douteuses les matières sur lesquelles elle s'apprête à travailler. Mais lorsqu'elle l'apprend, elle ne veut pas détruire son ouvrage, « car ce qui semble fausseté sera peut-être approuvé demain comme vérité ».

Le thème de la virginité qui ouvre et clôt le premier cycle, celui des poèmes hagiographiques, intervient également dans le second, celui des pièces de théâtre écrites, selon elle, à la manière de Térence, poète fort lu à cette époque.

La préface de ce deuxième livre permet de connaître les motivations de la poétesse et l'atmosphère culturelle de Gandersheim.

« Il se trouve beaucoup de chrétiens (et de cela nous ne pouvons entièrement les justifier) qui, pour l'élégance raffinée de la langue, préfèrent la vérité des livres des gentils à l'utilité des Saintes Ecritures. Il y en a d'autres aussi qui, bien qu'attachés fidèlement aux Saintes Ecritures et méprisant les autres œuvres des gentils, pourtant lisent et utilisent sans cesse les créations de Térence et, tandis qu'ils se délectent de la douceur de la langue, ils sont pollués par la connaissance qu'ils prennent de ces matières abominables. C'est pourquoi moi, la vaillante voix de Gandersheim, je n'ai pas hésité à imiter dans mes compositions cet auteur que d'autres honorent de leur lecture ; et ainsi, par le même genre de composition où sont décrites les obscures turpitudes de femmes lascives, c'est, selon la faculté de mon humble génie, la louable chasteté des saintes vierges qui sera célébrée.

« Ce qui pourtant me fait souvent rougir de honte, c'est que, contrainte par la nature de ce genre de compositions, je me suis appliquée à imaginer par l'esprit et à retracer par le style en composant mon œuvre, l'exécrable démence des amants illicites et la perversité de leurs doux entretiens, toutes choses que nous ne devrions pas entendre. Mais si j'avais renoncé à ces sujets par honte, je n'aurais pas rempli mon projet et je n'aurais pu chanter pleinement, selon mon pouvoir, la louange des innocents ; car, plus sont promptes à tromper les douceurs des amants, d'autant plus sublime éclate la gloire du secours divin et d'autant plus glorieuse éclate la victoire de ceux qui l'emportent, surtout quand c'est la fragilité féminine qui vainc et la force virile qui tourne en confusion…

« Pourtant, je ne suis pas à ce point éprise de moi-même que, pour éviter le blâme, je cesse de prêcher, partout où Il m'en donnera le loisir, la vertu du Christ qui opère dans les saints. Si ma piété plaît en effet à quelqu'un, je m'en réjouirai ; mais si, soit à cause de mon abjection, soit à cause de la rusticité de mon style défectueux, elle ne plaît à personne, je me féliciterai pourtant de ce que j'ai fait ; car, tandis que, dans les autres œuvres de mon ignorance, je tente d'assembler la faiblesse de mon travail en mètre héroïque et, dans celle-ci, de l'ensemer dans une structure dramatique, j'évite, en m'en abstenant, les délices pernicieux des gentils [1]. »

Les pièces de Térence décrivent la faiblesse de la femme incapable de résister à la volupté. Hrosvitha au contraire veut montrer sa force, sa capacité à repousser la tentation. Ce n'est pas le style de Térence qu'elle imite, ce sont ses thèmes qu'elle reprend en les transformant. Le christianisme symbolisé par la chasteté féminine l'emporte chez elle sur le paganisme représenté par la violence masculine. La poétesse souhaite ainsi corriger les lecteurs de Térence, c'est-à-dire beaucoup plus que ses compagnes ceux qui vivent à la Cour et admirent l'auteur latin.

La première pièce, *Gallicanus*, comporte deux parties. L'empereur Constantin qui veut mettre fin aux incursions des Scythes promet la main de sa fille Constance au général Gallicanus, s'il parvient à les battre. Or Gallicanus est païen et Constance tient à épouser un chrétien. Elle l'épousera toutefois si les chrétiens Jean et Paul l'accompagnent dans son expédition. Sur le champ de bataille, alors que la situation paraît catastrophique, les deux hommes exhortent le général à se faire baptiser. Gallicanus accepte et remporte la victoire. Revenu à Rome, il se fait moine.

Trente ans plus tard — une allusion signale que Gallicanus a été mis à mort sur l'ordre de Julien l'Apostat —, Jean et Paul subissent le martyre. Le fils du général qui les a exécutés étant tombé malade, son père se rend sur leur tombeau. Son fils retrouve alors la santé.

Hrosvitha n'hésite pas à prendre des libertés avec son modèle la *Passion de Gallicanus*, résumant le texte ou l'amplifiant, lui donnant une tournure plus dramatique grâce à des dialogues. Elle manifeste sa connaissance

1. Traduction Catherine Dalarun-Mitrovitsa et Jacques Dalarun. Les extraits des pièces de Hrosvitha sont cités par Ferrucio Bertini, *op. cit.*

de l'âme humaine. Alors que la source hagiographique se borne à signaler que Gallicanus quitte le palais de l'empereur pour rejoindre saint Hilarinus, la poétesse lui fait exposer les raisons de son départ à Constantin qui essaie de le retenir. Il n'existe pas, lui explique-t-il, de tentation plus redoutable que la concupiscence des yeux. Il est donc préférable qu'il ne voie pas Constance qu'il aime plus que ses parents, que sa vie, que son âme. La vierge, bien terne dans l'œuvre hagiographique, détermine véritablement le cours de l'intrigue. A l'instar de Térence, Hrosvitha fait de l'amour le moteur de ses drames, mais cet amour doit céder devant la virginité.

La deuxième pièce, *Dulcitius*, dramatise un récit fort connu sur le martyre de trois jeunes vierges, trois sœurs nommées Agape, Chionie et Irène. L'empereur Dioclétien veut les obliger à sacrifier aux dieux païens. Comme elles refusent, elles sont remises au général Dulcitius qui doit les exécuter. Celui-ci, charmé par leur beauté, les enferme dans une pièce contiguë à une cuisine. Il arrive de nuit, enflammé de désir. Dans l'obscurité il caresse les pots et les marmites, croyant qu'il s'agit des jeunes filles. Celles-ci qui l'observent par les fentes de la porte entament un dialogue bien enlevé.

« Quel est ce bruit devant la porte ?

— C'est le misérable Dulcitius qui entre.

— Dieu nous protège.

— Amen !

— Que signifie ce fracas de marmites, de chaudrons et de poêles ?

— Je vais voir… Approchez-vous, dis-je, et regardez par les fentes !

— Qu'y a-t-il ?

— Voici ce fou privé de raison qui croit jouir de nos embrassements !

— Que fait-il ?

— Tantôt il presse tendrement les marmites, tantôt il

embrasse les chaudrons et les poêles et leur donne de doux baisers.

— Ridicule ! »

La suie transforme Dulcitius en Ethiopien et ses subordonnés ont peine à le reconnaître. L'empereur confie les trois jeunes filles à Sisinnius qui, ne pouvant les faire abjurer, condamne Agape et Chionie à être brûlées. Irène, placée dans un bordel dont elle sort indemne, est tuée par une flèche. Elle déclare à Sisinnius que seul est coupable celui dont l'âme est consentante. Hrosvitha suit ainsi saint Augustin pour qui le pacte de la virginité n'entraîne pas obligatoirement le pacte de la chasteté puisque la pureté est liée à l'âme et non au corps.

L'action de la troisième pièce, *Callimaque*, se déroule en Asie Mineure. Un jeune païen, Callimaque, est amoureux de Drusiana, épouse du riche Ephésien Andronique, mais elle a fait vœu de vivre dans la chasteté bien que mariée. Au cours de la scène suivante, Callimaque déclare son amour à la jeune femme qui le repousse avec horreur. Restée seule, elle supplie Dieu de la faire mourir au cours d'une scène dramatique.

« Drusiana (*elle prie, sans se rendre compte de l'arrivée d'Andronique*) :

« Hélas ! Seigneur Jésus-Christ, que me sert d'avoir fait profession de chasteté, puisque ce dément est séduit par mon apparence ? Vois, Seigneur, ma peur, vois la douleur que j'éprouve ! Que faire, que faire, je l'ignore ! Si je le dénonce, une guerre civile adviendra par ma faute ; si je me tais, je ne pourrai résister sans Toi à ces embûches diaboliques. Ordonne-moi, ô Christ, que je meure bien vite en Toi, afin que je ne mène à la ruine ce délicat jeune homme ! (*Drusiana s'effondre morte*).

« Andronique :

« Je cours appeler saint Jean (*Il sort en courant*). »

Hrosvitha a su dépeindre l'angoisse de l'héroïne qui ignore si elle saura résister à la tentation. Mais elle n'insiste pas, mettant fin brusquement à cette cruelle situation par la mort de la jeune femme.

Les choses n'en restent pas là. Drusiana est ensevelie. En compagnie d'un ami, Callimaque pénètre dans son tombeau prêt à abuser du cadavre de celle qu'il aime, mais un serpent les tue. Le lendemain l'apôtre Jean découvre les corps. Il ressuscite Callimaque et Drusiana puis, après avoir refusé, sur la prière de cette dernière, l'ami de Callimaque. Ce dernier se convertit au christianisme. Son ami qui refuse voit sa blessure enfler et meurt.

Hrosvitha stigmatise la passion, inspirée par Satan, exaltant au contraire la virginité. Si à l'instar de bien des clercs elle condamne en quelque sorte la sexualité, en revanche elle exalte la femme, instrument de la volonté divine, non plus tentatrice, mais rédemptrice.

Les quatrième et cinquième drames ont pour principal personnage une prostituée amenée à se repentir grâce à un ermite. Abraham, ermite égyptien, a une nièce Marie qui est séduite par un faux moine. Elle se prostitue durant plusieurs années dans un bordel. Son oncle déguisé en marchand la retrouve. Il réussit à la convaincre de quitter sa vie dissolue et à la ramener au désert.

L'intrigue de la *Conversion de la courtisane Thaïs* est analogue. L'ermite Paphnuce qui vit dans le désert égyptien de la Thébaïde se rend, lui aussi déguisé, dans la cité voisine où la courtisane Thaïs corrompt les jeunes gens. Il la convainc de se convertir et de subir une rude pénitence pour se montrer digne de la miséricorde infinie de Dieu. Des similitudes évidentes, mais aussi des différences dans la composition. Un Abraham affectueux, une nièce qui se rappelle avec émotion sa vie de jeune fille. Un Paphnuce sévère, une femme qui a choisi consciemment la luxure et qui devra expier durement ses fautes.

Hrosvitha considère comme fondamental, on le constate au travers de ces dialogues, le thème de la conversion du pécheur.

Enfin dans *Sapience*, dame Sagesse et ses trois filles Foi, Espérance et Charité sont torturées, puis mises à mort par l'empereur Hadrien.

Le troisième livre débute par une lettre adressée à Gerberge II. Hrosvitha lui demande de présenter à son cousin Guillaume, l'archevêque de Mayence, le poème *La Geste d'Otton* qu'elle lui a commandé.

Il s'agit pour la poétesse de rapporter les exploits du fondateur du Saint Empire romain germanique. Mais elle préfère narrer l'histoire de la maison de Saxe depuis le couronnement de Henri Ier comme roi de Germanie en 919 jusqu'au sacre d'Otton comme empereur en 962. Et comme elle s'estime incompétente pour traiter d'exploits guerriers, elle met l'accent sur les personnages féminins telles Edith d'Angleterre et Adélaïde, épouses successives d'Otton le Grand. L'œuvre, commencée vers 967, s'attache à montrer que les événements favorables à Otton sont dus à l'intervention divine, alors que les malheurs qui le frappent sont le fait du diable.

Hrosvitha dans son dernier ouvrage composé après la mort d'Otton Ier en 973, raconte en six cents hexamètres l'histoire de l'abbaye de Gandersheim depuis sa fondation en 852 jusqu'au décès de l'abbesse Christine en 919. Une nouvelle fois elle insiste sur la réalisation des desseins de Dieu à travers des éléments temporels. La poétesse cesse sa narration cinquante ans avant son temps, car le monastère connaît alors une période difficile sur laquelle elle préfère garder le silence. Mais elle propose à ses consœurs l'idéal de vie manifesté par certaines des anciennes religieuses, telles Oda, épouse du fondateur Liudolf, ou l'abbesse Gerberge, leur seconde fille.

Voici quels enseignements elle retire du décès de Liudolf. « Si Dieu arracha Liudolf de ce monde, alors qu'il n'était pas encore très vieux, peut-être est-ce pour que l'âme de l'illustre dame Oda pût, après cela, se tourner toute vers Dieu et s'attacher aux préoccupations célestes, totalement libérée de l'amour charnel [1]. »

Quant à Gerberge, elle renonce à épouser son fiancé Bernard pour se consacrer à Dieu. « Elle avait été promise à un homme illustre et puissant, nommé Bernard : mais elle s'était secrètement consacrée au Christ, brûlant de recevoir le céleste voile de ce saint Epoux, et rejetant dans son cœur tout époux mortel. » Bernard déclare qu'il l'épousera malgré tout s'il revient sain et sauf de la guerre qu'il s'apprête à mener. Mais il est tué. « La vierge s'unit aussitôt à l'amour de l'Epoux céleste, qu'elle avait toujours chastement chéri. » Et la poétesse de célébrer la sainte vie des premières moniales sous la direction de Gerberge assistée par Oda. « Alors pour la première fois, les chants de la louange divine se mirent à résonner en ces lieux sylvestres. La troupe formée par notre communauté se consacra entièrement au service de Dieu. Et, bien que l'abbesse Gerberge s'occupât attentivement de ce nouveau troupeau… la vénérable dame Oda… veillait à ce qu'aucune ne négligeât les règles anciennes pour imposer la sienne, ni ne trouvât l'occasion de commettre l'interdit : elle donnait elle-même l'exemple de ce qu'il fallait faire. »

Dans ce dernier ouvrage qui paraît le plus achevé sur le plan littéraire, Hrosvitha manifeste une plus grande maîtrise de la langue. Par ailleurs *La Geste d'Otton* et *Les Origines de Gandersheim* illustrent la conscience que la femme a de son rôle dans cette Saxe où elle exerce une influence parfois déterminante.

Hrosvitha est surtout connue par ses drames. Ceux-ci, à coup sûr, n'ont pas donné lieu à son époque à des représentations théâtrales, mais à une lecture dialoguée. Ultérieurement, ils seront joués et même fréquemment. Et il est curieux de constater que c'est au XXe siècle que Hrosvitha connaît la plus grande célébrité.

1. Traduction de cet extrait et des suivants par Monique Goullet.

Les poétesses d'Al-Andalus [1]

Bien éloignée de la Saxe tant par la situation géographique que par la civilisation, Al-Andalus permet aux femmes d'occuper une place éminente sur le plan littéraire. Elles peuvent participer, en effet, à des réunions masculines où elles récitent des vers qu'elles ont écrits et prennent part aux discussions.

Les femmes andalouses du XIe siècle ont joué un plus grand rôle sur le plan poétique que leurs contemporaines orientales ; tel auteur affirme qu'il n'a pas versifié avant d'avoir connu l'œuvre de soixante poétesses. En effet, elles jouissent d'une grande liberté, n'hésitant pas à répondre aux poètes qui composent des œuvres érotiques en leur honneur.

Un premier groupe de poétesses est constitué par les gawari, à savoir des esclaves. La plus ancienne d'entre elles qui vient de Bagdad est surnommée al-Gariya al-Agfa, c'est-à-dire la jeune fille maigre (deuxième siècle de l'hégire, première date dans la chronologie musulmane qui correspond à l'an 622 de l'ère chrétienne). Quelque temps après, à la fin du deuxième et au début du troisième siècle de l'hégire, une poétesse née en Andalousie compose surtout des poèmes d'éloge. Ce n'est qu'au quatrième siècle de l'hégire qu'une femme écrit des poèmes galants ; il s'agit d'Hafsa al-Higariyya.

De nombreux esclaves vivent dans les pays islamiques, quatorze mille esclaves et affranchis à Cordoue sous le règne d'Abd al-Rahman III (912-961). De Bagdad, la capitale abbasside, proviennent de nombreuses jeunes filles auxquelles s'ajoutent des Berbères, des Franques et des Slaves. Parmi elles des gawari, poétesses qui ont pour

1. Pour de plus amples informations, nous renvoyons à l'ouvrage de M. Abu Rub dont sont extraites les citations, sur la poésie galante andalouse. *Poésie galante andalouse au XIe siècle : typologie, op. cit.*

fonction de distraire la société. Les gawari sont unies à leur maître par dépendance et non point par mariage. Ibn Hazm signale dans son ouvrage *Le Collier de la Colombe* combien les gawari sont appréciées. Lui-même avoue être tombé amoureux d'une gariya blonde (gariya signifie « la jeune parmi les femmes »).

La plupart de ces gawari vivent dans des familles de l'aristocratie et par conséquent apparaissent fort cultivées tant sur le plan littéraire, artistique que religieux. Voici la description de l'une d'elles. « Elle était parmi les gens éloquents, tout en sachant composer des mélodies qui lui étaient importées de Bagdad. Elle joignait la littérature à la séduction, la transmission du hadith à la connaissance du Coran avec une compréhension habile et une beauté exceptionnelle, elle disait la poésie grâce à sa culture. » Mais les gawari apparaissent comme des poétesses secondaires dans la mesure où leur œuvre réduite n'est citée que par rapport à des personnages célèbres.

Parmi les plébéiennes, Al-Gassaniyya vit le passage du quatrième au cinquième siècle de l'hégire. Elle écrit des poèmes de louange, tel celui en l'honneur du « gouverneur d'Almeria et de Murcie de 405 à 409 ». Il ne reste d'elle qu'une seule poésie galante empreinte de nostalgie.

Te chagrineras-tu s'ils disent que des montures
[(chargées) partiront.
Comment supporteras-tu leur absence ? Malheur à toi
[s'ils partent.
Seule la mort règne après leur départ,
ou une vie de douleur.
Je les ai connus et la vie, à l'ombre de leur union,
est élégante. Et les jardins du temps sont florissants et
[frais.
Des nuits heureuses, dont on ne craint pas de blâme
à propos de l'amour et où les abandons ne menacent pas
[l'union.

Le plaisir nous envahit et nous réalisons nos vœux,
comme les branches se rassemblent sous la force du vent.
Combien je regrette que la séparation soit réelle.
Resterez-vous (fidèle), après leur départ, comme ils
[l'étaient.

Al-Gassaniyya manifeste un amour pudique, écartant toute sensualité.

Si les poétesses plébéiennes ont composé une œuvre restreinte, celle-ci l'emporte toutefois nettement sur celle des gawari tant par la qualité que par la quantité. Et elles sont citées non par rapport à un maître, mais pour elles-mêmes.

Wallada Bint al-Mustakfi est sans doute la poétesse andalouse la plus célèbre, grâce à son talent, à son origine royale, à sa beauté, à son goût de l'indépendance et parce que son amant Ibn-Zaydun l'a glorifiée. L'œuvre poétique de cette princesse omeyyade née à Cordoue vers 400 de l'hégire, morte en 484, semble s'achever vers 433 après sa rupture avec Ibn-Zaydun. Sa situation dans la société lui permet de créer un salon littéraire où se rencontrent poètes et prosateurs. Ses poèmes attestent son attachement à la liberté. Elle ne cèle point ses plaisirs et se montre volontiers narcissique, louant sa beauté et ses qualités personnelles. Le distique suivant paraît une œuvre de jeunesse tant par la manière dont elle expose ses idées que par son vocabulaire et son style. Elle écrit sur l'une des manches de son vêtement :

Par Dieu... je suis apte aux grandes choses, et je poursuis
[fièrement ma route.

et sur l'autre :

J'abandonne à qui m'aime les fossettes de mes joues, et je
[donne un baiser à qui le désire.

Ces deux vers semblent avoir été composés pour être chantés. Wallada sait créer des textes tant poétiques que musicaux pour ne pas isoler la diseuse des chanteuses.

Elle réclame de son amant qu'il admire sa beauté.

Tu sais que je suis belle comme la pleine lune,
mais tu es éperdu d'amour, ô malheur à moi, pour une
[autre.

Elle manifeste sa passion. Selon Ibn-Zaydun, c'est d'ailleurs elle qui fixe leur premier rendez-vous. Son attachement pour son amant grandit. Elle souffre de leur séparation et l'exprime en des vers brûlants de désir :

N'y a-t-il aucune possibilité de nous revoir, après cette
[séparation,
afin que chaque amant puisse se plaindre de ce qu'il
[a vécu ?
A l'heure des visites hivernales, je dormais sur les braises
[de l'ardent désir.
Comment suis-je arrivée à cet état de rupture ? Le sort a
[devancé mes craintes.
Les nuits passent, la séparation continue et la patience ne
[me libère pas de l'esclavage du désir.
Que Dieu arrose d'une pluie diluvienne cette terre qui est
[devenue ton domicile.

Wallada, par ses œuvres érotiques, tente d'atteindre à la même liberté d'expression que l'homme. Elle atteste, dans la mesure où ses poèmes correspondent à un comportement réel, que la femme, tout au moins certaines femmes peuvent atteindre une grande autonomie dans l'Espagne musulmane.

La splendeur du Japon

L'âge d'or de la littérature japonaise se situe aux alentours de l'An Mille ; il est dû avant tout aux dames de la cour des Heïan.

Depuis la fin du IXe siècle, les Japonais n'envoient plus de missions diplomatiques en Chine, alors en proie au désordre. Un siècle plus tard, ils ont assimilé, adapté ce que le continent leur a procuré. Alors qu'en Chine il est possible de faire carrière grâce à son talent, au Japon accèdent seuls à de hautes fonctions les enfants de l'aristocratie, et souvent lorsqu'ils sont nommés en province ils laissent remplir leur office à des subalternes pour rester à la Cour. Le véritable maître n'est pas l'empereur. Le pouvoir se trouve aux mains d'un maire du palais qui, depuis le IXe siècle, appartient à l'illustre famille des Fujiwara ; sa puissance culmine sous Michinaga qui dirige le pays de 995 à 1027.

Mais autour des empereurs, de leurs épouses, de leurs concubines, vivent une foule de courtisans, hommes et femmes qui mènent une existence strictement réglée par l'étiquette, mais en même temps fort libre. Ils tirent grande gloire à calligraphier de plaisantes lettres ou à composer de petits poèmes de cinq vers.

Dans ce milieu, la femme tient une place importante, non point celle que lui accorde la littérature courtoise occidentale, mais celle que son talent, son esprit lui méritent. La littérature en langue japonaise à la fin du Xe siècle et au cours des deux premiers tiers du XIe est due à des dames, les hommes écrivant en chinois. Elles tiennent des journaux poétiques ou *nikki*, et l'une d'elles compose le plus célèbre récit ou *monogatari*.

Les sept *nikki* recensés par les spécialistes de la littérature japonaise datant tous de l'époque des Heïan (IXe au XIIe siècle) ont pour auteurs des femmes, à l'exception du plus ancien. Toutefois divers textes contiennent des fragments d'un *Journal de l'Impératrice*, antérieur puisqu'il s'agit de l'épouse de l'empereur Daïgo (885-930).

Le seul *nikki* rédigé par un homme, le *Journal de Tosa*, relate le voyage effectué par un poète en 934-935. Mais l'auteur, Ki no Tsurajuki (872-945), de la province de Tosa, attribue à une femme la composition de son ouvrage, car un lettré est tenu d'écrire en langue chinoise. Sur les six journaux féminins, quatre relèvent du siècle de l'An Mille tel que nous l'avons défini, à savoir la période allant de 950 à 1050 environ.

Le *Journal de l'éphémère* ou *Kagerô no nikki* est l'œuvre d'une épouse secondaire de Fujiwara no Kanéié, la mère d'un frère consanguin de Michinaga. L'ouvrage, le plus long de tous les Journaux car il couvre vingt années, débute en 954 alors que Kanéié se met à fréquenter la maison de l'auteur. Il signale des poèmes échangés par les amants. Mais rapidement la jeune femme déplore l'infidélité de son mari. Après le décès de sa mère, elle se consacre avant tout à de pieuses activités. Elle revêt finalement l'habit des religieuses, tout en restant dans le siècle, s'occupant de son fils, puis d'une fille d'une rivale décédée. Elle semble alors avoir commencé à écrire son *nikki*, lequel s'interrompt à l'année 974. Peut-être comportait-il une suite maintenant perdue.

Le journal de dame Izumi, attachée au service de l'impératrice Akiko, ne couvre que dix mois, des années 1003 et 1004. Si des doutes ont été émis quant à son authenticité, la part de l'auteur supposé apparaît indéniablement si l'on considère le ton personnel de l'ouvrage.

Le *Journal de Murasaki-shikibu* est également fragmentaire puisque nous ne possédons que la partie relative aux années 1008 à 1010.

Le *Journal de Sarashina*, écrit par une dame dont le père, puis le mari administrent de lointaines provinces, manifeste la nostalgie de l'auteur qui se révèle pourtant une bonne mère de famille, vivant de façon simple et discrète. Ce journal a le grand mérite de dépeindre une lectrice ordinaire du *Dit du Genji* et de montrer le caractère artificiel de la vie de cour.

Deux femmes cependant paraissent briller particulièrement sur le plan littéraire, Sei Shônagon et Murasaki-shikibu.

Sei Shônagon

Née en 965, ou un peu plus tard, elle entre en 990 au service de Sadako, princesse de quinze ans qui, à cette époque, devient épouse de l'empereur Ichijô, puis impératrice. Après la prise du pouvoir par Michinaga, elle reste à son service malgré une situation de plus en plus difficile. L'impératrice meurt en l'an 1000. Si Sei Shônagon ne réside plus au palais, elle garde tout au moins des contacts avec la Cour jusqu'en 1013. L'ouvrage qu'elle laisse a pour titre de nos jours *Makuro no Sôshi* que l'on peut traduire par *Notes de chevet* [1]. Les Sôshi, à l'instar des *nikki,* sont des écrits intimes, mais ils ne suivent pas l'ordre chronologique, voire n'ont aucun plan. Les notes sont écrites sans ordre selon les événements. Nombre d'entre elles sont des énumérations, certaines intitulées choses agréables, désagréables, ridicules, et constituent de petits poèmes en prose, pleins d'esprit. Ainsi parmi les *Choses qui ont une grâce raffinée* : « Une jeune et charmante dame relève le rideau blanc, au bas de l'écran d'été, et l'accroche à la traverse du haut. Sur un vêtement sans doublure, de damas blanc elle a passé un vêtement de dessus fait d'une légère étoffe violette. Elle s'exerce à l'écriture. Les minces feuilles de son cahier sont élégamment reliées par un fil violet de nuance inégale. » Pour le reste il s'agit de scènes prises sur le vif dont les

1. Nous utilisons la traduction et les commentaires d'André Beaujard, Gallimard/Unesco, 1985 (Unesco, 1966).

membres de la Cour constituent les héros, peints sans complaisance, à l'exception des souverains et de l'auteur. « J'entends du bruit à travers la cloison ; c'est un homme qui est venu voir en secret une des dames, ils m'ont réveillée au milieu de la nuit. J'écoute, mais je ne puis distinguer leurs paroles ; le galant rit tout bas, et je me demande, amusée, ce que les deux amis peuvent bien se dire. »

Il est possible, grâce à ce texte, de discerner comment vivent les dames de la Cour. « Parmi les appartements qu'occupent les dames au Palais Impérial, ceux que longe la galerie sont très agréables. Quand on lève les petites jalousies du haut, le vent pénètre en soufflant très fort, et il fait bien frais, même en été. En hiver, il arrive que la neige et la grêle entrent en même temps que le vent ; cela, encore, m'amuse beaucoup. Les chambres sont peu profondes, et comme les pages, même là, non loin des appartements de l'Empereur, ont parfois des manières inconvenantes, nous nous cachons derrière quelque paravent. Nous sommes très bien en cet endroit, on n'y entend pas, comme ailleurs dans le Palais, parler à voix haute et rire. Même le jour, nous sommes constamment sur le qui-vive, et la nuit, à plus forte raison, il n'est pas un moment où nous puissions relâcher quelque chose de notre attention ; mais cette continuelle inquiétude a pour moi du charme. »

L'écriture procure de grandes joies. « Je suis heureuse quand je me suis procuré du papier de Michinoku, du papier blanc, épais, de fantaisie, et même du papier ordinaire, s'il est blanc et net. »

Murasaki-shikibu

Le véritable nom de cet auteur est inconnu, car nous avons affaire à un sobriquet. Bien plus, il ne s'agirait pas du sobriquet officiel imposé par l'usage aux dames de la Cour : un texte du début du XIe siècle parle de Tô-shikibu,

Tô marquant l'appartenance au clan Fujiwara, shikibu rappelant les fonctions du père, directeur adjoint au département des Rites. Murasaki serait un surnom emprunté au titre du livre 5 du *Dit du Genji*, où apparaît le principal personnage féminin qualifié de « parente du grémil », *murasaki*.

Née vers 978, dame Murasaki épouse en 998 un lointain cousin, bien plus âgé. Elle donne naissance à une fille en 999 et devient veuve dès 1001. Elle traverse alors des moments difficiles avant d'entrer au service de l'impératrice Akiko, fille aînée de Michinaga, en 1005. Elle la suit dans sa retraite après la mort de l'empereur Ichijô, en 1011. Elle décède, probablement à la fin de l'année 1014 ou au début de 1015. Entre-temps elle a écrit *Le Dit du Genji* et tenu un *Journal*.

Murasaki-shikibu a reçu une excellente éducation. Elle connaît aussi bien les lettres chinoises et japonaises que le chant, la musique, la calligraphie, la peinture. Son *Journal* l'atteste : « Un jour que l'Empereur se faisait lire le *Dit du Genji*, il s'était écrié : " Cette femme a dû lire la *Chronique du Japon* ! Elle me paraît posséder un grand savoir en vérité ! ", ce dont celle-là [une dame jalouse] s'était emparée aussitôt pour aller raconter à toute la Cour que j'étais une femme savante, ce qui m'a valu le surnom de " Madame la Chronique du Japon "...

« Lorsque mon frère le Directeur Adjoint aux Rites, encore enfant, lisait des écrits chinois, j'avais coutume d'écouter, et même aux endroits sur lesquels il trébuchait ou qu'il avait oubliés, moi, curieusement, je comprenais, tant et si bien que notre père qui était féru de lettres chinoises, passait son temps à soupirer : " C'est malheureux tout de même ! Quel dommage qu'elle ne soit pas née garçon [1] ! " »

1. Les citations du *Journal* de Murasaki-shikibu sont données d'après la traduction de René Sieffert.

Dame Murasaki entendant proclamer que faire étalage de son savoir est détestable, essaie de cacher sa culture dont elle fait profiter toutefois sa maîtresse. « J'allais jusqu'à faire mine de ne pas savoir lire ce qui était écrit au haut des paravents ; or Madame la Princesse parfois me faisait lire le *Recueil des écrits* [de Po Lotien] et paraissait désireuse d'en savoir davantage en cette matière, si bien que dans le plus grand secret, aux rares instants où nulle autre ne se trouvait en sa présence, depuis environ l'été de l'avant-dernière année, je lui ai enseigné par bribes les deux volumes intitulés " De l'office de la musique ". »

Après la naissance du prince Atsuhira, en 1008, l'impératrice « a entrepris de faire confectionner des livres, et c'est ainsi que dès le petit matin, je me retrouve en sa présence à choisir les papiers de couleurs diverses, à les assortir au manuscrit original de [mon] dit, à écrire des lettres pour commander des copies ici ou là. En suite de quoi, mes nuits et mes jours se passent à la tâche qui consiste à assembler et vérifier ces derniers ». Michinaga apporte à sa fille « papier fin, pinceaux et encre de la meilleure qualité » et même « une écritoire qu'elle me donne, ce qui excite la bruyante envie de mes compagnes : " Joli travail, pour quelqu'un qui exerce ses talents dans l'ombre ! " me lancent-elles, mais Madame ne m'en donne pas moins toute l'encre et les pinceaux dont j'ai besoin pour écrire ».

Dame Murasaki a laissé le portrait de trois femmes de lettres les plus illustres de son époque — donc ses rivales, Izumi-shikibu, Masahira-émon et Sei Shônagon. Izumi-shikibu (975-1027), poète et auteur d'un *Journal*, apparaît assez bien traitée ; Masahira-émon, auteur en partie d'une vie romancée de Michinaga, se voit décerner des louanges quelque peu ambiguës ; enfin Sei Shônagon, la plus talentueuse, reçoit de féroces critiques.

« Celle que l'on nomme Izumi-shikibu est douée d'un réel talent épistolaire. Il est certes vrai qu'Izumi a des côtés détestables... Quand elle se laisse aller à écrire une lettre au fil du pinceau, ceux qui sont experts en la matière y découvrent, semble-t-il, du brillant dans l'expression la plus banale. Ses poèmes sont fort agréables. Elle n'a, paraît-il, ni les connaissances, ni le métier qui font le poète authentique, mais dans ses improvisations, elle sait toujours introduire quelque trait plaisant qui retienne l'attention. Fût-on un poète estimable, prétendre critiquer et juger les compositions d'autrui, pourrait bien être la preuve que l'on n'a trop rien compris à la poésie... Elle, en tout cas, me semble appartenir à l'espèce de ceux qui paraissent s'exprimer spontanément en poèmes. Je ne pense pas toutefois qu'en matière de poésie j'aie à rougir devant elle...

« La dame épouse du gouverneur de Tanba est, dans les parages de Madame et de Monseigneur, surnommée Masahira-émon. Elle n'est certes point à ranger parmi les talents insignes, mais, douée d'un goût très sûr, elle ne va pas, sous prétexte qu'elle est poète, versifier à propos de tout et de rien ; toujours est-il que tout ce qu'on a pu entendre d'elle, fût-ce sur les thèmes les plus rebattus, est d'un ton à vous rendre modeste. Combien détestables et pitoyables paraissent en regard ceux qui se prennent pour des maîtres parce qu'ils auront commis par extraordinaire quelque poème d'une insoutenable prétention, bancal à croire qu'il va se disloquer !

« Sei Shônagon est une personne qui en impose en vérité par ses grands airs. Mais sa prétention de tout savoir et sa façon de semer autour d'elle les écrits en caractères chinois, à tout bien considérer, ne font que masquer de nombreuses lacunes. Ceux qui de la sorte se plaisent à se montrer différents des autres, s'attirent forcément le mépris et finissent toujours très mal ; aussi les personnes qui affectent le bon ton vont-elles, jusque dans des circonstances les plus triviales, afficher une profonde émotion, et leur souci de ne laisser échapper la moindre occasion de briller les fait tout naturellement tomber dans une frivolité de mauvais aloi. Et comment, une fois parvenues à ce degré de frivolité, pourraient-elles connaître une fin heureuse ? »

Ce journal, nous l'avons vu, ne correspond qu'à trois années, 1008, 1009 et 1010. La plus grande partie a peut-être disparu. A moins qu'il ne s'agisse plutôt de notes destinées à préparer la rédaction du *Dit du Genji*.

Passionnée par les récits dits *monogatari*, Murasaki-shikibu rédige l'un des plus célèbres, ouvrage de grande ampleur comportant cinquante-quatre livres, où les femmes tiennent une place de choix : le *Dit du Genji* [1]. Le terme *Genji* est une appellation honorifique attribuée à un fils ou à une fille d'empereur n'ayant pas la qualité de prince de sang et de ce fait ne pouvant aspirer à la succession sur le trône. Notre héros le Genji constitue le personnage essentiel des quarante et un premiers livres. Les dix derniers livres sont consacrés à son fils putatif, Kaoru.

Du livre 1 au livre 33 sont narrés la jeunesse et l'âge mûr du Genji. Il est le fils de la favorite de l'empereur qui, poursuivie par la jalousie de ses rivales, meurt peu après.

Au début du livre 2 est rapportée une conversation nocturne entre le Genji, alors dans sa dix-huitième année, et divers personnages. Chaque interlocuteur, à l'exception de notre héros, rapporte une ou plusieurs de ses expériences amoureuses, ce qui permet de disserter sur les femmes que l'on peut rechercher, eu égard à sa situation dans la société. Le prince mettra en pratique ces enseignements en s'intéressant systématiquement aux différentes catégories de femmes mentionnées durant l'entretien.

Jusqu'au livre 11 qui relate la mort de l'empereur, père du Genji, l'auteur évoque la jeunesse de notre héros. A chaque livre correspond une aventure amoureuse, mais le prince nourrit une seule passion, celle qu'il éprouve pour l'impératrice, la « dame du Clos aux Glycines » qui lui

1. Voir Murasaki-shikibu, *Le Dit du Genji*, trad. René Sieffert.

donnera un fils. Considéré comme le fils de l'empereur, celui-ci deviendra prince héritier, puis à son tour empereur.

Le Genji cependant a épousé Dame Aoi, fille du Ministre de Gauche qu'il néglige rapidement.

Exilé, le Genji intrigue avec la dame d'Akashi. Mais cette période constitue aussi un temps de maturation et, revenu à la Cour, il aspire à jouer un rôle politique. Après l'abdication de l'empereur son frère, il devient le ministre du nouvel empereur — en réalité son fils — et le maître de l'Etat.

Deux intrigues se croisent maintenant : les amours malheureuses du fils du Genji et les hésitations du prince devant une jeune fille qu'il a recueillie.

Avec le livre 34 commence le déclin du Genji. Il s'est marié avec une princesse, fille de l'ancien empereur, son frère aîné ; ce qui déplaît à Dame Murasaki. Elle finit par s'incliner, mais tombe malade. Par ailleurs, la nouvelle épouse du Genji le trompe avec un de ses neveux dont elle a un fils, Kaoru ; elle se fait religieuse à la suite de cette aventure.

Le devant de la scène est maintenant occupé par Kaoru, tellement sérieux qu'il est surnommé « l'homme austère ». Son cousin et ami lui demande en mourant de s'occuper de la princesse, sa femme, dont il tombe éperdument amoureux. Il décide de partager ses nuits entre son épouse en titre qui lui a donné sept enfants et la princesse, apparemment pourvue de peu d'attraits, et surtout incapable de composer un poème correct.

Dame Murasaki, la seule que le Genji ait vraiment aimée, s'éteint doucement. De façon inexorable les héros connaissent la déchéance : vieillesse et maladie aboutissent à la mort, décrite ici de façon poignante.

« La dame Murasaki, depuis sa maladie, était restée très fragile, et voilà longtemps déjà qu'elle souffrait d'un mal indéfinissable. Ce n'était point spectaculaire, mais à mesure que s'accumulaient les ans et les mois, l'espoir disparaissait et ses forces déclinaient, ce dont Monseigneur se désolait infiniment. L'idée d'être précédé par elle, ne fût-ce que d'un seul instant, lui paraissait atroce, et elle-même, à qui ce monde n'avait rien laissé à désirer, et dont nulle inquiétude même ne venait troubler la sérénité, elle ne songeait aucunement à s'accrocher à la vie, mais la pensée de l'affliction que lui infligerait, à lui, la rupture d'une union qui avait duré tant d'années, suffisait à la plonger dans une mélancolie qu'elle cachait à tous…

« De voir la joie qu'il semblait éprouver à la moindre rémission lui faisait peine, et d'imaginer le désespoir qui bientôt le saisirait, l'émotion la submergea :

Un instant l'on pense
qu'elle a trouvé le repos
mais quoi qu'il en soit
au vent se dispersera
la rosée du lespédèze…

« La chevelure, qui retombait librement, splendide et opulente, sans la moindre trace de désordre, avait des reflets d'une infinie séduction. A la clarté de la flamme, le teint d'une extrême blancheur paraissait lumineux, et mieux encore que de son vivant, quand les artifices de la toilette d'une certaine manière donnaient le change, l'on pouvait dire de la forme étendue là, à tout jamais inanimée, qu'elle était la perfection même. La vue d'une beauté, non point seulement hors du commun, mais véritablement sans pareille, lui inspira le désir irraisonné de mourir sur l'heure afin que son âme pût demeurer auprès de ce corps sans vie » (trad. René Sieffert).

Le Genji désespéré dans un livre intitulé « Illusion » ressasse ses souvenirs, cloîtré chez lui. Au bout d'une année il offre un dernier banquet à ses parents et amis et leur distribue des présents qui manifestent son adieu au monde.

Les dix derniers livres montrent le prince Kaoru retiré à

Uji et se livrant à la dévotion. Il aime sans succès deux filles d'un frère du Genji : l'une meurt, l'autre lui préfère un rival. Il rencontre Dame Ukifuné, cadette des précédentes, mais le même rival se manifeste. Indécise, Dame Ukifuné tente de se noyer. Sauvée, elle entre en religion et ne veut plus revoir Kaoru. Tout se passe d'ailleurs, en quelque sorte, dans la tête des protagonistes. Nous avons affaire ici à un roman psychologique d'une étonnante pénétration.

Le comportement des personnages correspond probablement à ceux des contemporains de l'auteur. Mais si les portraits des hommes apparaissent quelque peu conventionnels, ceux des femmes se révèlent remarquables par leur originalité ; il n'en est pas deux qui se ressemblent. Les dames se meuvent au sein d'une société courtoise décrite sans complaisance.

Ainsi, loin de l'Occident médiéval, une littérature féminine brille de tout son éclat.

ATTITUDES ET SENTIMENTS RELIGIEUX

Si la piété de nombreuses femmes semble indéniable, il est difficile de préciser ce qui relève d'attitudes sociales et ce qui découle d'une véritable spiritualité. Au demeurant, comme pour la culture, il faut se borner essentiellement à l'examen de quelques aristocrates. Celles-ci ont en commun de fonder, de protéger, d'enrichir des établissements religieux durant leur vie par des donations, à l'instant de leur mort grâce à des legs. La richesse entraînant fréquemment la puissance, les ecclésiastiques ont recours à leurs services pour faire prévaloir les intérêts de l'Eglise. Il n'empêche que certaines manifestent une haute spiritualité, quelques-unes ayant même été portées sur les autels.

Bienfaitrices

Agnès de Bourgogne

En se remariant avec Geoffroy Martel, Agnès contrevient aux lois religieuses dans la mesure où le futur comte d'Anjou descend d'Herbert, comte de Vermandois alors que Guillaume le Grand, son premier mari, est l'arrière petit-fils du même Herbert de Vermandois. Il s'agit donc d'un mariage incestueux aux yeux de l'Eglise. Quoi qu'il en soit, après maintes péripéties, Guillaume Aigret, fils aîné d'Agnès, devient duc d'Aquitaine. Comtesse d'Anjou, tutrice du comte de Poitou, duc d'Aquitaine, elle peut mener une politique religieuse apte à servir ses ambitions, s'intéressant à de nombreux monastères situés d'une part en Aquitaine, d'autre part dans la région de la Loire. Les rédacteurs des actes concernant les abbayes parlent de la très vénérable et très sage comtesse qui en tout temps manifeste de pieux sentiments en véritable amante du Seigneur, de la comtesse que Dieu a pourvue de multiples dons, à qui il a accordé de nombreux bienfaits, autant que ses mérites l'en rendaient digne. Témoignage de reconnaissance, peut-être également de crainte dans la mesure où la puissante dame peut dispenser avantages ou soucis.

Pour se concilier des appuis, Agnès s'efforce de gagner la bienveillance des établissements religieux. Ainsi l'abbaye de Saint-Jean-d'Angély, lieu où Guillaume le Gros aimait séjourner, reçoit du nouveau comte, grâce à elle, une importante donation, et elle obtient que Guillaume de Parthenay lui cède des droits qu'il tient dans la localité de Priaire. Agnès fonde, peu après son mariage avec Geoffroy Martel, l'abbaye de la Trinité de Vendôme dont la dédicace solennelle a lieu le 31 mai 1040 en présence du roi de France, du duc d'Aquitaine et de nombreux hauts personnages tant laïcs qu'ecclésiastiques. Agnès et son mari donnent au nouvel établissement de nombreux biens non seulement en Anjou, mais aussi en Poitou et surtout en Saintonge. Outre des donations communes, chacun des époux accorde des domaines propres. Agnès demande l'autorisation du comte de Poitou pour attribuer à l'établissement vendômois l'église et la demeure de Puyravault ainsi que tout ce qui lui appartient dans l'écluse du pont de Saintes. Peu après elle intervient auprès de son fils pour qu'il confirme l'ensemble de la donation des biens qui relèvent de lui.

L'abbaye de Saint-Florent de Saumur bénéficie elle aussi bientôt de sa générosité. En 1043 elle lui accorde le domaine des Fosses, entre Niort et Chizé, que les moniales de Sainte-Croix de Poitiers lui ont cédé, de gré ou de force. A son instigation, l'abbesse de Sainte-Croix fait don au même établissement de l'église de Sainte-Radegonde de Villeneuve d'Argenson que des seigneurs ont prise aux moniales et qu'Agnès à son tour leur enlève.

Peu après que Guillaume eut été reconnu duc d'Aquitaine et comte de Poitou, elle donne à la Trinité de Vendôme la moitié de l'église de Villerable.

Après son séjour en Italie, puis éventuellement en Allemagne, Agnès décide Geoffroy Martel qui possède une grande partie de la Saintonge à fonder une abbaye de moniales à Saintes. La dédicace de Notre-Dame de Saintes a lieu en grande pompe le 2 novembre 1047. Autour d'Agnès trois archevêques, ceux de Bordeaux, Besançon et Bourges, six évêques, ceux de Saintes, Nevers, Angoulême, Périgueux, Nantes et Limoges, huit abbés, l'évêque désigné de Poitiers et un clergé nombreux. Agnès dote richement cette abbaye et lui fait attribuer par son époux une partie de ses possessions directes saintongeaises, déjà entamées par les donations à la Trinité de Vendôme. D'autre part elle obtient de l'assemblée des privilèges spéciaux et, en 1049, du pape Léon IX la protection directe du Saint-Siège. Comme elle a l'habitude, pour accomplir ses dons, d'extorquer des biens à d'autres établissements, elle insiste sur le fait que la fondation de Notre-Dame de Saintes n'a entraîné aucune spoliation, et à plusieurs reprises elle déclare que l'abbaye a été établie à ses frais et à ceux de son mari et qu'elle a payé de ses propres deniers les domaines qu'elle lui a accordés. Ainsi elle achète à Guillaume de Parthenay l'île de Vix, dans le marais de la Sèvre, pour quinze cents sous et, craignant que cette somme ne paraisse insuffisante, elle signale qu'il s'agit d'un complément pour des services rendus antérieurement au vendeur.

Au cours de ces années, Agnès apparaît dans de nombreux actes passés en faveur d'établissements religieux qu'il serait trop long d'énumérer. Elle n'hésite pas à verser de fortes sommes pour acquérir des domaines destinés à ses fondations. Ainsi elle achète à Pierre de Didonne, pour six mille sous et quelques cadeaux, la moitié de la forêt de Marennes pour la donner à la Trinité de Vendôme à qui elle a déjà accordé l'autre moitié. « L'an 1049, aux calendes de novembre, le monastère de Saint-Hilaire de Poitiers fut dédié ; à cette consécration assistèrent à nouveau des archevêques et évêques, au nombre de treize environ. La reine d'Angleterre, par l'intermédiaire de Gautier Coorland, avait construit pour une bonne part ce monastère. La comtesse Agnès, qui ordonna de le dédier, en construisit la plus grande partie. Si cette dame offensa le Seigneur sur bien des points, elle fit par ailleurs beaucoup pour l'apaiser. Elle édifia en effet deux monastères de vierges consacrées : l'un à Angers en l'honneur de la Sainte Trinité, l'autre à Saintes en l'honneur de la toujours Vierge et mère de Dieu Marie. Elle construisit ce monastère de Vendôme que j'ai mentionné, en l'honneur de la Sainte Trinité, qu'elle enrichit par de nombreuses richesses et de grands domaines ; également le monastère de Poitiers en l'honneur de saint Nicolas et aussi l'aumônerie qui est située sur la place, devant cette église. » Ce passage, sans doute trop laudatif, de la *Chronique de*

Saint-Maixent résume assez bien l'œuvre religieuse d'Agnès.

Répudiée par son mari Geoffroy Martel, laissée de côté par son fils Guy-Geoffroy-Guillaume devenu comte de Poitou et duc d'Aquitaine, Agnès se retire à Notre-Dame de Saintes, mais, nous l'avons vu, ne reste pas inactive, continuant en particulier à s'intéresser à ses fondations religieuses. Ainsi elle obtient des papes Nicolas II et Alexandre II en 1061 et 1063 des bulles de confirmation pour la Trinité de Vendôme. Le premier lui accorde la même faveur pour Notre-Dame de Saintes. Quant au second, il met Saint-Nicolas de Poitiers avec ses dépendances sous la protection du Saint-Siège. En 1067, alors que le comte se trouve à Saintes, sa mère lui rend visite et obtient qu'il confirme toutes les donations qu'elle et Geoffroy Martel ont faites à Notre-Dame et s'en porte défenseur ; le comte non seulement appose sa croix sur l'acte, mais encore le fait approuver par ses barons. Le dernier acte public d'Agnès consiste, en juin 1068, en la régularisation par le comte de donations plus ou moins légales qu'elle a faites à Saint-Nicolas.

Agnès, tout à la fin de sa vie, prend l'habit religieux. Elle meurt le 9 novembre 1068.

Ermessende de Barcelone [1]

Les liens étroits qui unissent comtés et évêchés de Catalogne entraînent obligatoirement l'intervention du prince dans les affaires de l'Eglise. Raimond Béranger Ier et son épouse Ermessende, maîtres en quelque sorte de la cité épiscopale et des églises qui en dépendent, ne se bornent pas à percevoir des revenus, ils interviennent dans les affaires ecclésiastiques. A la fin d'un acte daté de 1013 et concernant un échange de terres, le comte et la

1. Sur cette comtesse, on se reportera toujours avant tout aux travaux de Martin Aurell.

comtesse souscrivent en ces termes : « Moi, Raimond, comte et marquis par la grâce de Dieu, inspecteur des évêques de nos domaines, je souscris, j'accepte volontairement cet échange et je demande de faire de même aux évêques présents. Moi, Ermessende, comtesse par la grâce de Dieu, je manifeste mon accord l'esprit bien disposé. »

Ermessende, une fois veuve, exerçant le pouvoir au nom de son fils, puis de son petit-fils, continue une telle politique en matière religieuse. Comme les incursions musulmanes ont cessé, que l'or afflue, de nombreux établissements s'élèvent. Ermessende préside, en 1038, à la consécration des cathédrales de Vic et de Gérone qui viennent d'être restaurées. La notice concernant la cérémonie de Vic nous informe que « toutes ces choses se déroulaient sous la puissance et en présence de la comtesse Ermessende, magnifique opératrice de la loi divine… ». Quant à celle relative à Gérone, elle qualifie Ermessende d'« amie de Dieu et servante de la sainte religion », signale que son frère l'évêque et elle-même sont « fondateurs en vérité de cette église et ses défenseurs acharnés » et qu'ils ont voulu cette consécration après avoir restauré la cathédrale et participé aux frais entraînés par la construction des maisons des chanoines. En outre Ermessende donne trois cents onces d'or pour faire le devant de l'autel majeur dans ce métal.

Elle intervient également dans la nomination des évêques. Si celle de son frère cadet Pere Roger à Gérone a pu donner lieu à l'accusation de simonie, en revanche l'accession à l'évêché de Vic, dès 1018, de l'abbé Oliba, réputé pour sa piété et ses talents d'administrateur, permet de réformer la région reçue autrefois en douaire. Peu après, à Gérone, après avoir rétabli la mense capitulaire et restauré le réfectoire et le dortoir du chapitre, Ermessende préside au renouveau de la vie canoniale.

Ce ne sont pas seulement les cathédrales qui bénéficient de sa générosité. Les monastères sont au centre de ses préoccupations. En 1015, elle achète avec son mari l'église de Sant Daniel et fait construire un établissement de moniales. Elle prête son concours à l'extension du réseau monastique de Saint-Victor de Marseille en Catalogne.

Une notice, écrite en 1052, montre combien notre comtesse s'intéresse à la réforme monastique. L'abbé de Sant Feliu de Guixols étant mort en 1043, les moines demandent à « celle qui aime la sainte religion », à l'évêque son frère, au comte son petit-fils de leur procurer un nouvel abbé. Ermessende prie l'évêque Oliba de Vic d'envoyer Arnau, son adjoint. Comme Oliba refuse, elle insiste : « Excitée par l'ardeur de la grâce divine, afin qu'il ne dérogeât point à une telle demande, le priant assidûment de ne pas le lui nier, elle l'interpellait en affirmant : " Je t'ai donné mille hommes au service de Dieu. Ne pourrais-tu pas m'en procurer un seul ? " » Oliba cède, mais Arnau n'accepte pas la charge. Le lendemain, alors qu'Oliba vient de célébrer la messe, Ermessende s'approche, « lui enjoignant… d'obliger Arnau à assumer le gouvernement de Sant Feliu. Elle affirmait que ce monastère serait prochainement déserté par les moines s'il n'en prenait pas la charge ». Oliba finit par convaincre Arnau.

Après le clergé séculier et régulier, les laïcs. L'opposition d'Ermessende à l'union du comte de Barcelone son petit-fils avec Almodis découle moins de raisons politiques que religieuses, selon Martin Aurell. La vieille comtesse n'hésite pas à quitter son lieu de repos pour demander au pape Victor II d'excommunier le couple et aux archevêques d'Arles et de Narbonne qui siègent dans un synode à Toulouse, de reprendre cette sanction. Le fait qu'elle ait obtenu facilement gain de cause auprès du souverain pontife montre son influence à la cour de Rome avec laquelle les comtes catalans, délaissés par les rois de France, entretiennent des liens étroits.

Cette générosité se manifeste en particulier lors des

derniers moments d'Ermessende. Souhaitant partir en pèlerinage à Rome ou, à tout le moins, à Saint-Jacques-de-Compostelle, elle fait noter par écrit ses dernières volontés. Ses legs, constitués uniquement d'or ou d'objets mobiliers, ont pour destinataires la plupart des évêchés, des chapitres et des monastères de Catalogne, de Languedoc, voire d'Italie. Elle demande, en compensation, des messes, des prières et des aumônes.

Si par bien des côtés les pratiques d'Ermessende ressortent d'une spiritualité traditionnelle, par quelques aspects elles correspondent à une piété prégrégorienne. C'est ainsi qu'au décès de son frère Pere Roger, évêque de Gérone, elle restitue à son successeur les églises, droits et terres de l'évêché qu'elle tient à l'instar de ses prédécesseurs.

Vers l'An Mille, les testaments des grandes dames font tous la part belle aux legs destinés à l'Eglise. Bornons-nous à celui — le second déjà cité — que fait la vicomtesse de Narbonne, Adélaïde, en 990. « J'ai exprimé mes vœux à ces exécuteurs testamentaires pour que, ayant pris connaissance de ce que j'ai décidé, par fidéicommis, ils disposent de mes biens pour les églises, les prêtres, les pauvres et quiconque à qui Dieu donnera l'aumône. Je veux qu'au chapitre de Saint-Just et Saint-Pasteur, il reste la moitié des salines... avec cette clause qu'il ne puisse ni les vendre ni les échanger ni les aliéner, mais qu'en tout temps, il les possède pour le remède de mon âme. »

La vicomtesse énumère ensuite de nombreux établissements religieux et prend toutes précautions pour que ceux-ci ne soient pas lésés : « La maison du confesseur saint Paul... et si l'abbé de Saint-Paul exerçait sa cupidité sur cet alleu et voulait l'enlever aux chanoines — que l'un de mes proches cousins donne aux chanoines pour cet alleu soixante sous », Saint-Martin de Villemagne, le monastère de Saint-Pons, celui de Saint-Chinian, Sainte-Marie de Quarante, l'église Sainte-Marie, Saint-Michel et

Saint-Pierre, le monastère de Sainte-Marie de Lagrasse, la chapelle Saint-Saturnin, dans le château, l'église Saint-Vincent, le chapitre Saint-Just et Saint-Pasteur, la maison de Saint-Chinian, la maison de Saint-Paul de Narbonne.

« Tout ce qui est écrit ci-dessus, je le donne en premier lieu à Dieu, à la Vierge Marie et à tous les lieux des saints, sièges de Saint-Just et de Saint-Pasteur, du bienheureux confesseur Paul et à tous les monastères ci-dessus, pour le remède des âmes de mon père et de ma mère, pour l'âme de Matfred mon mari, et pour mes fils, mes sœurs et mes parents et l'âme de tous mes fidèles. Que ces lieux saints les aient de manière inébranlable et sans être inquiétés, sans contradicteurs et pour toujours, dans le présent et les siècles des siècles, en aumône et collectivement. »

Les formules manifestent la volonté d'Adélaïde de se préparer à affronter la mort et le jugement divin, mais aussi l'affection qui l'unit aux siens avec le désir de contribuer à leur salut éternel, tout en espérant qu'ils agiront de même à son égard. « Par ces prières confiantes, je prie mes enfants et mes parents de m'accorder miséricorde et le désir de faire le bien que Dieu envoie entre mère, enfants et parents, de sorte que de tout temps ils soient les auxiliaires de ces biens ci-dessus et qu'ils acquièrent ainsi leur place dans le règne du Christ et de Dieu avec tous les saints, au cœur du paradis, dans les siècles des siècles » (trad. M. Bourin-Derruau).

Les aristocrates ne se bornent pas à manifester leur générosité. Elles s'intéressent à la vie interne de l'Eglise. C'est à la requête de son épouse Gerberge que le roi Louis IV, en 949, remplace les religieuses d'Homblières par des moines et que, la même année, il demande à l'abbé Humbert de réformer le monastère de Saint-Martin d'Autun.

En Angleterre, Ethelthryth, seconde femme du roi

Edgar, et mère d'Ethelred II (978-1016), est désignée par la *Regularis Concordia* comme la protectrice des nonnes et des monastères de moniales.

Les femmes et le clergé

Les femmes, par la force des choses, entretiennent des relations avec les clercs ; nous avons eu l'occasion de le constater à maintes reprises. Les prêtres qui desservent les couvents de femmes se trouvent en quelque sorte sous la dépendance des abbesses. Les aristocrates surtout, lorsqu'elles exercent le pouvoir au nom d'un fils mineur, se mêlent des affaires ecclésiastiques, n'hésitant pas à s'immiscer dans des nominations épiscopales.

Gerbert écrit à Madame Imiza — peut-être Ermentrude, sœur du comte Godefroy l'Ancien de Basse-Lorraine — pour lui demander d'intervenir auprès du pape en sa faveur : « Nous désirons que, par messagers et lettres de votre part et de la nôtre, Monseigneur le pape soit approché, ainsi que tous ceux dont nous disposons, soit à titre individuel, soit en commun, pour nous seconder ou intercéder en notre faveur. »

Le cardinal Humbert écrit dans un ouvrage consacré à la simonie que les femmes en Occident disposent des biens de l'Eglise, donnent l'investiture par la croix et par l'anneau à des évêques et à des abbés qui ont acquis leur dignité à prix d'argent ; elles tiennent des conciles, ont la prétention de légiférer sur tout, estimant qu'elles ont le droit de promouvoir et de déposer les évêques, de laver de toute accusation les plus indignes d'entre eux ; elles forment le Sénat de l'Eglise. Certes, des abus existent, certes, des femmes ont exercé à Rome une influence néfaste sur des papes au cours de la première moitié du xe siècle. Les propos de l'atrabilaire et misogyne cardinal contiennent toutefois des exagérations, mais leur caractère excessif laisse entrevoir que l'influence féminine dans les affaires de l'Eglise n'est pas négligeable. Et Grégoire VII n'a-t-il pas parmi ses plus fidèles partisans la comtesse Mathilde ?

Il est toutefois une manière un peu particulière pour la femme d'intervenir dans les affaires ecclésiastiques, à savoir par le biais de la vie privée des clercs.

Une des questions les plus fréquemment évoquées par les conciles est celle des rapports des clercs avec les femmes. Dès l'ouverture du concile tenu à Pavie et présidé par Benoît VIII, on lit un réquisitoire sévère du pape contre les clercs qui vivent avec des épouses ou des concubines et dotent leurs enfants grâce aux biens ecclésiastiques. Nul prêtre, diacre ou sous-diacre et, d'une façon générale, nul clerc ne doit, sous peine d'être déposé, avoir une femme ou une concubine. Tous les fils et filles de clercs appartiennent à l'Eglise et ne doivent jamais être affranchis. Quelques années plus tard, en 1031, les membres du concile de Bourges prennent les mêmes dispositions pour tenter d'arrêter les désordres.

Les interdictions, sans cesse répétées, montrent que la chasteté est loin d'être toujours observée par les prêtres — soit qu'ils se marient, soit qu'ils vivent en concubinage, et ceci dans tous les pays. Le concubinage semble avoir été la forme la plus répandue. Atton de Verceil a le premier indiqué avec précision les graves conséquences de la violation de la loi du célibat par les prêtres. Le scandale que constitue la présence de courtisanes dans les demeures est perpétué pour ainsi dire par les enfants nés de ces unions illicites, et augmenté par le gaspillage des biens appartenant à l'Eglise. En particulier le mariage entraîne la dispersion de ces biens lors des successions.

Le haut clergé n'hésite pas à violer les interdits canoniques. L'archevêque de Rouen Robert, fils du duc de Normandie Richard Ier, a trois fils d'une femme nommée Herlève. En 1049, l'évêque de Langres est accusé devant le concile de Reims d'avoir enlevé une femme mariée et d'avoir longtemps vécu avec elle. Ce même concile indique d'ailleurs que les prêtres ne veulent pas encore s'abstenir de courtisanes et garder la continence. Les prêtres mariés ne semblent pas choquer ; leurs épouses vivent publiquement avec eux. Ils remplissent leurs fonctions liturgiques et font des donations comme « le prêtre Eulard, sa femme Adalgard et leur fils » qui apparaissent dans une charte relative à Saint-Cyprien de Poitiers.

Un phénomène curieux, étudié par A. Pocquet du Haut-Jussé, est particulièrement développé en Bretagne : les mariages d'évêques. A Quimper, au début du xe siècle, la maison comtale s'empare de l'évêché et, pendant trois générations, les comtes et les évêques appartiennent à la même famille. Benoît (1008-1029), en même temps évêque et comte de Cornouaille, laisse le comté à son fils Alain Canhiart, et l'évêché à son autre fils Orscant. Ce dernier épouse Onven de Crozon : leur fils devient évêque en 1065. Une donation faite au monastère de Locmaria par Benoît Ier est souscrite par Orscant, appelé évêque comme son père ; le consentement de l'épouse du comte-évêque est ensuite mentionné. Lorsque l'évêque Orscant se marie, il doit céder à Alain Canhiart la moitié des tailles, justices et amendes de l'église de Saint-Corentin. En outre, comme Onven est orgueilleuse et refuse de se lever dans la cathédrale à l'entrée de sa belle-sœur, femme du comte, Orscant, pour calmer son frère, doit céder le monastère de Locmaria. Onven toutefois, lors d'une maladie de son fils Benoît, fait divers dons au chapitre de Saint-Corentin.

A Rennes une véritable dynastie s'empare de l'évêché et de l'abbaye de Sainte-Melaine : quatre prélats se succèdent de père en fils. Le premier, Tébaut, est le fils d'un prêtre nommé Loscoran qui a séduit une jeune fille noble. Les parents de cette dernière aident son fils à devenir évêque de Rennes en 990. Tébaut épouse en premières noces une fille de l'archidiacre de Nantes ; il en a un fils

Gautier qu'il fait évêque de Rennes, puis se retire à l'abbaye de Sainte-Melaine. Sa seconde femme lui donne deux fils, Mainguené de la Guerche et Triscan. L'évêque Gautier se marie, a plusieurs enfants dont Guérin, qu'il fait évêque de son vivant. A la mort de Guérin, Triscan devient évêque, après avoir succédé à Tébaut à la tête de l'abbaye de Sainte-Melaine.

Un évêque de Vannes marié est connu par ses donations, mais il ne paraît pas avoir eu de fils. Wicohen, élu archevêque de Dol en 944, a lui un fils, Gautier, qu'il fait évêque de Nantes. Après la mort de Gautier vers 981, Guérec lui succède. Mais son frère le comte ayant été assassiné, Guérec dirige pendant sept ans le comté et l'évêché, sans avoir été sacré évêque. A sa mort en 988, son fils hérite du comté, mais non de l'évêché. En 1004, commence l'épiscopat de Gautier II qui, d'un mariage contracté auparavant, a un fils Budic qu'il désigne pour lui succéder.

Dans une région voisine, l'évêque du Mans, Mainard, dans la seconde moitié du Xe siècle, épouse bien qu'âgé une femme nommée Audeberge que le chroniqueur qualifie d'*episcopissa* et qui lui donne plusieurs filles. La femme est l'occasion d'autres abus causés par les évêques du Mans : ainsi Avesgaud ayant acheté à ses chanoines les églises de Parigné l'Evêque et de Loué les donne à deux parentes.

En ce qui concerne l'Italie, Pierre Toubert a calculé que pour 1 204 ménages de tenanciers de l'abbaye de Farfa de 900 à 1100, il y a 19 prêtres concubinaires, 6 diacres concubins ou mariés et 31 laïcs concubinaires. Un examen plus précis de la situation autour de l'An Mille indique pour la seconde moitié du Xe siècle 6 prêtres concubinaires, 5 diacres concubins ou mariés — dernier exemple en 960 — et 4 laïcs concubinaires, pour la première moitié du XIe siècle 10 prêtres concubinaires, aucun diacre concubin ou marié, 11 laïcs concubinaires. Le nombre des prêtres en situation irrégulière est donc réduit, voire pratiquement inexistant dans la seconde moitié du XIe siècle (1 cas pour 14 laïcs concubinaires). Il semble que cette situation, confirmée par d'autres sources sur une plus grande échelle, est due en grande partie à l'expansion de la vie commune au sein du clergé paroissial. Elle ne correspond pas aux déclarations d'évêques réformateurs comme Rathier de Vérone, mais ceux-ci ont sans doute trop cédé à la rhétorique.

Certes, le fait qu'un homme d'Eglise soit marié ou vive en concubinage n'implique pas une intervention de la femme dans les affaires ecclésiastiques. Les sources, d'ailleurs, ne sont guère loquaces sur ce point. Il n'empêche ! Le phénomène du nicolaïsme, qu'il importe sans doute de minimiser et de ne pas considérer à la seule lumière des pamphlets, n'a sans doute pas été sans incidence sur la vie ecclésiastique. Incidence toutefois bien moindre que celle due aux aristocrates dont les relations avec les membres du clergé tiennent aux structures mêmes de la société.

Spiritualité

De Mathilde, épouse du roi de Germanie Henri Ier l'Oiseleur, nous avons évoqué des traits liés à la vie familiale qui pourraient prendre place ici : humilité, charité, souci des défunts. Comment manifeste-t-elle sa piété tout au long de la journée ? Un chapitre qui se situe après la mort de son époux nous renseigne sur ce point. « La nuit, quand tous se reposaient, elle se mettait au lit comme pour dormir, dissimulant ainsi son intention de s'adonner à une bonne œuvre, et elle se livrait un instant au sommeil pour prendre des forces en vue du service de Dieu. Mais, dès qu'elle s'apercevait que ses compagnes s'étaient endormies, écartant la couverture resplendissante, elle se levait bientôt et réveillait sans bruit sa jeune suivante.

Sortant de la pièce d'un pas léger, elle gagnait l'église pour y chanter la sainte louange de Dieu.

« Elle s'avançait sans cortège, sans applaudissement, et la grâce du Christ l'accompagnait. Toute la nuit en prière, elle ne cessait d'adorer Dieu. Quand elle entrait dans une église, que ce soit du vivant du roi ou une fois veuve, elle ne montait jamais à l'autel les mains vides. O avec quelle joie, elle passait de longues nuits dans l'exercice assidu du bien ! De quelle voix elle en appelait à Dieu pour demander le pardon des pécheurs et quelle amitié elle a mérité de recevoir des saintes âmes pour lesquelles elle implorait du Christ le repos éternel ! Sauf quand l'en empêchait la brièveté de la nuit, au chant du coq elle avait terminé son psautier. Lorsqu'elle sentait approcher l'heure des matines, elle revenait en silence à sa chambre et s'allongeait, à l'insu de toutes, dans son lit, comme si elle y avait dormi toute la nuit et n'en avait pas bougé. A l'appel des matines, elle se levait sans paresser et regagnait l'église promptement pour y entendre les chants de louange à Dieu et se livrer de tout son cœur à la prière.

« Quand, l'office terminé, tous étaient sortis, elle demeurait à l'intérieur après la fermeture des portes et, ses regards et ses mains tournés vers le ciel, elle ne laissait pas son esprit invincible se relâcher dans sa prière, jusqu'à ce que l'aurore chasse l'ombre de la nuit. Alors, regagnant sa chambre, elle se couchait un temps pour refaire ses membres fatigués et ne point manquer au service du Christ.

« Pendant ce temps affluait la foule des pauvres, venus recevoir de sa main vivres et vêtements ; dès qu'elle entendait leur appel, elle se levait sans hésiter. En nourrissant les affamés avec miséricorde et en vêtant les nus, elle savait que c'étaient les membres du Christ qu'elle couvrait des vêtements du pauvre. Ceux-ci, réconfortés, et tout le nécessaire dépensé avec abondance, elle passait un habit conforme à son état de veuve et entrait avec respect dans l'église : il est impossible de dire la piété avec laquelle elle entendait la messe : pas un mot ne lui échappait et ses gestes comme ses sentiments étaient tournés vers Dieu. Bref ! des matines aux vêpres, jamais on ne la vit n'être pas occupée aux bonnes œuvres [1]. »

La reine tout d'abord prie, soit collectivement lors des matines, soit plus longuement de façon solitaire et de nuit. La prière est alors plus intense, exprimée dans la plus grande discrétion. Elle consiste avant tout dans la récitation du psautier. Mathilde prie également de jour mais elle doit alors se consacrer davantage à ses devoirs profanes.

La lecture occupe une partie de son temps aussi bien les jours fériés qu'ordinaires : la Bible, les ouvrages de spiritualité.

Aux prières et lectures que mentionne la première biographie, la seconde ajoute l'assistance quotidienne à la messe. Le recueillement de la reine y est digne d'éloges, bien loin de l'attention trop fréquemment relâchée des laïcs que stigmatisent les auteurs.

La *Vie de Mathilde*, destinée à fournir un modèle et à fonder sa réputation de sainteté, amplifie les pratiques de dévotion. La vie des moines constituant un idéal, celle des laïcs doit essayer de lui ressembler. La mère de Guibert de Nogent assiste aux heures canoniales, en particulier la nuit. « Elle ne manquait jamais, ou presque jamais, l'office de nuit, alors que déjà elle assistait dans le temps prescrit aux offices communs à tout le peuple chrétien. »

Mathilde, toutefois, fait preuve de mesure. Certes, elle consacre une grande partie de la nuit à prier, mais il n'est pas question d'ascèse. Elle ne pratique pas de mortification, différente en cela de la mère de Guibert qui porte un cilice directement sur la peau.

1. Traduction de Patrick Corbet aux travaux duquel nous renvoyons pour le paragraphe consacré à Mathilde.

Il est un élément qui semble opposer sainte Mathilde et sainte Cunégonde (v. 975/980-1033), épouse d'Henri II. Mathilde a rempli pleinement sa fonction d'épouse en donnant des enfants à son mari. Très tôt on a imaginé qu'Henri et Cunégonde n'avaient jamais consommé leur mariage. Cunégonde serait donc restée vierge. Pure légende provenant du fait que le couple n'eut pas d'enfants. Henri n'affirme-t-il pas dans un diplôme daté de 1007 que, ne pouvant plus espérer avoir de successeur naturel, il fait de Dieu l'héritier de ses biens. On peut en inférer que l'empereur fait allusion à la stérilité de son épouse — il est bien sûr exclu de penser que cette stérilité soit de son fait.

A la toute-puissance de Dieu qui explique les succès de la dynastie ottonienne s'oppose la fragilité humaine. Mathilde fait allusion à l'instabilité de notre destinée, ce qui amène au mépris du monde. Mais il s'agit de renoncer aux plaisirs et non pas à la haute position sociale qu'elle occupe ; il faut surtout s'acquitter chrétiennement des obligations de son état dans le siècle. Si l'amour de Dieu est au centre de la vie chrétienne, il apparaît comme le couronnement de l'amour conjugal et maternel. Il en va apparemment tout autrement pour la mère de Guibert de Nogent, si l'on en croit celui-ci : « Sans aucun doute elle eût failli en mollissant si, nous [ses enfants] préférant à son propre salut et négligeant Dieu à cause de nous, elle s'était encore souciée du monde. »

Dieu un et trine. L'amour de Dieu se confond donc avec l'amour du Christ. La spiritualité de Mathilde, de Cunégonde est fondée sur Celui qui a sauvé le monde et dont elles souhaitent n'être que les humbles servantes. En cela leur spiritualité diffère de celle de l'époque carolingienne axée sur Dieu le Père et davantage influencée par l'Ancien Testament.

La vie de Mathilde fait peu de place à la dévotion à

l'égard de Marie, considérée avant tout comme la protectrice des accouchées, et moins encore aux saints. Ce dernier trait peut paraître surprenant, dans la mesure où les saints sont considérés comme des intermédiaires influents à une époque où le salut constitue le souci primordial.

Chez Mathilde, cette préoccupation du salut ne se borne pas à elle-même, mais concerne aussi ses proches, voire tous les fidèles, vivants et morts. Il s'agit d'ailleurs d'un trait spécifique de l'époque. N'est-ce pas Odilon, abbé de Cluny de 994 à 1049, qui fait du 2 novembre une journée consacrée à tous les défunts ?

Certains cherchent ailleurs que dans la doctrine officielle l'enseignement qui leur apportera le salut. Parmi eux des femmes. Mais on ne peut retenir l'accusation de Raoul Glaber selon lequel l'hérésie d'Orléans a été propagée par l'une d'elles. « On raconte que c'est une femme venue d'Italie qui donna naissance en Gaule à cette hérésie insensée ; remplie de l'esprit du démon, elle corrompait tous ceux qu'elle pouvait, et réussissait non seulement avec les sots et les gens simples, mais même avec la plupart de ceux qui dans le clergé passaient pour les plus savants. Elle vint à Orléans, y resta un certain temps et versa dans beaucoup d'âmes son infâme poison. » Selon Landolf Senior, Gérard dirige à Monteforte une communauté de « frères », parmi lesquels le seigneur des lieux, une comtesse. Est-ce cette noble dame qui visite un chevalier malade dans un château voisin ? Raoul Glaber écrit que « du château des hérétiques vint alors une femme de haut rang, soi-disant pour le visiter selon l'usage, mais en réalité plutôt pour que fût rendue plus manifeste l'infamie de cette secte ».

Les derniers instants

Dans la seconde vie de Mathilde un long passage est consacré à sa mort. Après avoir adressé des paroles de consolation aux assistants, la reine « ordonna aux prêtres et aux religieuses de s'avancer pour entendre sa confession et demander à Dieu de lui accorder son pardon. Puis elle fit célébrer la messe et apporter le corps du Christ pour pouvoir, munie de la communion de la Sainte Eucharistie, échapper avec plus de sûreté aux attaques du démon ». Cela fait, Mathilde exhorte ceux qui sont là à chanter les psaumes et à lire l'Evangile. Puis elle se tait, tournant son esprit tout entier vers le ciel. Bientôt elle fait déposer son corps sur un cilice placé sur le sol et répand elle-même de la cendre sur sa tête. « Un chrétien, dit-elle, ne doit pas mourir autrement que sur le cilice et la cendre. » Elle fait le signe de la croix et s'endort tranquillement dans la paix du Seigneur.

La description suit les modèles classiques, avec l'assistance qui récite les sept psaumes de la pénitence et l'évangile de la Passion, la fin sur le cilice et la cendre, la description d'une mort sans souffrance et remplie d'espérance. Mais la préparation sacramentelle apparaît plus originale.

Au cours des jours qui précèdent sa mort, Mathilde charge, en effet, son petit-fils Guillaume de Mayence de la préparer. Elle lui demande de l'entendre en confession et de lui accorder le pardon de Dieu, puis de dire la messe pour ses péchés, ainsi que pour l'âme de son défunt époux et de tous les chrétiens vivants et morts. Après la confession, l'évêque entre dans l'église et accomplit tout ce que la reine a souhaité. La messe achevée, il revient dans la chambre et lui renouvelle la rémission de ses péchés. Il l'oint de l'huile sainte et lui donne la communion.

Ces rites sont pour la plupart repris quelques jours plus tard. Après le départ de Guillaume, Mathilde se confesse, reçoit la communion et fait célébrer une nouvelle fois la messe.

Or les vies des saints de cette époque font peu de place aux sacrements liés à la mort : la plupart du temps viatique et onction, parfois viatique et confession. La seconde biographie de Mathilde propose donc aux fidèles une manière de quitter ce monde, insistant sur la présence des prêtres et l'administration des sacrements. Elle atteste l'attention que porte l'Eglise ottonienne à la mort et à l'au-delà.

Terminons par le récit de la mort édifiante de la mère de Brunon, né en 1022, évêque de Toul en 1026, pape sous le nom de Léon IX. Cette mort couronne la vie d'une chrétienne appliquée à imiter le Christ, jusques et y compris dans ses terribles souffrances. Cette femme nommée Helwide serait la fille d'un comte Louis résidant, mais le fait n'est nullement assuré, à Dabo (Dagsburg), lieu situé du côté lorrain dans le nord des Vosges.

« S'il est difficile de trouver les mots pour dire la sincérité de sa dévotion, la générosité des aumônes qu'elle distribuait jusqu'à son dernier soir, son assiduité dans les prières à Dieu, sa persévérance dans les veilles et les jeûnes, le courage qu'elle montre à supporter les souffrances dans sa chair, on en trouvera une illustration éclatante dans le récit de sa mort, moment où toute louange peut se chanter de façon assurée. Souffrant d'hydropisie, elle avait grossi au point d'avoir du mal à se déplacer même en voiture. Comme cette obésité lui était insupportable, elle avait maintes et maintes fois pleuré et supplié la grâce du Christ de pouvoir, tout comme le ventre d'une seule mère l'avait mise au monde, être de nouveau mise au tombeau par les bras d'une seule femme. Sa voix fut entendue par celui qui est le soleil levant : une maladie la fit maigrir au point que son corps s'étant vidé de presque toute son eau, seuls ses os tenaient encore ensemble, maintenus par la peau et les nerfs. Alors, arrivant au terme extrême de sa vie, après avoir fait distribuer tout l'argent que, sans toucher aux revenus de son mari, elle avait épargné jour après jour sur ses dépenses personnelles pour le donner aux pauvres, munie de la sainte onction et de la vivifiante communion, elle reposa longuement inanimée, sans le moindre souffle de vie, au milieu des lamentations de toute la maisonnée et de la foule des indigents, des veuves et des orphelins. Tout à coup, revenant à elle et retrouvant le souffle vital, elle demanda qu'on calmât les cris confus de la foule éplorée : elle fit sortir tout le monde de la maison, et ne garda que Regelinde, abbesse du monastère de la Sainte-Croix, ainsi que son mari. Tous deux lui demandèrent en pleurant ce qu'elle désirait ; elle répondit : “ Ne me pleurez pas comme si j'allais mourir, puisque je viens de voir à mes côtés la très sainte Marie, mère de Dieu me consoler affectueusement, me promettre que je serai éternellement avec elle et que je vivrai dans la félicité de la gloire céleste. C'est pourquoi, mon très cher époux, je te supplie simplement de ne pas accueillir amèrement la demande que je vais te faire. ” Et comme lui, ignorant ce qu'elle allait demander, promettait généreusement de faire ce qu'elle voudrait, elle dit : “ Je demande que le sein de la terre me reçoive dans son tombeau, aussi nue que je suis sortie du sein de ma mère ; tous les ornements que tu as préparés pour mes funérailles, emploie-les fidèlement à soulager les pauvres. ” Bien que ce fût à contrecœur, son époux accéda à sa demande et la fit ensevelir selon sa volonté, une fois qu'elle eut dans l'allégresse dépouillé son enveloppe humaine » (trad. Monique Goullet).

CONCLUSION

Derrière les visages de quelques dames — aristocrates ou saintes, en quelque sorte l'arbre qui cache la forêt — se profilent ceux des femmes innombrables qui vivent au siècle de l'An Mille. Certes il est difficile d'en discerner les traits. Ombres fugitives que les textes, les fouilles archéologiques laissent cependant entrevoir. De la religion à la vie active qui ramène à la religion — en ces siècles où celle-ci marque les esprits —, ce sont d'abord des filles d'Eve à qui Dieu a dit « Croissez et multipliez ». Nécessité biologique, désir de satisfaire au commandement divin, amour maternel, besoins économiques. Qui peut dire vraiment la part de toutes ces motivations ? En tout cas la femme, à une époque où démarre un mouvement démographique qui durera plusieurs siècles, répond à cette attente. A-t-elle les moyens d'ailleurs de vraiment s'y opposer ?

C'est elle le centre de la cellule conjugale, non pas seulement parce qu'elle donne la vie, mais aussi parce qu'elle permet au couple de subsister, préparant la nourriture, confectionnant les vêtements. Ce couple qui tend à prendre une place de plus en plus grande au fur et à mesure que l'on avance dans le temps. Certes avec des reculs, des paliers. Mais en Picardie comme en Catalogne, d'une façon générale la famille évolue vers le type conjugal. Et de ce fait la femme, épouse et mère, prend une importance considérable que les documents permettent tout au plus de soupçonner.

L'écume des vagues, les grandes dames, celles dont les textes mentionnent l'autorité, les hauts faits. Il ne faut pas la négliger, car elle montre que le siècle de l'An Mille fut une période propice à la cause féminine. Propos à mesurer évidemment. Mais les portraits de la reine Gerberge, de l'impératrice Adélaïde ou de la comtesse Ermessende de Barcelone ne constituent qu'une faible partie d'une galerie que l'on pourrait largement compléter.

Peut-être une armée ! Pour combien de temps ? L'historien se doit d'être prudent. Robert Fossier, analysant les actes de la pratique, a montré que le pourcentage des actes collectifs a décru au profit notamment des actes conjugaux. Or le privé constitue le domaine par excellence de la femme.

A la fin du Moyen Age, les femmes dirigent la maison, travaillent aux champs, exercent des activités commerciales. Pourtant leur situation évolue, une détérioration de leur condition se manifeste qui durera jusqu'en plein XXe siècle. Les métiers qu'elles exercent au XVe siècle constituent avant tout une prolongation de leur activité domestique. Si elles désirent poursuivre la profession de leur mari, elles doivent être aidées par un valet qualifié, et encore avec des restrictions. C'est surtout la veuve — dont le rôle est apparu éminent — qui suscite des réticences. On voit en elle une concurrente, alors que l'épouse se borne à aider son mari. D'où des interdictions. La veuve d'un boucher, d'après un statut de 1381, n'a le droit de vendre que les viandes livrées du vivant de son époux !

Le code civil dont la rédaction a été considérablement inspirée par un Napoléon antiféministe, accorde aux femmes un statut bien inférieur à celui de l'homme : « Le mari doit protection à sa femme, la femme obéissance à son mari. »

Il faudra attendre le XXe siècle pour que la situation évolue, et encore les changements s'opèrent-ils lentement. Les Françaises n'acquièrent le droit de vote qu'en 1944. Et cinquante ans plus tard, bien des disparités subsistent. Toutefois, les progrès scientifiques, l'affaiblissement du sentiment religieux ont permis à la femme une indépendance qu'elle ne connaissait pas auparavant. Mais il aura fallu un millénaire pour qu'elle retrouve une place éminente au sein de la société.

Cette place qu'elle cherche actuellement au-delà désormais de l'étape, sans doute nécessaire, marquée par Simone de Beauvoir qui, pour elle et ses consœurs, a voulu la liberté dans le refus de l'enfermement biologique, ne ramènerait-elle pas vers la femme du Moyen Age ? Car, à en croire le dernier livre de Sylviane Agacinski sur la politique des sexes, la femme contemporaine chercherait à réintégrer son sexe biologique, non pour s'y soumettre, mais pour, le reconnaissant, lui donner sens. Comme s'il fallait un immense détour pour retrouver une vérité essentielle de l'espèce humaine qu'il aurait convenu de ne jamais quitter, tout en luttant pour l'émancipation à conquérir, vérité essentielle dont les femmes — et les hommes — du Moyen Age se trouvaient peut-être plus proches.

Ainsi pourrait-on arriver à cette harmonieuse complémentarité homme-femme telle que l'a présentée Pierre Chrysologue (vers 380-450), métropolite de Ravenne, dans un sermon sur l'Evangile de Luc : « Il [le Seigneur] comparait tout à l'heure son royaume à un grain de sénevé, il l'assimile maintenant à du levain. Il rappelait qu'un homme avait pris un grain de sénevé, il dit ici qu'une femme prend du levain. Il racontait que l'homme avait semé une petite graine et qu'il en était sorti un grand arbre ; à présent la femme enfouit une pincée de levain pour faire gonfler toute sa pâte. En vérité, comme dit l'apôtre Paul : *Dans le Seigneur, la femme ne va pas sans l'homme, ni l'homme sans la femme.* Ces deux paraboles acheminent au même royaume les deux sexes ; le Christ appelle à la fois, sans les séparer, l'homme et la femme, que Dieu unit, que nature assemble, en leur donnant par une admirable conformité les mêmes gestes, les mêmes tâches. Dieu fait que par le lien du mariage deux êtres n'en soient qu'un et que l'homme y découvre un autre lui-même, sans perdre sa singularité ou se confondre dans le couple [1]. »

1. Traduction H. Delanne. Texte cité par F. Quéré-Jaulmes, *La Femme. Les grands textes des Pères de l'Eglise,* Paris, 1968, p. 286.

BIBLIOGRAPHIE

SOURCES

ADÉMAR de CHABANNES, *Chroniques*, éd. J. Chavanon, Paris, 1897.

ALA al-DÎNE, *Parlons d'amour (Traité d'érotisme et recettes aphrodisiaques)*, éd. R. R. Khawam, Paris, 1998.

El Archivo Condal de Barcelona en los siglos IX-X. Estudio critico de sus fondos, éd. F. Udina Martorell, Barcelone, 1951.

AVICENNE (Ibn Sina), *Canon de la médecine*, Le Caire, 1877.

Die Bussordnungen der abendländischen Kirche, éd. F. W. H. Wasserschleben, Halle, 1851 ; rééd. Graz, 1958.

CAROZZI (C.), TAVIANI-CAROZZI (H.), *La Fin des temps. Textes traduits et commentés*, Paris, 1982.

Cartulaire de l'abbaye de Beaulieu en Limousin, éd. M. Deloche, Paris, 1859.

Cartulaire de l'abbaye de Notre-Dame du Ronceray, éd. P. Marchegay, Angers, 1854.

Cartulaire de l'abbaye de Redon en Bretagne, éd. A. de Courson, Paris, 1863.

Cartulaire de l'abbaye de Saint-Georges de Rennes, éd. P. de la Bigne-Villeneuve, Rennes, 1876.

Cartulaire de l'abbaye de Saint-Victor de Marseille, éd. B. Guérard, 2 vol., Paris, 1857.

Chartes de l'abbaye de Nouaillé de 678 à 1200, éd. P. de Montsabert, Poitiers, 1936.

Chartes de l'abbaye de Saint-Etienne de Dijon (VIIIe, IXe, X^e^ et XIe siècles), éd. J. Courtois, Paris et Dijon, 1908.

Chartes et documents pour servir à l'histoire de l'abbaye de Saint-Maixent, 2 vol., éd. A. Richard, Poitiers, 1886.

La Chronique de Nantes (570 environ-1049), éd. R. Merlet, Paris, 1896.

Chroniques des comtes d'Anjou et des seigneurs d'Amboise, éd. L. Halphen et R. Poupardin, Paris, 1913.

CONSTANTIN l'AFRICAIN, *Liber de coitu*, éd. E. Montero-Cartelle, Saint-Jacques-de-Compostelle, 1983.

DUDON DE SAINT-QUENTIN, *De Gestis Normannie ducum seu de moribus et actis primorum Normanniae ducum (1015)*, éd. J. Lair, Caen, 1865.

EUDES DE SAINT-MAUR, *Vie de Bouchard le Vénérable, comte de Vendôme, de Corbeil, de Melun et de Paris (X^e^ et XIe siècles)*, éd. Ch. Bourel de la Roncière, Paris, 1892.

FLODOARD, *Annales*, éd. Ph. Lauer, Paris, 1906.

GERBERT, *Correspondance*, éd. et trad. P. Riché et J.-P. Callu, Paris, 1991-1993.

GUIBERT DE NOGENT, *Autobiographie*, éd. et trad. E.-R. Labande, Paris, 1981.

GUILLAUME DE JUMIÈGES, *Gesta Normannorum ducum*, éd. J. Marx, Rouen et Paris, 1914.

HELGAUD DE FLEURY, *Vie de Robert le Pieux*, éd. et trad. R. H. Bautier et G. Labory, Paris, 1965.

HROSVITHA, *Hrosvithae opera*, éd. K. Strecker, Leipzig, trad. française C. Magnin, *Théâtre de Hrosvitha, religieuse allemande du Xe siècle*, Paris, 1845.

IBN HAZM, *Le Collier de la Colombe ou de l'Amour et des Amants (Tawq al Hamama)*, éd. et trad. L. Bercher, Alger, 1949.

IBN SINA, voir AVICENNE.

Liber miraculorum sancte Fidis, éd. A. Bouillet, Paris, 1897.

LIUTPRAND, *Liudprandi opera,* éd. J. Becker, *Monumenta Germaniae historica, Scriptores Rerum Germanicarum in usum scholarum*, Hanovre et Leipzig, 1915.

MARTÈNE (Dom Ed.), *De Antiquis Ecclesiae ritibus libri quatuor*, 3 vol., Rouen, 1700-1702.

Les Miracles de saint Benoît écrits par Adrevald, Aimoin, André, Raoul Tortaire et Hugues de Sainte-Marie, moines de Fleury, éd. E. de Certain, Paris, 1858.

MURASAKI-SHIKIBU, *Le Dit du Genji*, trad. R. Sieffert, 2 vol., Paris, 1988.

—, *Journal*, trad. R. Sieffert, Paris, 1978.

ODILON DE CLUNY, *Epitaphium domine Adelaide auguste*, éd. H. Paulhart, *Die Lebensbeschreibung der Kaiserin Adelheid von Abt Odilo von Cluny*, Graz-Cologne, 1962, pp. 27-45.

ODON de CLUNY, *Vita Geraldi Auriliacensis*, dans *Patrologie latine*, t. 133, col. 639-704.

Petri Malleacensis monachi de cenobio Malleacensis insulae, dans Labbe, *Nova bibliotheca manuscriptorum*, t. II, pp. 222-238.

POGNON (Ed.), *L'An Mille. Œuvres de Liutprand — Raoul Glaber — Adémar de Chabannes — Adalbéron — Helgaud réunies, traduites et présentées par Edmond Pognon*, Paris, 1947.

Le Pontifical romano-germanique du dixième siècle, éd. C. Vogel et R. Elze, 2 vol., Cité du Vatican, 1963.

PSELLOS (Michel), *Chronographie*, éd. et trad. E. Renauld, 2 vol., Paris, 1926-1928.

RAOUL GLABER, *Les Cinq Livres de ses histoires (900-1044)*, éd. M. Prou, Paris, 1886.

RATHIER DE VÉRONE, *Libri VI Praeloquiorum,* éd. Corp. christ. Continuatio medievalis, t. 46, 1984.

Recueil des Actes de Lothaire et de Louis V, rois de France (954-987), éd. L. Halphen et F. Lot, Paris, 1908.

Recueil des Actes de Louis IV, roi de France (936-954), éd. Ph. Lauer, Paris, 1914.

Recueil des Actes des ducs de Normandie (911-1066), éd. M. Fauroux, Caen, 1961.

Recueil des chartes de l'abbaye de Cluny, formé par A. Bernard, publ. par A. Bruel, 6 vol., Paris, 1876-1903.

REGINON DE PRÜM, *Reginonis abbatis Prumiensis libri duo de synodalibus et disciplinis ecclesiasticis*, éd. F. W. H. Wasserschleben, Leipzig, 1840, réimp. Graz, 1964.

RICHER, *Histoire de France (888-995)*, éd. et trad. R. Latouche, 2 vol., Paris, 1930 et 1937.

Rouleaux des morts du IXe au XVe siècle, éd. L. Delisle, Paris, 1866.

SEI SHÔNAGON, *Notes de chevet*, trad. A. Beaujard, Paris, 1985.

Sibyllinische Texte und Forschungen, Pseudomethodius, Adso und die Tiburtinische Sibylle, éd. E. Sackur, Halle, 1898.

Les Sociétés méridionales autour de l'An Mil : Répertoire des sources et documents commentés, M. Zimmermann éd., Toulouse, 1992.

SORANUS, *Gynaeciorum vetus translatio latina*, éd. V. Rose, Leipzig, 1882.

THIETMAR de MERSEBOURG, *Chronicon (976-1018)*, éd. R. Holtzmann, dans *Monumenta Germaniae historica, Scriptores rerum Germanicarum*, 1935.

Vita Mahthildis reginae antiquior, dans *Monumenta Germaniae historica, Scriptores*, t. 10, p. 573-582.

Vita Mahthildis reginae posterior, dans *ibid.*, t. 4, pp. 282-302.

WIDUKIND de CORVEY, *Rerum Gestarum Saxonicarum libri III*, éd. H. E. Lohmann-P. Hirsch, dans *Monumenta Germaniae historica, Scriptores rerum germanicarum*, 1935.

TRAVAUX

ABADAL (R. d'), *Els primers comtes catalans*, Barcelone, 1958.

L'Abbaye royale Notre-Dame de Jouarre, 2 vol., 1961.

ABU-RUB (M.), *La Poésie galante andalouse au XIe siècle : typologie*, Paris, 1990.

ADIGARD des GAUTRIES, *Les Noms de personnes scandinaves en Normandie de 911 à 1066*, Lund, 1954.

ALEXANDRE-BIDON (D.) et LETT (D.), *Les Enfants au Moyen Age, V^e-XVe siècle*, Paris, 1997.

AMANN (E.) et DUMAS (A.), *L'Eglise au pouvoir des laïques (888-1057)*, Paris, 1943 (Histoire de l'Eglise, publ. sous la dir. de A. Fliche et V. Martin, 7).

Amour et sexualité en Occident, Paris, 1991.

ANCELET-HUSTACHE (J.), « La Femme au Moyen Age en

Allemagne », dans *Histoire mondiale de la femme*, t. II, *Moyen Age et Renaissance*, Paris, 1966, pp. 54-78.

ANDRIEU (M.), *Les Ordines romani du haut Moyen Age*, 4 t., Louvain, 1930-1956.

ANJUBAULT SIMONS (M.), *La Force et la faiblesse. A propos du rôle des femmes dans l'Eglise (IVe-XIIe siècle)*, Paris, 1995.

AUBRUN (Ch. V.), « La femme au Moyen Age en Espagne », dans *Histoire mondiale de la femme*, t. II, *Moyen Age et Renaissance*, Paris, 1966, pp. 185-210.

AURELL (M.), « Les avatars de la viduité princière : Ermessende (ca 975-1058), comtesse de Barcelone », dans *Veuves et veuvage dans le haut Moyen Age*, pp. 201-232.

—, « La détérioration du statut de la femme aristocratique en Provence (Xe-XIIIe siècle) », dans *Le Moyen Age*, 1985, pp. 5-32.

—, « Le lignage aristocratique en Provence au XIe siècle », dans *Annales du Midi*, 1986, pp. 149-163.

—, *Les Noces du comte. Mariage et pouvoir en Catalogne (785-1213)*, Paris, 1995.

Autour de l'An Mil, numéro spécial des *Annales du Midi*, t. CIX, n° 219-220, juillet-décembre 1997.

BARRÉ (H.), *Prières anciennes de l'Occident à la Mère du Sauveur. Des origines à saint Anselme*, Paris, 1963.

BARRY (F.), *Les Droits de la reine sous la monarchie française jusqu'en 1789*, Paris, 1932.

—, *La Reine de France*, Paris, 1964.

BARTHÉLEMY (D.), *La Société dans le comté de Vendôme de l'An Mille au XIVe siècle*, Paris, 1993.

BAUTIER (R. H.), « L'hérésie d'Orléans et le mouvement intellectuel au début du XIe siècle : documents et hypothèses », *95e Congrès des Sociétés savantes, Section de Philologie et d'Histoire jusqu'à 1610, Reims, 1970*, Paris, 1975, t. 1, pp. 63-88.

—, « De la recluserie au chapitre des dames nobles. Les abbayes de moniales de Lorraine et spécialement Notre-Dame de Bouxières-aux-Dames », dans *La Femme au Moyen Age*, pp. 99-112.

BECCARIA (A.), *Codici di medicina del periodo presalernitano (secoli IX, X e XI)*, Rome, 1956.

BEECH (G. T.), « Les noms de personnes poitevins du IXe au XIIe siècle », dans *Revue internationale d'onomastique*, 26, 1974, pp. 81-100.

BENZ (K. J.), « A propos du dernier voyage de l'impératrice Adélaïde en 999 », dans *Revue d'histoire ecclésiastique*, 67, 1972, pp. 81-92.

BERNARDS (M.), « Die Frau in der Welt und die Kirche während des 11. Jahrhunderts », dans *Sacris erudiri*, 2, 1971, pp. 39-100.

BERTINI (F.), « Hrosvitha la poétesse », dans *La Vie quotidienne des femmes au Moyen Age*, Paris, 1991, pp. 115-159 (éd. italienne, 1989).

BESNIER (R.), *Le Mariage en Normandie des origines au XIIIe siècle*, Caen, 1934.

BEZZOLA (R.), *Les Origines et la formation de la littérature courtoise en Occident (500-1200)*. 1re partie : *La Tradition impériale de la fin de l'Antiquité au XIe siècle*. 2e partie, 1 et 2 : *La Société féodale et la transformation de la littérature de cour*, Paris, 1944 et 1960.

BLUMENKRANZ (B.), *Juifs et Chrétiens dans le monde occidental, 430-1096*, Paris-La Haye, 1960.

BOIS (G.), *La Mutation de l'An Mil : Lournand, village mâconnais de l'Antiquité au féodalisme*, Paris, 1989.

BONNASSIE (P.), *La Catalogne du milieu du Xe à la fin du XIe siècle. Croissance et mutations d'une société*, 2 vol., Toulouse, 1975.

—, « Une famille de la campagne barcelonaise et ses activités économiques aux alentours de l'An Mil », dans *Annales du Midi*, 76, 1964, pp. 261-297.

BORKOWSKA (M.), « Reine évangélisatrice : croyance et politique (Xe siècle) », dans *La Femme au Moyen Age*, pp. 215-217.

BOUCHARD (C.B.), « Consanguinity and Noble Marriages in the Tenth and Eleventh Centuries , dans *Speculum*, 56, 2, 1981, pp. 268-287.

—, « Family structure and family consciousness among the

aristocracy in the ninth to eleventh centuries », dans *Francia*, 14, 1986, pp. 639-658.

—, « The Migration of women's names in the upper nobility, ninth-twelfth centuries », dans *Mediaeval Prosopography*, 9, 2, 1988, pp. 1-19.

—, « Patterns of women's names in royal ligneages, ninth-eleventh centuries », dans *Mediaeval Prosopography*, 9, 1, 1988, pp. 1-32.

BOURIN-DERRUAU (M.), *Villages médiévaux en Bas-Languedoc. Genèse d'une sociabilité (Xe-XIVe siècle)*, Paris, 1987.

BRUNDAGE (J. A.), « Concubinage and marriage in medieval canon law », dans *Journal of Medieval History*, 1975, pp. 1-18.

BRUYNE (Ed. de), *Etudes d'esthétique médiévale*, 3 vol., Bruges, 1946.

BUR (M.), « L'image de la parenté chez les comtes de Champagne », dans *Annales ESC*, 1985, pp. 1016-1039.

CABRÉ (M.), « " Deodicatae " et " Deovotae ". La regulacion de la religiosidad femenina en los condados catalanes, siglos IX-XI », dans *Les Mujeres en el cristianismo medieval*, Madrid, 1989, pp. 169-182.

CALLEWAERT (R. S.), « Les pénitentiels du Moyen Age et les pratiques anticonceptionnelles », dans *Vie spirituelle, Supplément*, 18, 1965, pp. 339-366.

CARO BAROJA (J.), *Les Sorcières et leur monde*, trad. M.-A. Sarrailh, Paris, 1972.

La Catalogne et la France méridionale autour de l'An mil, X. Barral *et alii* éd., Barcelone, 1991.

CHAPELOT (J.) et FOSSIER (R.), *Le Village et la maison au Moyen Age*, Paris, 1980.

CHELINI (J.), *L'Aube du Moyen Age. Naissance de la Chrétienté occidentale*, Paris, 1991.

CHEYNET (J. C.), *Pouvoir et contestations à Byzance (963-1210)*, Paris, 1989.

La Condicïon de la mujer en la Edad Media, Madrid, 1986.

COLARDELLE (M.) et VERDEL (E.), *Chevaliers-paysans de l'An Mil au lac de Paladru*, Paris, 1993.

CORBET (P.), « Le mariage en Germanie ottonienne d'après Thietmar de Mersebourg », dans *La Femme au Moyen Age*, pp. 187-213.

—, « *Pro anima senioris sui.* La pastorale ottonienne du veuvage » dans *Veuves et veuvage dans le haut Moyen Age*, pp. 233-253.

—, *Les Saints ottoniens. Sainteté dynastique, sainteté royale et sainteté féminine autour de l'an mil*, Sigmaringen, 1986.

DAUDET (P.), *Etudes sur l'histoire de la juridiction matrimoniale. L'établissement de la compétence de l'Eglise en matière de divorce et de consanguinité (France, Xe-XIIe siècles)*, Paris, 1941.

—, *Etudes sur l'histoire de la juridiction matrimoniale. Les origines carolingiennes de la compétence exclusive de l'Eglise (France et Germanie)*, Paris, 1933.

DAUPHIN (H.), *Le Bienheureux Richard, abbé de Saint-Vanne de Verdun, 1046*, Louvain-Paris, 1946.

DEBAX (H.), « Les comtesses de Toulouse : notices biographiques », dans *Annales du Midi*, 100, 1988, pp. 215-234.

—, « Stratégies matrimoniales des comtes de Toulouse (850-1270) », dans *ibid.*, pp. 131-151.

DEBORD (A.), *La Société laïque dans les pays de la Charente (Xe-XIIe siècle)*, Paris, 1984.

DÉLÉAGE (A.), *La Vie économique et sociale de la Bourgogne dans le haut Moyen Age*, 2 vol., Mâcon, 1941.

DEVIC (Cl.) et VAISSÈTE (J.), *Histoire générale de Languedoc*, 16 vol., Toulouse, 1872-1904 (3).

DHONDT (J.), « Une crise du pouvoir capétien 1032-1034 », dans *Miscellanea medievalia in memoriam Jan Frederik Niermeyer*, Groningue, 1967, pp. 137-148.

—, « Election et hérédité sous les Carolingiens et les premiers Capétiens », dans *Revue belge de Philologie et d'Histoire*, 1939, pp. 913-953.

—, « Sept femmes et un trio de rois », dans *Contributions à l'histoire économique et sociale*, t. III, 1964-1965 (Université libre de Bruxelles, Institut de Sociologie), pp. 35-70.

DIEHL (Ch.), *Figures byzantines*, I et II, Paris, 1925, 1927.

DIEPGEN (P.), *Frau und Frauenheilkunde in den Kultur des Mittelalters*, Stuttgart, 1963.

DUBY (G.), *L'An Mil*, Paris, 1967.

—, *Le Chevalier, la femme et le prêtre. Le mariage dans la France féodale*, Paris, 1981.

—, *Hommes et structures du Moyen Age*, Paris, 1973.

—, *La Société aux* XIe *et* XIIe *siècles dans la région mâconnaise*, Paris, 1953 ; 2e éd., 1971 (BEHE).

DUHAMEL-AMADO (C.), *Du Groupe aristocratique au lignage. Parenté, familles et patrimoines dans les vicomtés de Béziers et d'Agde du* X^e^ *au milieu du* XIIe *siècle*, thèse d'Etat soutenue en 1995.

—, « Femmes entre elles. Filles et épouses languedociennes (XIe et XIIe siècles) », dans *Mélanges Georges Duby*, Bruxelles, 1992, pp. 125-156.

ECKENSTEIN (L.), *Woman under monasticism : Chapter on saint lore and convent life between A. D. 500 and A. D. 1500*, Cambridge, 1896.

The Empress Theophano. Byzantium and the West at the Turn of the First Millenium, Adelbert Davids ed., Cambridge, Eng., 1995.

ENLART (C.), *Manuel d'archéologie française depuis les temps mérovingiens jusqu'à la Renaissance*, t. III, *Le Costume*, Paris, 1916.

ESMEIN (A.), *Le Mariage en droit canonique*, 2e éd. mise à jour par R. Genestal et A. Dauvillier, 2 vol., Paris, 1929-1935.

FARMER (S.), « Persuasive Wives. Clerical Images of Medieval Wives », dans *Speculum*, 1986, pp. 517-543.

FELL (C.), *Women in Anglo-Saxon England*, Oxford-New York, 1986.

La Femme, Recueil de la Société Jean Bodin, t. 12, Bruxelles, 1962.

La Femme au Moyen Age, M. Rouche, J. Heuclin éd., Maubeuge, 1990.

La Femme dans les civilisations des Xe-XIIIe *siècles*, Actes du colloque de Poitiers, *Cahiers de Civilisation médiévale,* n° 2-3, avril-septembre 1977.

Femmes et pouvoirs des femmes à Byzance et en Occident

(VIe-XIe siècle), colloque international Bruxelles. Lille, 1996 (sous presse).

Femmes et Religions, Revue *Clio, Histoire, Femmes et Sociétés*, 2/1995.

FLANDRIN (J. L.), *Le Sexe et l'Occident. Evolution des attitudes et des comportements*, Paris, 1981 (recueil d'articles, notamment « Contraception, mariage et relations amoureuses dans l'Occident chrétien », pp. 109-126 — paru en 1969 dans *Annales ESC* ; « L'attitude à l'égard du petit enfant et les conduites sexuelles : structures anciennes et évolution », pp. 151-216 — paru en 1973 dans les *Annales de démographie historique*).

—, *Un temps pour embrasser. Aux origines de la morale sexuelle occidentale (VIe-XIe siècle)*, Paris, 1983.

FOLZ (R.), *Les Saintes Reines du Moyen Age en Occident (VIe-XIIIe siècle)*, Bruxelles, 1992.

FOSSIER (R.), « La femme dans les sociétés occidentales », dans *Cahiers de Civilisation médiévale*, 1977, pp. 93-102.

—, « Les mouvements populaires en Occident au XIe siècle », dans *Comptes rendus de l'Académie des Inscriptions et Belles-Lettres*, 1971, pp. 257-269.

—, *La Terre et les hommes en Picardie jusqu'à la fin du XIIIe siècle*, 2 vol., Paris-Louvain, 1968.

La France de l'An Mil, R. Delort éd., Paris, 1990.

FRANKFORTER (A. D.), Hroswitha of Gandersheim and the Destiny of Women, dans *The Historian*, 41, 1979, pp. 295-314.

Frauen in Spätantike und Frühmittelalter. Lebensbedingungen-Lebensnormen-Lebensformen, W. Affeldt éd., Sigmaringen, 1990.

FRUGONI (C.), « L'iconographie de la femme au cours des Xe-XIIe siècles », dans *Cahiers de Civilisation médiévale*, 1977, pp. 177-188.

GAILLARD (M.), « Les fondations d'abbayes féminines dans le nord et l'est de la Gaule, de la fin du VIe siècle à la fin du Xe siècle », dans *Revue d'histoire de l'Eglise de France*, 76, 1900, pp. 5-20.

GAUDEMET (J.), *Le Mariage en Occident. Les mœurs et le droit*, Paris, 1987.

Genèse médiévale de l'anthroponymie moderne, M. Bourin éd., Tours, 1989.

GINZBURG (C.), *Le Sabbat des sorcières*, Paris, 1992 (éd. italienne, 1989).

GOULLET (M.), « Aspects du monachisme dans l'œuvre de Hrosvita de Gandersheim », dans *Revue Mabillon*, 66, 1994, pp. 11-28.

—, *Les Drames de Hrosvita de Gandersheim*, éd. et trad., thèse nouveau régime, Metz, 1993.

GRODECKI (L.) et coll., *Le Siècle de l'An Mil*, Paris, 1973.

GUICHARD (P.), *Structures sociales « orientales » et « occidentales » dans l'Espagne musulmane*, Paris-La Haye, 1977.

GUILLOT (O.), *Le Comte d'Anjou et son entourage au XIe siècle*, 2 vol., Paris, 1972.

Hagiographie, cultures et sociétés, IVe-XIIe siècles, Paris, 1981.

HALPHEN (L.), *Le Comté d'Anjou au XIe siècle*, Paris, 1906.

HAMILTON (B.), « The house of Theophylact and the promotion of the religious life among women in the tenth century Rome », dans *Studia monastica*, 12, 1970, pp. 195-217.

HEFELE (J.), *Histoire des conciles*, nouv. éd. trad. et augm. par Dom H. Leclercq, t. IV, 1 et 2, Paris, 1911 ; t. V, 1, Paris, 1912.

HERLIHY (D.), « Land, Family and Women in Continental Europe, 701-1200 », dans *Traditio*, 18, 1962, pp. 89-120.

HILAIRE (J.), « Les régimes matrimoniaux aux XIe et XIIe siècles dans la région de Montpellier », dans *Recueil des mémoires et travaux de la société d'histoire du droit et des institutions des anciens pays de droit écrit*, 1955, pp. 15-37.

Histoire de la famille, A. Burguière, Ch. Klapisch-Zuber, M. Segalen, F. Zonabend éd., t. 1. *Mondes lointains, mondes anciens*. Paris, 1986 (P. Toubert, « *Le moment carolingien* » *(VIIIe-Xe siècle)* ; R. Fossier, *L'ère « féodale » (XIe-XIIIe siècle)* ; E. Patlagean. *Familles et parentèles à Byzance* ; T. Bianquis, *La Famille en Islam arabe*.

Histoire des femmes, G. Duby, M. Perrot, éd., t. 2 : *Le Moyen Age*, Paris, 1991 (J. Dalarun, *Regards de clercs* ; C. Thomasset, *De la nature féminine* ; S. Fonay Wemple, *Les Traditions romaine, germanique et chrétienne* ; P. L'Hermite-Leclercq, *L'Ordre féodal (XIe-XIIe siècles).*

Histoire mondiale de la femme, t. II : *Moyen Age et Renaissance*, Paris, 1966.

HOURLIER (J.), *Saint Odilon, abbé de Cluny*, Louvain, 1964.

Hrotsvit of Gandersheim « rara avis in Saxonia » ?, K. M. Wilson éd., Ann-Arbor, 1987 (notamment S. F. Wemple, « Monastic life of Women from the Merovingians to the Ottonians », pp. 35-54).

Hrosvitha of Gandersheim. Her Life, Times and Works, and a Comprehensive Bibliography, A. L. Haight éd., New York, 1965.

HUYGHE (G.), *La Clôture des moniales des origines à la fin du XIIIe siècle. Etude historique et juridique*, Roubaix, 1944.

HUYGHEBAERT (N.), « Les femmes laïques dans la vie religieuse des XIe et XIIe siècles dans la province ecclésiastique de Reims », dans *I laici nella « societas christiana » dei secoli XIe XII*, Milan, 1968, pp. 346-395.

JACQUART (D.) et MICHEAU (F.), *La Médecine arabe et l'Occident médiéval*, Paris, 1990.

JACQUART (D.) et THOMASSET (C.), *Sexualité et savoir médical au Moyen Age*, Paris, 1985.

JÄSCHE (K.-U.), *Notwendige Gefährtinnen. Königinnen der Salierzeit als Herrscherinnen und Ehefrauen im römisch-deutschen Reich der 11. und beginnenden 12. Jahrhunderts,* Saarbrucken-Scheidt, 1991.

LANDES (R.), « La vie apostolique en Aquitaine en l'An Mille : Paix de Dieu, culte de reliques et communautés hérétiques », dans *Annales ESC*, 46, 1991, pp. 573-593.

LATOUCHE (R.), *Histoire du comté du Maine pendant le Xe et le XIe siècle*, Paris, 1910.

LAUER (Ph.), L*e Règne de Louis IV d'Outre-Mer*, Paris, 1900.

LAURANSON-ROSAZ, « Douaire et *sponsalicium* durant le haut Moyen Age », dans *Veuves et veuvage dans le haut Moyen Age*, pp. 99-105.

LAUWERS (M.), « L'institution et le genre. A propos de l'accès des femmes au sacré dans l'Occident médiéval », dans *Femmes et Religions*, pp. 279-317.

Le Blevec (D.), *L'An Mil*, Paris, 1976.

Leblond (B.), *L'Accession des Normands de Neustrie à la culture occidentale (xe-xie siècles)*, Paris, 1966.

Le Bras (G.), article *Mariage*, dans *Dictionnaire de Théologie catholique*, t. 9, col. 2123-2317.

Leclercq (J.), « Rôle et pouvoir des épouses au Moyen Age », dans *La Femme au Moyen Age*, pp. 87-98.

—, « Saint Pierre Damien et les femmes », dans *Studia monastica*, 15, 1973, pp. 43-55.

Le Jan (R.), « Entre Carolingiens et Ottoniens, les voyages de la reine Gerberge », dans *Les Assises du pouvoir. Etudes offertes à Jean Devisse*, Paris, 1994.

—, *Famille et pouvoir dans le monde franc (viiie-xe siècles). Essai d'anthropologie sociale*, Paris, 1995.

—, « Aux origines du douaire médiéval (vie-xe siècles) », dans *Veuves et veuvage dans le haut Moyen Age*, M. Parisse éd., pp. 107-122.

Lemaire (A.), « La " dotation " de l'épouse de l'époque mérovingienne au xiiie siècle », dans *Revue historique de droit français et étranger*, 1929, pp. 569-580.

Lévi-Provençal (E.), *Histoire de l'Espagne musulmane*, 3 vol., Paris, 1944-1953.

Lewis (A. R.), *The development of Southern French and Catalan Society, 718-1050,* Austin, 1965.

Lex (L.), *Eudes, comte de Blois, de Tours, de Chartres, de Troyes et de Meaux (995-1037) et Thibaud, son frère (995-1004)*, Troyes, 1892.

Leyser (K. J.), *Rule and Conflict in an Early Medieval Society. Ottonian Saxony,* Londres, 1979.

Lot (F.), *Les Derniers Carolingiens. Lothaire — Louis V — Charles de Lorraine (954-991)*, Paris, 1891.

—, *Etudes sur le règne de Hugues Capet et la fin du xe siècle*, Paris, 1903.

—, « Vitae, passiones, miracula, translationes Sanctorum Galliae (500-1000) », dans *Archivum Latinitatis Medii Aevi*, 14, 1939, pp. 181-225 ; 20, 1947-1948, pp. 55-64.

Mac Kinney (L. C.), *Early medieval medicine with special reference to France and Chartres*, Baltimore, 1937.

MAGNOU-NORTIER (E.), « Formes de vie consacrée dans les pays du Midi jusqu'au début du XIIe siècle », dans *Cahiers de Fanjeaux*, 23, 1988, pp. 193-216.

—, « Ombres féminines dans l'histoire du Languedoc aux Xe et XIe siècles », dans *Cahiers de Civilisation médiévale*, 1991, pp. 51-56.

—, *La Société laïque et l'Eglise dans la province ecclésiastique de Narbonne de la fin du VIIIe siècle à la fin du XIIe siècle*, Toulouse, 1974.

MAILLE (marquise de), *Les Cryptes de Jouarre*, Paris, 1971.

MAISONNEUVE (H.), « La morale d'après les conciles des Xe et XIe siècles », dans *Mélanges de Sciences religieuses*, 18, 1961, pp. 1-46.

Maria. Etudes sur la Sainte Vierge, sous la direction de H. du Manoir, 6 vol., Paris, 1949-1961.

Il matrimonio nella societa altomedievale, Settimane di Studio XXIV, Spolète, 2 vol., 1977.

Medieval Women, D. Baker éd., Oxford, 1978.

Medieval Women and the Sources of Medieval History, Rosenthal J. T. éd., Athens, University of Georgia Press, 1990.

MERLET (R.), *Les Comtes de Chartres, de Châteaudun et de Blois aux IXe et Xe siècles*, Chartres, 1900.

METZ (R.), *La Consécration des vierges dans l'Eglise romaine. Etude d'histoire et de liturgie*, Paris, 1954.

—, *La Femme et l'enfant dans le droit canonique médiéval*, Londres Variorum Reprints, 1985.

—, « Le statut de la femme en droit canonique médiéval », dans *Recueils de la Société Jean Bodin*, t. 12, pp. 59-113.

MEYER (M. A.), « Women and the Tenth Century English Monastic Reform », dans *Revue bénédictine*, 87, 1977, pp. 34-61.

MEYERHOF (M.) et JOANNIDES (D.), *La Gynécologie et l'Obstétrique chez Avicenne (Ibn Sina) et leurs rapports avec celles des Grecs*, Le Caire, 1938.

MOREAU (E. de), *Histoire de l'Eglise en Belgique*. T. 1 : *La Formation de la Belgique chrétienne. Des origines au milieu du Xe siècle*, Bruxelles, 1945 (2) ; t. II : *La Formation de l'Eglise médiévale. Du milieu du xe au début du xiie siècle*, Bruxelles, 1945 (2).

MOULINIER (L.), « H comme Histoire : Hrosvita, Hildegarde et Herrade, trois récits de fondation au féminin », dans *Femmes et Religions*, pp. 85-107.

MUSSET (L.), « Les douaires des duchesses normandes », dans *Bulletin de la Société des Antiquaires de Normandie*, 54, 1957-1958, pp. 27-36.

NELSON (J. L.), « Perceptions du pouvoir chez les historiennes du haut Moyen Age », dans *La Femme au Moyen Age*, pp. 75-85.

NEWMAN (W.-M.), *Catalogue des Actes de Robert II, roi de France*, Paris, 1937.

NOONAN (J. T.), *Contraception et mariage. Evolution ou contradiction dans la pensée chrétienne*, trad. M. Jossua, Paris, 1969 (éd. américaine 1966).

OSTROGORSKY (G.), *Histoire de l'Etat byzantin,* Paris, 1956 (éd. allemande 1940, revue en 1952).

OURLIAC (P.) et MALAFOSSE (J. de), *Histoire du droit privé*, t. III, *Le Droit familial*, Paris, 1968.

PARISSE (M.) dir. et col., *Atlas de la France autour de l'An Mil*, Paris, 1994.

—, « Les chanoinesses dans l'Empire germanique (IXe-XIe siècle) », dans *Francia*, 6, 1978, pp. 107-127.

—, « Les femmes au monastère dans le nord de l'Allemagne du IXe au XIe siècle. Conditions sociales et religieuses », dans *Frauen in Spätanblicke und Frühmittelalter*, pp. 311-324.

—, *La Noblesse en Lorraine (XIe-XIIIe siècles)*, Lille-Paris, 1976.

—, *Les Nonnes au Moyen Age*, Le Puy, 1983.

—, « Des veuves au monastère », dans *Veuves et veuvage dans le haut Moyen Age*, pp. 255-274.

Le Paysage monumental de la France autour de l'An Mil, X. Barral i Altet éd., Paris, 1987.

PEROUAS (L.), BARRIÈRE (B.), BOUTIER (J.), PEYRONNET (J.-C.), TRICARD (J.), *Léonard, Marie, Jean et les autres. Les prénoms en Limousin depuis un millénaire*, Paris, 1984.

PFISTER (Ch.), *Etudes sur le règne de Robert le Pieux, 996-1031*, Paris, 1885.

PLATELLE (H.), « L'épouse " gardienne aimante de la vie et de l'âme de son mari " », dans *La Femme au Moyen Age*, pp. 171-185.

POCQUET du HAUT-JUSSÉ (B.-A.), « Les prodromes de la réforme grégorienne en Bretagne », dans *Bulletin philologique et historique*, 1960, pp. 871-891.

POGNON (Ed.), *La Vie quotidienne en l'An Mille*, Paris, 1981.

POLY (J.-P.), *La Provence et la société féodale (879-1166)*, Paris, 1976.

PORTMANN (M. L.), *Die Darstellung der Frau in der Geschichtsschreibung des früheren Mittelalters*, Bâle et Stuttgart, 1958.

PUNIET (P. de), *Le Pontifical romain. Histoire et Commentaire*, t. II, Paris-Louvain, 1931.

QUINQUET DE MONJOUR (P.), *Histoire de l'indissolubilité du mariage en France depuis le ve siècle jusqu'au concile de Trente*, Paris, 1901.

RADICCHI (R.), *La « Gynaecia » di Muscione : manuale per le ostetriche e le mamme del VI se. D. C.*, Pise, 1970.

RAMBAUD-BUHOT (J.), « Le statut des moniales chez les Pères de l'Eglise, dans les Règles monastiques et les Collections canoniques jusqu'au XIIe siècle », dans *Sainte Fare et Faremoutiers. Treize siècles de vie monastique*, pp. 149-174.

Religion et culture autour de l'An Mil. Royaume capétien et Lotharingie, D. Iogna-Prat et J. C. Picard éd., Paris, 1990.

RICHARD (A.), *Histoire des comtes de Poitou. 778-1204*, 2 vol., Paris, 1903.

RICHÉ (P.), *Gerbert d'Aurillac, le pape de l'An Mil*, Paris, 1987.

—, « Recherches sur l'instruction des laïcs du IXe au XIIe siècle », dans *Cahiers de Civilisation médiévale*, 5, 1962, pp. 175-182.

—, « La Renaissance intellectuelle du Xe siècle en Occident », dans *Cahiers d'Histoire*, 21, 1976, pp. 27-42.

RITZER (K.), *Le Mariage dans les Eglises chrétiennes du Ier au XIe siècle*, Paris, 1970 (édition allemande originale, 1962).

ROSAMBERT, *La Veuve en droit canonique jusqu'au XIVe siècle*, Paris, 1923.

ROUSSIER (J.), « Opinions anciennes sur les grossesses prolongées (Antiquité, Moyen Age) », dans *Etudes d'histoire du droit privé offertes à Pierre Petot*, Paris, 1959, pp. 473-480.

RUIZ-DOMÉNEC (J. E.), « Système de parenté et théorie de l'alliance dans la société catalane (env. 1000-env. 1240) », dans *Revue historique*, 1979, pp. 305-326.

Sainte Fare et Faremoutiers. Treize siècles de vie monastique, Faremoutiers, 1956.

SASSIER (Y.), *Hugues Capet*, Paris, 1987, rééd. 1990.

SAXER (V.), *Le Culte de sainte Marie-Madeleine au Moyen Age*, 2 vol., Strasbourg, 1956.

SCHMITZ (H. J.), I, *Die Bussbücher und die Bussdisziplin der Kirche*, Mayence, 1883. II, *Die Bussbücher und das kanonische Bussverfahren*, Dusseldorf, 1898.

SCHMITZ (Ph.), art. *Bénédictines, dans Dictionnaire d'Histoire et de Géographie ecclésiastiques*, t. 7, col. 1206-1234.

—, *Histoire de l'Ordre de saint Benoît*, t. VII : *Les Moniales*, Les Editions de Maredsous, 1956.

SENN (F.), *L'Institution des avoueries ecclésiastiques en France*, Paris, 1903.

SOEHNÉE (F.), *Catalogue des actes d'Henri Ier, roi de France (1031-1060)*, Paris, 1907.

La storiografia altomedievale, 2 vol., Spolète, 1970 (Settimane di studio del Centro italiano di studi sull'alto medioevo, 17).

TAVIANI (H.), « Le mariage dans l'hérésie de l'an mil », dans *Annales ESC*, 1977, pp. 1074-1089.

—, « Naissance d'une hérésie en Italie du Nord au XIe siècle », dans *ibid.*, 1974, pp. 1224 et suiv.

THEIS (L.), *L'Avènement d'Hugues Capet*, Paris, 1984.

TIBBETS-SCHULENBURG (J.), « Sexism and celestial gynaceum from 500 to 1200 », dans *Journal of medieval history*, 4, 1978, pp. 117-133.

TORQUEBIAU (P.), article *Chanoinesse*, dans *Dictionnaire de droit canonique*, t. 3, col. 488-500.

TOUBERT (P.), *Les Structures du Latium médiéval : le Latium médiéval et la Sabine du* IXe *à la fin du* XIIe *siècle*, 2 vol., Rome, 1973.

—, « La théorie du mariage chez les moralistes carolingiens », dans *Il matrimonio nella societa altomedievale*, Spolète, 1977, t. 1, pp. 233-282.

VALOUS (G. de), « La poésie amoureuse en langue latine », dans *Classica et Mediaevalia*, 1952, pp. 285-345 ; 1953, pp. 156-204 ; 1954, pp. 146-197.

VANDENBOSSCHE (A.), *La Dos ex Marito dans la Gaule franque*, Paris, 1953.

VAN WINTER (J. M.), « Uxorem de militari ordine sibi imparem » dans *Miscellanea... J. F. Niermeyer*, 1967, pp. 111-124.

VENARDE (B. L.), *Women's Monasticism and Medieval Society. Nunneries in France and England. 890-1215,* Ithaca-Londres, 1997.

VERDON (J.), « La femme en Poitou aux Xe et XIe siècles », dans *Bulletin de la Société des Antiquaires de l'Ouest*, 1977, pp. 91-102.

« La femme et la vie familiale en France aux IXe-XIe siècles », dans *Trames*, collection Histoire, 2, 1977, pp. 68-83.

« Les femmes et la politique en France au Xe siècle », dans *Economies et Sociétés au Moyen Age. Mélanges offerts à Edouard Perroy*, Paris, 1973, pp. 108-119.

« La gynécologie et l'obstétrique aux IXe-XIe siècles », dans *Revue française de gynécologie et d'obstétrique*, 71, 1, 1976, pp. 39-47.

« Le monachisme en Poitou au Xe siècle », dans *Revue Mabillon*, 69, 1978, pp. 235-253.

« Les moniales dans la France de l'Ouest aux XIe et XIIe siècles. Etude d'histoire sociale », dans *Cahiers de Civilisation médiévale*, 1976, pp. 247-264.

« Notes sur le rôle économique des monastères féminins en France dans la seconde moitié du IXe et au début du Xe siècle », dans *Revue Mabillon*, 1975, pp. 329-343.

« Recherches sur les monastères dans la France du Nord aux IXe-XIe siècles », dans *Revue Mabillon*, 1976, pp. 49-96.

« Recherches sur les monastères dans la France du Sud aux IXe-XIe siècles », dans *Annales du Midi*, 1976, pp. 117-138.

« Les sources de l'histoire de la femme en Occident aux Xe-XIIIe siècles », dans *Cahiers de Civilisation médiévale*, 1977, pp. 219-251.

« Les veuves des rois de France aux Xe et XIe siècles », dans *Veuves et veuvage dans le haut Moyen Age*, pp. 187-198.

Veuves et veuvage dans le haut Moyen Age, M. Parisse éd., Paris, 1993.

Un village au temps de Charlemagne. Moines et paysans de l'abbaye de Saint-Denis du VIIe siècle à l'an Mil, Paris, 1988.

VILLERS (R.), « Encore sur le mariage more danico », dans *Revue historique de droit français et étranger*, 1955, pp. 152-153.

VOGEL (C.), *Le Pécheur et la pénitence au Moyen Age*, Paris, 1969.

—, « Pratiques superstitieuses au début du XIe siècle d'après le *Corrector sive medicus* de Burchard, évêque de Worms (965-1025) », dans *Mélanges E.-R. Labande. Etudes de Civilisation médiévale*, Poitiers, 1974, pp. 751-761.

VOGELSANG (Th.), *Die Frau als Herrscherin im hohen Mittelalter. Studien zur « consors regni » Formel*, Francfort-Berlin, 1954.

WEINHOLD (K.), *Die deutschen Frauen in dem Mittelalter*, 2 vol., 2e éd., Vienne, 1882.

WEMPLE (S. F.), « Female Monasticism in Italy and its Comparison with France and Germany from 850 to 1050 », dans *Frauen in Spätantike und Frühmittelalter*, pp. 291-310.

—, « Le pouvoir des femmes en Europe occidentale au Xe siècle », dans *La Femme au Moyen Age*, pp. 343-351.

—, *Women in Frankish Society. Marriage and the Cloister, 500-900*, Philadelphie, 1981.

WERNER (K. F.), « Les femmes, le pouvoir et la transmission du pouvoir », dans *La Femme au Moyen Age*, pp. 365-379.

WESTRUP (C. W.), « Le mariage des trois premiers ducs de Normandie », dans *Normannia*, 1933, pp. 411-426.

WICKERSHEIMER (E.), *Les Manuscrits latins de médecine du haut Moyen Age dans les bibliothèques de France*, Paris, 1966.

WILSON (K. M.), *Hrotsvit of Gandersheim : the Ethics of Authorial Stance*, Leyde, 1988.

WOLFF (Ph.), « Deux maîtresses femmes dans la Marche d'Espagne au XIe siècle : Ermessende et Almodis », dans *Mélanges K. F. Werner*, Paris, 1988, pp. 525-537.

WOLLASCH (J.), « Parenté noble et monachisme réformateur : observations sur les " conversions " à la vie monastique aux XIe et XIIe siècles », dans *Revue historique*, 263, 1980, pp. 3-24.

Women in Medieval History and Historiography, S. M. Stuard éd., Philadelphie, 1987.

ZOEPF (L.), *Das Heiligen-Leben im 10. Jahrhundert*, Leipzig et Berlin, 1908.

ZUMTHOR (P.), « Au berceau du lyrisme européen », dans *Cahiers du Sud*, 326, déc. 1954, pp. 3-61.

INDEX DES FEMMES CITÉES [1]

1. De nombreuses femmes apparaissent (filles, épouses, mères, veuves) dont le nom n'est pas mentionné, et qui par conséquent ne figurent pas dans cet index, à l'exception de la mère de Guibert de Nogent. Inversement Eve, Marie (mère de Jésus) et sainte Marie-Madeleine n'ont pas été mentionnées.

TABLE

TROISIÈME PARTIE

CONSACRÉES

QUATRIÈME PARTIE

ACTIVES

Cet ouvrage a été imprimé par la
SOCIÉTÉ NOUVELLE FIRMIN-DIDOT
Mesnil-sur-l'Estrée
pour le compte des Éditions Perrin
en janvier 1999

Cet ouvrage a été composé par
Graphic Hainaut (Condé-sur-l'Escaut)

Imprimé en France
Dépôt légal : janvier 1999
N° d'édition : 1395 - N° d'impression : 45410